黑龙江省教育科学"十四五"规划 2022 年度教研专项课题"基于学科核心素养的语文教学活动创新设计与实践研究"(JYC14222006)研究成果

诗味语文教学艺术探索与实践
——语文名师教学叙事集

胡 涛 著

哈尔滨工业大学出版社

图书在版编目（CIP）数据

诗味语文教学艺术探索与实践. 语文名师教学叙事集／胡涛著. — 哈尔滨：哈尔滨工业大学出版社，2024.5
ISBN 978-7-5767-1408-1

Ⅰ.①诗… Ⅱ.①胡… Ⅲ.①中学语文课-教学研究 Ⅳ.①G633.302

中国国家版本馆 CIP 数据核字(2024)第 097317 号

策划编辑	闻　竹
责任编辑	张羲琰
装帧设计	博鑫设计
出版发行	哈尔滨工业大学出版社
社　　址	哈尔滨市南岗区复华四道街 10 号　邮编 150006
传　　真	0451-86414749
网　　址	http://hitpress.hit.edu.cn
印　　刷	黑龙江艺德印刷有限责任公司
开　　本	787mm×1092mm　1/16　印张 10.75　字数 199 千字
版　　次	2024 年 5 月第 1 版　2024 年 5 月第 1 次印刷
书　　号	ISBN 978-7-5767-1408-1
定　　价	139.00 元(全两册)

（如因印装质量问题影响阅读，我社负责调换）

前　言

　　三十年的执着与探索,源于热爱——热爱生活,热爱教育事业,热爱每一个学生。

　　从教以来,我一直致力于探索语文教学艺术,经过三十年的语文探索实践,我创建了独特鲜明的"诗味语文"教学风格。我的"诗味语文"教学是从生活实际出发,将文本中的内容还原到生活中去,把学生的视野引向广阔的生活领域,通过语文与生活的密切结合,创设诗化情境,用诗意的语言,用我创作的诗歌和下水作文,引领、点拨、唤醒学生,让他们在体悟丰富多彩的诗画生活中,在与生命和谐对话的进程中,学会运用语言,发展思维,提高审美能力,进而促进阅读与写作的高效融合,极大地激发对语文学习的热情,使他们热爱生活、热爱生命,从而更好地促进语文核心素养的提升和可持续发展。

　　教育路上的不断探索实践,迸射出不尽的思维火花,促使我将实践的感悟提升为理论的思索。日积月累,真情与智慧凝聚成《诗味语文教学艺术探索与实践》一书。本书分为《语文名师教学叙事集》《语文名师中考示范作文》两册。

　　《语文名师教学叙事集》以立德树人为根本任务,充分发挥语文教育独特的育人功能和奠基作用,以社会生活为基础,以语文创新实践活动为主线,以高效读写策略为引领,整合教材内容、教学情境、教学方法、教学资源等诸多要素,60余篇教学叙事具有如下几个特点:

　　(1)囊括了人教版语文教材散文、诗歌、小说、戏剧等多种文学体裁。

　　(2)融新课程理念、教材分析、教学创新设计、学生素养提升于一炉。

　　(3)在阅读教学创新设计上,随文赋法,不拘一格。

　　(4)在文章创作笔法上,随文赋文,灵动多姿;语言诗意,骈散结合,长短错落,浓淡相宜。

　　《语文名师中考示范作文》通过示范作文,引导学生学会观察生活,做生活的有心人、有情人、有思人,唤醒学生的写作激情。指导学生掌握各种类型作文的写作方法,学会选材构思,让所见所闻成为笔下感人的篇章,学会运用美言雅句,让作文富有文采,最终使学生的语文素养得以潜移默化地提升。书中所附学生佳作均是我所教过的历届学生考场佳作、作文比赛获奖作品或报刊发表作品,文质兼美,可供中考考生写作借鉴。

我探索"诗味语文"教学以来创作的各类下水作文具有如下几个特点:

(1)类型丰富。涵盖中考作文多种类型,如命题作文、给材料作文、话题作文等。

(2)体裁多样。如记叙文(写人、叙事、写景、状物)、议论文(材料作文、杂文、读后感)等。

(3)题材广泛。涵盖个人、家庭、校园、社会、自然等诸多方面,表达亲情、友情、师生情等多重情感,以及自我成长、成功、成熟的心路历程。

(4)手法娴熟。或娓娓道来,或纵横捭阖,或浓墨重彩,或惜墨如金。

(5)语言生动。优美诗意,活泼灵动,意味隽永。

(6)师生共创。师生同题,师生共赏,师生共评。

岁月荏苒,即使时光斑白了我的两鬓,我依然要蘸着清晨的露水,披着落日的余晖,用爱在讲台上写下充满热情、诗味浓郁的教育诗篇。一腔赤诚凝聚成《诗味语文教学艺术探索与实践》,期望得到同行的批评指正,如能给予一线教师启迪,帮助莘莘学子提升语文素养和学习成绩,我倍感欣慰。

感谢三十年来,在我从教路上给予我鼓励、支持的领导、专家、同事、朋友,感谢哈尔滨工业大学出版社的编辑付出的心血,同时感谢我的妻子对我的鼎力支持。

作　者

2023 年 11 月

目　　录

第一部分　我的"诗味语文" ································· 1

　一、诗画生活 ·· 1

　二、诗化生命 ·· 2

　三、诗话生成 ·· 4

第二部分　课例研究诗味浓　核心素养促提升 ············ 10

第三部分　我的教学叙事 ···································· 11

　一、一问激起千层浪：巧设问题调动情感体验 ············ 11

　　（一）利用标题提问 ··· 12

　　　　点拨唤醒　浸润生命——我教《再塑生命的人》 ··· 12

　　　　生命赞歌——我教《一棵小桃树》 ··················· 15

　　（二）利用文眼提问 ··· 17

　　　　赏月之闲情——我教《记承天寺夜游》 ············· 17

　　　　痴人情未了——我教《湖心亭看雪》 ················ 18

　　　　清中品石潭——我教《小石潭记》 ··················· 20

　　（三）利用要词提问 ··· 22

　　　　那一课，深深触动了我——我教《唯一的听众》 ··· 22

　　（四）利用作品中的人物提问 ····························· 25

　　　　人性的弱点——我教《我的叔叔于勒》 ············· 25

　　　　致敬天下父母心——我教《回忆我的母亲》 ········ 27

　二、师生诵读声琅琅：感情朗读　提升学生感悟 ········· 28

　　（一）范读引领，熏陶感染 ································ 30

　　　　永远的长妈妈——我教《阿长与〈山海经〉》 ······ 30

　　（二）配乐朗读，营造氛围 ································ 32

　　　　英雄壮心不已——我教《龟虽寿》 ··················· 32

虎啸龙吟倾耳听——我教《壶口瀑布》 …………………………… 34
　（三）激情诵读,唤起共鸣 …………………………………………………… 35
　　　比较鉴别品诗意——我教《假如生活欺骗了你》 ………………… 35
　　　高挂的红灯笼——我教《灯笼》 …………………………………… 37
　　　托物言志品白杨——我教《白杨礼赞》 …………………………… 39
　　　爱得这样深沉——我教《土地的誓言》 …………………………… 40
　（四）置换身份,巧设情境 …………………………………………………… 42
　　　再见丽江——我教《一滴水经过丽江》 …………………………… 42
　（五）自由品读,感受意境 …………………………………………………… 44
　　　温晴的诗意——我教《济南的冬天》 ……………………………… 44
　　　雨之变奏曲——我教《雨的四季》 ………………………………… 46
　（六）师生共读,创设情境 …………………………………………………… 47
　　　草原之歌——我教《草原》 ………………………………………… 47

三、书卷多情似故人：直面范本　浸润学生心灵 ………………………………… 48
　（一）没有民族偏见的赞歌 ………………………………………………… 50
　　　歌声中的告白——我教《藤野先生》 ……………………………… 50
　（二）坚定信念的写照 ……………………………………………………… 51
　　　充满魅力的蓝色——我教《美丽的颜色》 ………………………… 52
　（三）顽强精神的折射 ……………………………………………………… 53
　　　美好的遇见——我教《一面》 ……………………………………… 53
　（四）默默坚守的动容 ……………………………………………………… 56
　　　用坚守创造奇迹　用热爱改变世界——我教《植树的牧羊人》 …… 56
　（五）善良灵魂的摆渡 ……………………………………………………… 58
　　　小人物心底的善良——我教《老王》 ……………………………… 58
　（六）永不言弃的崇敬 ……………………………………………………… 61
　　　万水千山只等闲——我教《老山界》 ……………………………… 61
　（七）以身许国的赤诚 ……………………………………………………… 63
　　　愿得此身长报国——我教《邓稼先》 ……………………………… 64
　（八）从容坦荡的襟怀 ……………………………………………………… 65
　　　不以成败论英雄——我教《伟大的悲剧》 ………………………… 65

四、涵泳工夫兴味长：品词析句　提升学生品味 ………………………………… 66
　（一）动情品读,咀嚼经典 …………………………………………………… 67

懂你——我教《秋天的怀念》 67
(二) 比较研读,审美鉴赏 68
小信客的善良——我教《信客》 69
(三) 仔细精读,探究要词 72
留在记忆深处的背影——我教《背影》 72
静以修身——我教《诫子书》 75
(四) 联想展读,拓宽视野 77
心中的灯光——我教《灯光》 77
走进昆明的雨——我教《昆明的雨》 79

五、心有灵犀一点通:灵感诗意　唤醒学生情愫 81
(一) 以情激情 81
我和春天有个约会——我教《春》 82
(二) 同题共赏 88
花中君子心上莲——我教《爱莲说》 88
秋山日落渐黄昏——我教《野望》 90
山登绝顶我为峰——我教《望岳》 91
明月千里寄相思——我教《水调歌头》 93
最是人间留不住——我教《匆匆》 95
百万大军过大江——我教《人民解放军百万大军横渡长江》 97
遥望三峡山水色——我教《三峡》 98
(三) 模仿迁移 100
安贫乐道真君子——我教《陋室铭》 100
(四) 古为今用 101
扶摇直上九万里——我教《北冥有鱼》 102
(五) 拓展延伸 103
千古知音最难觅——我教《伯牙鼓琴》 103
(六) 灵犀相通 105
山中见月心亦闲——我教《鸟鸣涧》 105
化作春泥更护花——我教《己亥杂诗》 106
(七) 同法启智 108
海燕之歌——我教《海燕》 108
心灵的呐喊——我教《屈原(节选)》 110

(八)灵魂颂歌 ········· 112
丹心一片悬日月——我教《茅屋为秋风所破歌》 ········· 112
壮怀激烈　慷慨悲歌——我教《破阵子》 ········· 113

(九)诗解语文 ········· 115
回归精神的故乡——我教《故乡》 ········· 115

(十)角色互换 ········· 118
冲突的世界　悲悯的人生——我教《卖火柴的小女孩》 ········· 118

(十一)潜移默化 ········· 120
非学无以广才——我教《孙权劝学》 ········· 120

(十二)现身说法 ········· 122
榜样的力量——我教《说和做——记闻一多先生言行片段》 ········· 122

六、深情唱和诉衷肠:和谐对话　实现情智碰撞 ········· 123
写不尽的乡愁——我教《乡愁》 ········· 124
胸襟开阔　气势非凡——我教《沁园春·雪》 ········· 127

七、举一反三春满园:拓展资源　开阔学生视野 ········· 128
紫色的河流——我教《紫藤萝瀑布》 ········· 134

八、不动笔墨不读书:学会批注　促进思维发展 ········· 135
九曲黄河天上来——我教《黄河颂》 ········· 138

九、因势利导巧点拨:运用机智　顺遂生命成长 ········· 140
雪之颂——我教《咏雪》 ········· 143

十、以情激情促成长:关照个体　激赏学生心灵 ········· 144
鼓声中激荡的生命——我教《安塞腰鼓》 ········· 146
《安塞腰鼓》教学实录及评析 ········· 148
《一个这样的老师》教学设计与反思 ········· 155

十一、横看成岭侧成峰:开放包容　尊重个性差异 ········· 159
有一种散步叫责任——我教《散步》 ········· 161

参考文献 ········· 163

第一部分　我的"诗味语文"

语文教学承载独特的育人功能,应致力于学生核心素养的形成与发展,为学生树立正确的世界观、人生观、价值观,形成良好的个性和健全的人格打下基础。基于此,我的语文教学从生活实际出发,将文本中的内容还原到生活中去,把学生的视野、感悟、思考引向更广阔的生活领域,观宇宙万物,察世间百态,悟人情冷暖,引导学生积极构建发展型和拓展型学习任务群,培养他们独特的审美意识和深刻的审辩思维,进而培养他们健全的人格与积极乐观的人生态度。这样,才能促进学生生命的可持续发展,使他们能够勇于面对人生路上的风风雨雨。

经过三十年的语文实践探索,我创建了"诗味语文"教学风格,旨在通过创设诗化情境,点拨、唤醒学生,将语文与生活紧密联系,让学生在体悟丰富多彩的诗画生活中,在与生命和谐对话的进程中,学会运用语言,发展思维,提高审美能力,进而促进阅读与写作的高效融合,激发对语文学习的热情,培养他们对生活、对生命的热爱,进一步提升语文核心素养。

一、诗画生活

语文即生活,时时是语文,处处是语文,事事是语文。没有生活,语文就是无源之水、无本之木。没有对诗画生活的热爱,语文就成了机械的、冰冷的、枯燥的文字组合。教师要善于引导学生在心灵深处建立语文与生活的关系,使他们感受到文字、文章、文学就是诗画生活的载体,进而热爱生活、热爱生命,在此基础上深切地感受文本意蕴,培养高雅情趣,提升审美意识。

1. 心有爱意

首先,教师要培养学生具有诗意情怀。诗意情怀,是一种悲天悯人、关爱众生的境界,是一种虚怀若谷、包容万物的气度,是一种眼中有光、乐观向上的态度。语文教师要引导学生眼中盈爱意、心中满热情,通过创设真正的诗味课堂,让学生从生活的活水中发掘取之不竭的语文资源。

2. 眼蕴诗意

生活中不是缺乏诗意,而是缺少发现。语文教师要擦亮学生发现诗意的眼睛,感悟生活处处皆诗意:登山则情满于山,观海则意溢于海;一粒沙里见世界,半瓣花上说人情;一段旅程,一场别离,一阵风雨,一道风景,一种情感,一段文字,一次交流,一种神态,都可成为表达倾诉的对象。让学生学会诗意地栖居在大千世界,进而体会文本中的诗画意境都来自生活,只有眼蕴诗意,才能读出作家笔下流淌的美好,进而写出心中感受到的生活百态。

3. 笔流创意

文字从生活中来,反映生活并高于生活。将语文回归生活,阅读和写作就有了源头活水。生活的感悟日积月累,写作素材日益广泛,学生的阅读鉴赏水平将不断提升。教师下水示范创作,激发学生创作的热情,师生同题构思、创作,同题共赏、共评。身为语文教师,我的创作题材广泛,自然风物,世情百态,生活的一切均可叙写,一切的生活皆能抒议。我以自身创作的体验引导学生将所见、所感、所思注入笔端,化作诗意的语言。师生以笔为舟,在生活的海洋畅游,学生真切地体悟到"语文即生活",化被动为主动,变"要我读写"为"我要读写",由课内延伸到课外,阅读与写作相互融合、相互促进。在笔流创意的过程中,学生热爱生活的情怀、细心观察、笔耕不辍的习惯得到培养,进而将语文学习化作对生活的感悟、对生命的探索。

二、诗化生命

教师在语文教学中要用诗意的语言创设具有情味、趣味、理味的情境,让学生在充满诗味的课堂感受语文的魅力,提升审美体验,用诗意浸润心灵。

1. 情味入心

教师以诗情点燃学生的热情,让学生在充满亲情、友情、师生情、爱国情等各种情味的文本阅读情境中,通过师生对话、生生对话,实现启心智、长见识、冶情操、诱遐想的效果,使其语文素养得以全面提升。

如人教版语文教材八年级上朱自清的散文《背影》,师生品读父子分别时的场景:"等他的背影混入来来往往的人里,再找不着了,我便进来坐下,我的眼泪又来了。"一个"等"字蕴含多少深情!我引导学生进入送别的种种情境,生生对话,情味入心。"山回路转不见君,雪上空留马行处。"岑参驻足雪中望着友人的身影渐行渐远,最后看不见了,只留马蹄的印记,何等惆怅?"孤帆远影碧空尽,唯见长江天际流。"李白站在岸边,望一叶孤舟逐渐消失在蓝天的尽头,唯见江水空流,何等孤寂?此时,朱自清望着父亲的背影想必也是如此情景吧。父亲蹒跚离去,儿子的目光一直跟随,思绪万千:父亲的深情,父亲的前程,父亲的身体,父亲的生命,父子间的一切,百感纵横于心,伤感、愧疚、牵挂、不舍、感激、心酸,一起涌上心头,怎一个情字了得?在师生共同营造的诗意情境中,在反复咀嚼品味文本的过程中,学生百感交集。他们在吟诵、在倾听,"临行密密缝,意恐迟迟归"的亲情记忆也被唤起,他们纷纷讲述与父母之间的点点滴滴,一句句与《背影》中的深情渐渐融在一起,汇成爱与感恩的长河。生命在诗意情境中得以滋养,情味在诗化氛围中得以熏染,审美情操在诗文品味中得以培养。

2. 趣味入境

教师以语文趣味活动激发学生的兴趣,调动学生的情感体验,让课堂充满浓郁的趣味。让学生在诗文朗诵比赛、辩论会、课本剧角色表演、项目式探究活动、综合实践活动中,全身心投入,施展才艺,探索创新,互动交流,他们的好奇心、求知欲都得以最大限度地激发,思维能力也在趣味的诗意氛围中得以提升。

如人教版语文教材七年级上安徒生的童话《皇帝的新装》,我引导学生通过分角色朗读搭建与文本对话的平台,在课本剧角色表演与情感体验的碰撞中,学生置身于趣味横生的活动情境,真正感受与作品人物同呼吸、共命运。骗子、大臣、皇帝、百姓、孩子这些角色,由于身份地位不同,有着不同的思想和性格。学生进行角色朗读时便能借助有声语言的感染力走进文本,体验角色的思想和性格特点,品悟虚伪与真实的冲撞,在愚蠢与荒唐的闹剧中、在幽默的朗读品味中深入文本内核,理解安徒生塑造的人物所反映的那个荒诞时代的特点。

"知之者不如好之者,好之者不如乐之者。"兴趣是最好的老师,趣味活动对学生的语文学习是一种甜蜜的牵引,学生的审美情趣在充满趣味的角色朗读中得到熏染,学生在趣味的对话情境中获得深刻的启迪。

3. 理味入思

教师以诗意的语言引领学生欣赏、评价文学作品,使学生在获得丰富的审美体验的同时,深入思考作者的创作意图,引导学生知人论世,走进作者的人生历程,穿越时空邂逅曾经美丽或沧桑的过往,进而思考每一段心路所蕴含的哲思。诗味与理味交融的语文教学,带给学生不一样的人生感悟与收获。

如人教版语文教材七年级下贾平凹的《一颗小桃树》,师生共同进入文本品读的第二个任务——比较阅读作者与小桃树的成长历程,发现二者异同。学生在作者的叙述中研读,感受着同样的生长环境、同样的成长经历,二者却有着不一样的人生态度,小桃树面对风雨摧残不屈不挠,作者却没有斗志,垂垂暮老。后来作者从小桃树的坚强成长中汲取了力量,执着前行去圆心中那绿色的梦。此时,师生共同交流作者创作此文的相关背景,学生体悟到作者年轻时不被重视,倍受冷落,在经历风风雨雨后,依然没有放弃对生活的希望,正如宗璞的《紫藤萝瀑布》中所言——"花和人都会遇到各种各样的不幸,但是生命的长河是无止境的。"学生与作者倾情对话,从课文的研读及相关资料的拓展中,深刻领悟到这样一种理趣:阳光总在风雨后,不屈不挠地奋斗一定会战胜磨难,创造出美好的未来!此时,他们纷纷联想到富含哲理的古诗与名言,激情诵读——"长风破浪会有时,直挂云帆济沧海""沉舟侧畔千帆过,病树前头万木春""宝剑锋从磨砺出,梅花香自苦寒来"……课堂充满了诗味与理味交融的审美意蕴,学生的心灵世界闪耀着绚烂的哲理光辉。

三、诗话生成

语文教学本就是一场诗意之旅。在创设诗化情境的同时,我喜欢平等地与学生对话,更喜欢将自己的灵感化为原创的诗歌在课堂吟诵。这些诗来源于对生活的热爱,对生命的感悟,对自然的领会,对人情的思索,对文本的解读,对哲理的阐释。我创作的诗歌契合"诗味语文"课堂,因课制宜,因势利导,在课堂上生成与学生的心灵对话、与作者的灵魂交流,让学生深入地把握文本精髓,深刻地领会语文世界的丰富多彩。

1. 以诗激情

教师的课堂教学不仅是传道授业、教书育人,更是情感的润泽、兴趣的激发。教师应该以诗意的语言传递给学生一种昂扬的动力,让学生心有所动、情有所系,于教师的言语中感受诗意的魅力。教师以诗语点燃学生研读的热情,使文本所表现的内容与现实生活情境融为一体,产生以诗激情的效果。

如学习人教版语文教材七年级上古文《〈世说新语〉二则》之《咏雪》,我与学生们探讨谢公儿女谁的比喻更为贴切,交流正酣时,窗外彤云密布,顷刻间大雪纷纷,学生立刻哗然,向窗外望去。我并没有批评他们的溜号行为,而是微笑着对他们说:"真是天公作美,为我们的课堂营造了一个浪漫场景。大家不要错过观赏之机,看看到底'白雪纷纷何所似'?你是否还有更好的比喻呢?"学生化无意注意为有意地观察,文本中的雪景飞扬在窗外的天空,阅读品味与自然感悟融为一体,他们深入观察后低头沉思,沙沙落笔。我亦将自己创作的《雪花赋》朗诵给他们听。

雪 花 赋
胡涛

花的名册上没有你的芳名,
是因为春日里寻不见你的倩影。
不与群芳争艳,
百花凋零时却怒放在无边的长空。

你是最洁净的花呀,
六个花瓣六片透明的水晶,
六个花瓣六片神奇的羽翼,
六个花瓣六片纯真的笑容。

你是最神奇的花呀,
江河孕育你的生命,
星空磨炼你的骨骼,
大地拥抱你的深情。

莫说花的名册没有你的名字,
你却有短暂而银亮的一生,
春风里第一瓣生机勃发的嫩芽,
就是你不死的精灵。

我的诗句将雪花比作水晶、羽翼、笑容、精灵,取其形之轻盈、状之剔透、春之预兆,让学生在诗句的赏读中体会风景之美,感悟文字的魅力,积累丰富的写作素材,并从诗句中汲取蓬勃向上的力量,从景趣中体味情趣、理趣,激发他们热爱生活的情感,顿悟平凡中孕育伟大的人生真谛。

学生品味着一场视觉冲击与心灵感悟的盛宴,情到深处,执笔书写,抒发心底涌动的激情。师与生,文与景,课堂与生活之间的对话达到了水乳交融的境界,学生的读写素养在诗情画意的交流中得到全方位的提升。

2. 以诗解文

教师引导学生探究文本时,不时会被作品的主题所震撼,被作品中人物的情感所感染。教师要不失时机地将作品所表现的思想内容提炼出来,化为诗意的解读,让学生能够多角度、多层面地理解文学作品的主题,思考作品所表现的人性的真善美,提升语文思维素养。

如学习人教版语文教材九年级上鲁迅的小说《故乡》一课,我引导学生探究闰土与"我"之间由熟悉到陌生的变化,进而思考深层的主题时,学生从闰土一声颤颤巍巍的"老爷"的呼唤,体会到一层无形的可悲的厚障壁拉开了他们心灵的距离。曾经记忆犹新的小英雄的影像消失了,吞噬闰土肉体和心灵的不只是沧桑与困苦,还有等级制度的森严壁垒,于是曾经活力四射的他,变成了麻木的木偶人,没有一丝活气,唯一的希望寄托给神灵的护佑。闰土与"我"已经演变成无法相交的平行线。叹息也罢,悲哀也罢,命运无法握在自己的手里,当时也只有惘然。一首《最遥远的距离》在心中酝酿,诗意诠释了文本的思想内容,共享给学生。

最遥远的距离
胡涛

世界上最遥远的距离
是我们面对面
却不能以兄弟的名义
滔滔不绝的话语
阻隔在千山之外
陌生的恭敬让我不寒而栗
是什么模糊了小英雄的记忆

金黄的圆月挂在心上
愁苦的岁月刻进布满的皱纹里
你把希望寄托给香炉和烛台
我的愿景又在哪里

孤独就像看不见的高墙
你有活着的痛楚
我有寻着的思想
我们都在做一个相同的梦
梦醒后愿携手步入那片海边的沙地
步入曾深深眷恋着的故乡

　　学生领悟文中的"我"其实也想改变,知道应该努力实践,但方向在哪里,也是寻寻觅觅。希望一切回到从前,回到记忆中的故乡,重拾曾经亲密无间的关系。学生从我诵读的原创诗作中,感悟着鲁迅的小说《故乡》所反映的深刻的思想内容,加深了对文本主题的理解,提升了自我审美感悟能力。

3. 以诗助澜

在语文课堂教学中,教师不失时机地诵读自己的原创诗作,往往能将教学推向高潮,在突破语文教学重难点的过程中起到推波助澜的作用。在以情激情、诗意盎然的氛围中,学生潜移默化地体验到文本的精髓之处,其思维能力、审美素养得到极大的提升。

与学生共同学习人教版语文教材八年级上鲁迅的名篇《藤野先生》,我引领他们研读鲁迅因看电影事件触动了强烈的民族自尊心,决定弃医从文,以此改变旧中国民众的精神面貌。于是,他与藤野先生做最后的告别。鲁迅此时内心很复杂,对恩师的不舍与救国救民的爱国情怀交织在一起,心中纵有万语千言,只化作一声慰藉。此刻,学生的内心也是波澜起伏的,为先生的深情感动,为鲁迅的爱国触动,满腹的话也许正欲倾吐。我抓住教学契机,让学生置换身份,化身鲁迅,进入文本情境,体会作者内心的情感,对藤野先生真情告白。学生纷纷以鲁迅的口吻表达对藤野先生的感激之情,倾诉离别的难舍之意及报国的拳拳之心。

此时,师生的心声与作者的心声悄悄共鸣。此刻,我仿佛也化身鲁迅,面对内心钟爱的老师,不忍诀别。满腔的爱国情感流淌出动情的诗行,我在课堂上倾情演唱。

致藤野先生

曲:王杰

词:胡涛

什么是爱,什么又是无奈。
无言的相对,我似乎已明白。
慢慢抬起头来凝视你的眼,
想忍住眼泪,对你说声珍重!
我想跨越国界的关爱会流传在世间,
对你深切的思念会直到永远,
想起昨夜梦里的你神采依然,
衷心祝你永平安!
我想你曾经对我有些失望,
但是我无法改变弃医从文的方向,

这条路刻骨铭心,只有一个目的,
胸中突然爆一声——中国!

  我的语文教学是点拨,是唤醒,是浸润,是心心相通的喜悦,是文学感染心灵的震撼。小小的课堂,成为诗化学生生命的舞台、健全学生人格的阵地。以情感人,以诗育人,以境化人,让学生在文学的天地纵情欢歌,让文章的精髓浸润他们的心灵。

  综上所述,我所创建的"诗味语文",就是让学生放眼生活的广阔背景,将语文与生活融合在一起,在诗意的情怀、诗化的情境中,感悟生活,体验生命,师生完成彼此生命的成长与成全。

  最后谨以《我这三十年》一诗献给拼搏的自己以及广大教育同仁——

我这三十年

胡涛

在四十九中这座红楼里
三十年的时光转瞬即逝
在讲台与黑板分割的青春里
在黑夜与黎明交织的光线里
在汗水与泪水混合的滋味里
在目光与灯光指引的航程里
有过璀璨的光芒
有过黯淡的忧伤
有过激扬文字的洒脱
有过无所适从的迷惘
从二十岁的懵懵懂懂
到五十岁的鬓发苍苍
从初出茅庐的拘谨
到侃侃而谈的豪放
三十年的记忆
三十年的点点滴滴
汇成了生命的长河
多少学子
像一朵朵浪花在我的心头跳跃

以赤诚之音浇灌
以睿智之思领航
不忘初心
守望每一株新苗茁壮成长
像快乐的守林人
守着珍贵的宝藏
为什么我的眼里满含泪水
因为我对这校园爱得深沉

第二部分
课例研究诗味浓　核心素养促提升

《诗味语文教学艺术探索与实践——语文名师教学叙事集》是我从教三十年来教学实践的情景再现。每一篇教学叙事都是我的"诗味语文"教学的缩影,具体课例往往通过创设诗意的教学情境,引领学生走进文本,探究作品所传达的情感和哲思。

每一篇课例都充满了诗味,学生在奇妙的文字之旅中领略着无限风光,在品析文章之路上享受探究的乐趣,在文学审美欣赏的海洋中尽情畅游,在文化浸润的世界里物我两忘。语文知识的识记与读写方法的运用,都在这个浸润的过程中收获着。

我与学生共同徜徉在文学的花园里,感悟着千百年来大师们创造的精神财富,领会着中国文字所蕴含的神奇魅力。语文课堂上,从庄子《逍遥游》中鲲鹏展翅的奇特想象,到苏轼《记承天寺夜游》中"闲"的丰富意蕴,从朱自清父亲的《背影》中铭刻的深沉父爱,到杨绛笔下《老王》令人动容的极致善良,从以身许国的《邓稼先》身上流淌的家国情怀,到《植树的牧羊人》心中执着的坚守,每一篇都是文以载道的蓝本。师生通过反复揣摩、研读,置身于诗意的国度里,穿越时空感受着大师们创作的灵感与情感,思考着字里行间蕴含的深刻道理。

我经常将我的体验化为诗的语言与学生共享,既表达我与作者对话的过程,或与生活交流的感受,同时也是唤醒学生,与他们共鸣的过程。我体验到的是心灵相通的喜悦,是文学感染心灵的震撼。

我将不懈努力,以情感人,以诗育人,让学生在广阔的天地纵情欢歌,让文学的精髓浸润学生的心灵,让诗味语文影响并成全每一个学生!

第三部分　我的教学叙事

一、一问激起千层浪：巧设问题调动情感体验

陶行知曾说："发明千千万，起点是一问。……智者问得巧，愚者问得笨。"基于语文教材内容与思想情感精心设计的问题，具有高度的概括性和内在的可探究性，有利于开启学生的形象思维、调动学生的情感认知。在语文课堂上，如果学生只是被动地接受教师传授的知识，缺乏积极主动的思考，内在情感是无法被调动和唤起的。只有在发现问题、解决问题的探究过程中，学生才能激发审美和创造潜能；只有置身于教师创设的问题情境中，学生才能点燃思维的火花，开启情感的闸门，审美体验与情感得以培养与发展。

教师设计问题不仅要考虑教材本身的特点，更要密切关注学生的情感、认知。一个好问题能直击学生心灵深处，让学生在思考与研读中与作者对话，在审美鉴赏与情感体验的过程中寻找问题解决的思路。如教《唯一的听众》一课，我抓住文章中反复出现的"平静"一词，引导学生思考——"平静"反映老妇人怎样的心灵世界？学生在思考问题的过程中，深入体会老妇人的善良情感，进而获得独特的审美感受。巧设问题，可以收到以简驭繁、事半功倍的课堂实效。

在《安塞腰鼓》的阅读教学中，我抓住文章重点状写的腰鼓，引导学生思考——安塞腰鼓是具有什么特点的腰鼓？学生思考的过程就是调动情感体验的过程，学生在激越的文字中捕捉"壮阔""豪放""火烈""有力"等表现生命张力的词语，进而感受腰鼓的震撼力和蓬勃的生命力；学生在探寻问题的解答中感受黄土高原上的人们旺盛的生命活力与乐观向上的精神，情感体验随着问题的探究解决得以发展、深化。

《记承天寺夜游》一课的阅读教学中，我引导学生思考文章结尾"但少闲人如吾两人者耳"中"闲"字有何意味？学生透过"闲"字走进苏轼的情感世界，那里有漫步的悠闲，有无事可做的清闲，有被贬的悲凉，有人生的感慨。一个"闲"字，让学生体验到苏轼面对人生境遇的达观，感悟到苏轼不以己悲的乐观。可见巧设问题能引领学生深入文本，与作者倾心对话，丰富自我的审美体验。像这样一字立骨的文章，教师要学会引导学生抓住文眼，切中肯綮，深入

思考体现文章主旨的词语的内涵,如《湖心亭看雪》着一"痴"字,《信客》落一"苦"字,《醉翁亭记》现一"乐"字,《小石潭记》浮一"清"字。教师可以通过文眼设置问题,探究文本况味,引导学生深入思考,完成与作者的心灵对话。

问之源在教材——欲问得有效,必深研教材,于山重水复处见柳暗花明,一问激起千层浪。

问之功在学生——欲问得有效,必深析学情,如何问利于思维,如何问开启心智,如何问激情引趣,如此考虑,方能曲径通幽。

问之能在提升——欲问得有效,必指向三维,知识与技能在探究过程中得以快乐提升,情感态度于发现思索中得以健康培养。

提问时注意"五避":力避一问一答,力避不知所问,力避简单机械,力避随意发问,力避答案唯一。

问得巧,整堂课如行云流水,重难点解决水到渠成;问得精,学生思维跃动,课堂律动智慧的活水。若想课堂精彩,若想享受课堂,要学会质疑,一问见层次,一问见境界,一问见成效。

可见,教师依据教材、学情而巧设问题是学生情感体验的源泉和起点。巧设问题符合学生认知的"最近发展区",能够引起学生思维的跃动,激发学生强烈的求知欲望,让学生循着文本的脉络与教学重点,拾级而上,潜能被充分发掘出来,并能在思考解决问题的过程中充分体验感受语文课堂的价值与魅力。

(一)利用标题提问

人教版语文教材的许多文本标题隐含着丰富的信息,教师要善于借助作品主题,设置开放性的问题,或者抓住标题中的关键词语设置问题情境,让学生细读文本,畅所欲言。没有统一的答案,没有异口同声的回应,每个学生的发言都是自身思想的凝结,这样的语文课堂才是真正的生命化课堂,才是生生互动、和而不同的课堂学习共同体。

点拨唤醒　浸润生命
——我教《再塑生命的人》

美国作家马克·吐温曾说过:19世纪出现了两个了不起的人物,一个是拿破仑,一个就是海伦·凯勒。海伦·凯勒一岁半的时候,一场重病夺去了她的视力和听力,在失望、困顿笼罩她的时候,是安妮·莎莉文老师点燃了她的希望之火,唤醒了她沉睡的潜能,她的生命从此与众不同。

打开海伦·凯勒的文章《再塑生命的人》,与学生一同感受海伦的心路历程,一同体验莎莉文女士的博爱与智慧。

我引领学生关注文章:"为什么要再塑生命?谁是再塑生命的人?怎样再塑生命?"

学生带着问题走进文本,圈点勾画着关键语句,体会着莎莉文老师的到来带给海伦的生活与思想的变化。

学生认真阅读着,慢慢感受着,海伦就像一只船,困在大雾中。莎莉文老师就像一座灯塔,以爱之光指引她一步步到达光明的彼岸。

爱心与慧心兼备的莎莉文老师以手指游戏激发了小海伦浓厚的学习兴趣,海伦在模仿与学习中掌握了许多单词的含义,并由此领悟到世间万物皆有自己的名字。莎莉文老师独特的教学方法点拨、浸润着海伦的生命,让她慢慢懂得生活的奥秘。

当"杯"与"水"的区别无法弄清时,海伦烦躁得无法自控,摔碎布娃娃才觉痛快。莎莉文老师没有责备海伦,她理解小海伦此时的心情,她默默地把可怜的布娃娃的碎布扫到炉子边,领着海伦走出屋门,走向阳光照耀的地方。

井房旁,莎莉文老师把海伦的一只手放在喷水口下,让她感受水流过的清凉,在她另一只手上由慢到快地拼写着"water"(水)。

我让学生以小组为单位,模拟莎莉文老师的教学方法。学生闭着眼睛在彼此的掌心比画着,体验着莎莉文老师和海伦的心灵世界。

小海伦在莎莉文老师极具耐心和慧心的点拨下,豁然开朗:"有一种神奇的感觉在我脑中激荡,我一下子理解了语言文字的奥秘了,知道了'水'这个词就是指正在我手上流过的这种清凉而奇妙的东西。"

与其说是水唤醒了海伦的灵魂,给予她光明、希望、快乐和自由,不如说是莎莉文老师用情与智唤醒了海伦的灵魂,让她的世界春暖花开。

海伦在莎莉文老师的引导下,不仅通过触觉感知事物,更是用心灵体验事物。"原来宇宙万物都各有名称,每个名称都能启发我新的思想。我开始以好奇的眼光看待每一样东西。回到屋里,碰到的东西似乎都有了生命。"海伦想起摔碎的布娃娃,第一次产生了悔恨之情。她的情感认知自此发生了翻天覆地的变化,生命在那一刻被重塑,"世界上还有比我更幸福的孩子吗?"

莎莉文老师以爱之名、以智之舵,让海伦的生命之船从黑暗驶向光明,从狭窄驶向广阔,从忧郁驶向喜悦与幸福的殿堂。海伦·凯勒在《我的老师安妮·莎莉文》一书中,曾经说:"我之所以能取得如此成绩,一半功劳应归于我的老师安妮·莎莉文,是她打开我紧闭的心扉,是她指引我跨越出痛苦的黑暗深渊……"

身为人师,没有比引领学生成长更开心的事情了。学生是船,我是帆,在领航中让学生鼓起搏击的勇气,在生命的航程里,探索人生的真谛。

你 是 船
——致我的学生
胡涛

你是船
梦想抵达遥远的彼岸
我是帆
愿助你找寻停泊的港湾

你劈波斩浪
船舷载着海水的咸
你从流飘荡
惬意地仰望天空的蓝

你张满帆
穿行在天光云影间
美丽的世界
此刻为你绽开笑颜

从朝霞映红的海面出发
快乐的琼浆已将船舱蓄满
夕阳西下
我悄悄为你铺展黄昏最美的画卷

你握紧我的手
感受从容与温暖
你依偎我的肩
卸下载不动的伤痛与不安

我是帆
为你撑起一片天
你是船
唯一的远方就是永远向前

夏丏尊先生曾言:"教育之没有情感,没有爱,如同池塘没有水一样。没有水,就不成其池塘,没有爱就没有教育。"为师者,要如莎莉文女士一样真心关爱所有的学生,用智慧点拨、唤醒他们的心灵,让他们的生命在快乐、自由的氛围中得到润泽,得以健康成长。

生命赞歌
——我教《一棵小桃树》

风雨中历尽苦难,倔强挺立的小桃树,牵动着作者的心。树与人同呼吸,共命运。从卑微出生,到一路成长,最终孕育出甘甜的果实……

《一棵小桃树》既是贾平凹眼中树的艰辛成长历程,也是他自己不倦奋斗的青春写照。

与学生一同打开课本,感受文字的味道,探寻"这是一棵怎样的小桃树"。

这是一棵瘦弱的小桃树——瘦瘦的、黄黄的,"样子也极委琐"。

这是一棵不受重视的小桃树——没有人关注,饱受冷漠的对待。花事繁盛,它被弃置一旁。

这是一棵饱受摧残的小桃树——被猪拱过,在风雨中挣扎……

这是一棵有梦想的小桃树——无论面对怎样的风雨,怎样的困境,怎样的冷遇,它的心中都揣着一个梦,一个绿色的梦,在高高的枝儿上保留下一个欲绽的花苞。"像风浪里航道上的指示灯",心中有梦,再大的苦难都不怕。如歌曲《水手》所唱,"它说风雨中这点痛算什么,擦干泪,不要怕,至少我们还有梦……"

这是一棵与命运抗争的小桃树——生不逢时,但不轻言放弃,"千百次地俯下身去,又千百次地挣扎起来"。"像一只天鹅,羽毛渐渐剥脱,变得赤裸的了",可是它没有屈服,勇敢地与风雨斗争,"抖着满身的雨水",顽强地生长,默默孕育着希望,使作者内心得到安慰。

学生被小桃树的执着所感染。我轻轻地问:"难道作者仅仅是歌颂小桃树的顽强不屈吗?"

他们带着思考,再次走进文本,发现文中出现多处"我的小桃树"这样深情的呼唤,字里行间穿插作者的感慨与经历。

他们认为,作者就是一棵生不逢时的小桃树。一样的遭遇,一样的苦难,当作者屡受打击,心境变得垂垂暮老时,竟看到弱小、渺小的小桃树依然顽强地生长,从中获得感悟,人怎能轻言放弃?再卑微,心中的梦也不能泯灭。

作者借小桃树的成长经历表达了自己的心路历程,托物言志。此时,我为学生播放《朗读者》第二季贾平凹接受采访的视频,让学生更直观地感受作家生不逢时的艰辛与奋斗不息的经历,令人慨叹并敬佩不已。

一棵树,一个人,用不屈的精神演绎一场寻梦之旅。我声情并茂地诵读了我的原创诗作《寻梦》,以期唤起学生心灵的共鸣。

寻　　梦

胡涛

种下小小的桃核
蓄上我青春的梦想

历经雨雪风霜
梦依然是最初的模样

默默生长
弱小的躯体
也能绽放惊人的能量

千百次低首
千百次仰望
生命的乐章总是起伏跌宕

枝头含苞待放
哪怕只有小小的一朵
也能印证心底不变的向往

就这样守着梦的精灵
在绝望中燃起希望
用绿意涂抹人生路上的辉煌

学生静静聆听着,深切感悟到大自然与人生中有多少这样的生命,谦卑但不自卑,柔弱但不脆弱,用执着不悔勇敢地撑起一片天,让希望永远闪耀在内心深处。

一棵小桃树,一朵蒲公英,一根小草……点燃了学生思维的火花,他们拿起笔,开始书写记忆中不屈的生命,不屈的灵魂……

万物皆有情。心怀对生命的敬畏,不断发现生活中的美,不断在成长路上磨炼自己的意志,学生的精神世界会更加丰富,语文素养也会得以提升。

(二)利用文眼提问

无论现代文还是文言文,仔细阅读,不难发现,文中或是文末都有"文眼",故古文写作方法中有"一字立骨"说。抓住这个最能揭示主旨、升华意境的核心词设疑,文章的内容就如层层剥笋,迎刃而解了。

赏月之闲情
——我教《记承天寺夜游》

承天寺,两个同是天涯沦落的男人,月夜漫步中庭,化解痛苦于悠闲赏月中。

与学生共读苏轼的《记承天寺夜游》,品闲人雅趣,感文人情怀。

"但少闲人如吾两人者耳"中"闲"字有何意味?

从"闲"字入手,让学生品《说文解字》中的"闲"的繁体字"閒",但见门中有月,古人造字,就将门缝中可见月光,引申为"闲"字。闲离不了月,月色究竟怎样,可使人废寝、忘我、痴迷?

学生很快捕捉到"亭下如积水空明,水中藻荇交横,盖竹柏影也"一句摹写如水月光,月光中的竹影。月华如此清澈,赏月者只有二闲子者也。

学生品苏子,被贬岁月,月色入户,门中窥月,已见闲情,不闻叹息,但见欣然之态,苏子之雅趣、之豁达可见一斑。起行,与同样境遇好友怀民,中庭尽赏月色,于是学生逐步品味到,苏子在人生萧瑟之时,心境异常平和,此处有志同道合之人,此时有漫步悠闲之意,一扫心中之浮云苦闷,感天地之况味,赏月夜之美景,体婵娟之清明。闲者有闲情,闲者有真意。苏子一生乐观旷达,在他眼中,名利不过浮云尔。"几时归去,作个闲人。对一张琴,一壶酒,一溪云。"纵情山水,享受生活,实乃人生最高境界。

人有悲欢,月有阴晴,低头叹息不如仰首清欢。苏子"一蓑烟雨任平生",以心中淡泊之月,告诉学生把握美好的当下,憧憬灿烂的未来。

心中有明月,照彻古与今。我引导学生读文,赏月,思闲,品人,关照苏子其人一生。懂得月是苏子心中的豁达乐观之映象,无论身在何时何地,其心都有安放之处,"回首向来萧瑟处,归去,也无风雨也无晴"。

最后,我朗读了原创的诗作《对月抒怀》:

对月抒怀

胡涛

多少人曾对月生咏叹
多少人曾望月起相思
今夜　月色入户
你是否会放下俘获你的手机
抬头仰望这个美丽的星球
你是否愿放下所有的爱和忧伤
随如水的月华步入梦的殿堂
今夜的月很安然
静静地照着远行归来的人们
今夜的你
是否愿意和我一起做个闲人
月光下漫步悠闲
看小径积水空明
看天上半弦笑容
不负生命
不负自然的馈赠

学生在我的诗中,进一步体会赏月之闲情、体会苏子的达观人生,感悟人生如逆旅,应学会品味,学会感受生活中诗意的清欢。

课文、苏子、月亮在悠悠古韵中,在幽幽哲思中,走进学生心灵最深处。于是,我寄语学生:"愿你们心中都有一轮永远照亮生命的月亮。"

痴人情未了
——我教《湖心亭看雪》

何谓痴?俗人眼中的不合时宜,世人眼中的特立独行,皆为痴也。有人痴迷于书法艺术,有人痴迷于林间烟雨,当我和学生走近张岱笔下的文字,不由得为其痴行痴心所动容。

大雪三日,湖中人鸟声俱绝。这样的日子,居家应是最惬意的事情,可以临窗看雪,可以和衣暖卧,可以与友畅谈,不受风雪之苦。可张岱却独往湖心亭看雪,其率真任性的痴行与孤傲之气可见一斑。

我让学生细读文本,沿着"痴"这条主线,体悟张岱的思想情感。

"痴"字有怎样的意味?

世人都晓居家暖,唯有公子不畏寒。所见何景令其如此痴迷?学生齐声诵读——"雾凇沆砀,天与云与山与水,上下一白。"张岱眼中的雪景与众不同,没有具体的景点,没有特写的聚焦,几个"与"字,渲染出一种弥漫的浑然,一种大气的苍茫,天地之悠悠,唯皑皑洁白而已矣!

学生无不被如此开阔之意境折服,深深沉浸其中。一种透骨的凉意涤荡着时下的暑气。然接下来的语句更让他们惊叹。一痕,一点,一芥,两三粒,量词运用真令人匪夷所思,长堤、湖心亭、小舟、游人在浩茫的背景下若隐若现,似无实有,视野由远及近,由大变小,无不让人感叹宇宙之博大、人生之渺小。

学生不禁生疑,张岱如此痴心此景,只是源于独特的雅兴吗?有没有更深层的情感使然呢?

于是,我介绍了张岱其人其事,他曾在西湖一带生活了四十年,过着锦衣玉食、嬉游玩乐的贵公子生活。他于西湖,"水尾山头,无处不到。湖中典故,真有世居西湖之人所不能识者,而陶庵识之独详;湖中景物,真有日在西湖而不能道者,而陶庵道之独悉"。清军入关,明朝灭亡,张岱选择了逃避,隐居山中,不问世事。往昔繁华,都成梦幻。在《西湖梦寻自序》中,张岱写道:"阔别西湖二十八载,然西湖无日不入吾梦中,而梦中之西湖,实未尝一日别余也。"可见他对西湖的魂牵梦萦。夜游西湖,痴迷于天人合一的山水之乐,醉情于世俗之外的闲情雅致,在寂寥空旷中隐含着淡淡的故园之思、故国之悲。

因国亡而孤独,因孤独而痴迷。张岱将孤独的故国之思深深地寄托在雪后的西湖上,任情天地之间。然孤独与孤独的相遇是一种美好,也是一种奇缘。如此天气,有人居然先于自己到湖中赏雪,真知己焉!学生无不为这种人与人的奇遇啧啧称奇。

那个时代,多少人在朝代更替后各寻其主,随波逐流,而张岱虽隐居山林,却依然心系故园。故国,在张岱的生命里,是永远的痛、永远的梦。湖中相遇,有多少话要倾诉,有多少情要表白,"湖中焉得更有此人",一句道出邂逅之惊喜。灵犀一点,痛饮三杯,不问姓氏,唯心意相通。

痴人、痴心、痴情——人生得一知己足矣,夫复何求!

痴心未改,皆源于心有所寄,思接千载,穿越千载与张岱邂逅,赋诗一首,以表情怀——

痴

胡涛

一种孤独的狂欢
月夜还是雪天
游走于空旷的天地间
寻找深深依恋的故园

一种痴情的寄托
现实抑或梦呓
沉迷于自然的恩赐
多少伤痛随风而逝

一种桀骜的独行
当下或是明天
陶醉于浩茫的境界
多少深沉的梦植根心田

学生体悟着"痴"的内涵,其实无非就是一种内心的守望、一种灵魂的安放,无论冷暖阴晴,还是悲欢离合,都有一份亘古不变的执着。

与其说我和学生品读《湖心亭看雪》,不如说明朝的张岱,借着西湖的大雪给我们现代人上了一节人生的文学兼哲学课。

清中品石潭
——我教《小石潭记》

柳宗元的《小石潭记》堪称文言经典。柳宗元被贬永州,虽心情忧悒,然每每处于自然山水风物之中,便一时乐以忘忧,是以著《永州八记》,传于后世。《小石潭记》一文清雅可人,读之齿颊生香,心灵浸润其中,无法自拔。

梳理文言词句之后,我问学生:如果用一个字形容柳宗元笔下小石潭的特点,你会选哪个字?

一问激起千层浪,学生研读课文,热烈地研讨,一系列带着个人感情色彩的字活跃在课堂:清、幽、静、冷、美、雅、凄……他们在反复筛选中找到了一个最准确、最能概括小石潭特点的字——清。

清,何意也?《说文》:"朖(通"朗")也。澂水之貌。从水,青声。"《段注》:"腺者,明也。澂而后明,故云澂水之貌。"意思是说:清,水透明,即水清澈的样子。学生阅读文本,从作者的行踪中捕捉到水尤清冽之清,有清凉之意,潭以整块石头为底,自然呈清凉之状,不禁心生欢喜,被贬至此,闲游排忧,水声悦耳,秀色可赏,清境入眼入心也。

学生随"清"字漫游,见游鱼之悠然,更见潭水之清澄,心慢慢融化在一汪潭水中。《答谢中书书》中以"游鱼细石,直视无碍"侧面写溪流之清澈,而柳宗元运笔更胜一筹,不仅通过游鱼"怡然不动,俶尔远逝"等句,以动静结合的方式来表现水之清澈,更是以一句"似与游者相乐"的神来之笔,将自己的情绪依附于游鱼身上,好像鱼儿与他一样享受着心灵的暂时快乐。学生不禁想到庄子与惠子关于鱼之乐的辩论:"子非鱼,安知鱼之乐?""子非我,安知我不知鱼之乐?"庄子以清静无为之思想,感受鱼之乐,实属自然,天人合一。柳宗元心灵的映射只是浮光一瞬,游鱼之乐给予他片刻的慰藉。一旦经某种情境触发,被贬谪的苦闷就会生发开去,文章后面"寂寥无人,凄神寒骨,悄怆幽邃"便是作者真实心境的反映,清澈的潭水并不能抚平他情感的波痕,灵巧的鱼儿不能让他完全忘却自身的遭际,当环境凄清透骨,无法排遣的落寞便如影随形,令其心灵无处安放。

学生读到"以其境过清,不可久居,乃记之而去",慢慢了解柳宗元终究还是无法释怀。凄清对于苏轼而言,可以化解于清风明月中;对于李白而言,可以"古来圣贤皆寂寞,惟有饮者留其名"的豁达替换之;对于他的好友刘禹锡而言,可以"种桃道士归何处,前度刘郎今又来"的戏谑取代之。而柳宗元,他与迁客骚人之情怀如出一辙,因物而喜,因己而悲,清水中的鱼儿使他收获暂时的愉悦,凄清的环境又使他沉浸在被贬谪的无边苦闷与失意中。

结合"清"字品石潭,心有所感,写一首小诗,与学生共享——

清 水 谣

胡涛

清越动听,如鸣珮环。
清灵迷人,若见小潭。
清秀可餐,翠蔓似卷。
清澄见底,鱼戏其间。

清脆悦耳,荡气回肠。
清亮透心,物我两忘。
清新隽永,意味深长。

清幽入怀,梦回故乡。

在一片会心的清澈清幽中,学生品味着景致的清雅,感受着心灵的清静,也思考着人生的清远,憧憬着一片清澄的天地,期待着在清新的世界尽情飞翔!

(三)利用要词提问

在人教版语文教材所选的文章中,字里行间往往会出现一些关键语句,它们常常包含丰富的情感。教师要引导学生探究这些关键词句,加深对文本的理解,从而进一步领悟作者所要表达的主旨。

那一课,深深触动了我
——我教《唯一的听众》
(哈尔滨市香坊区第十届"卓越杯"教师专业素养大赛特等奖)

《唯一的听众》中老妇人平静慈祥的眼神深深触动了我和学生。

清晨的阳光暖暖地照进教室,我静静地看着学生,他们正读着课文。那个动人心弦的故事在课堂如清泉流淌——

一个蹩脚的小提琴爱好者,得不到家人的认可,孤独地来到小树林,庄重地拉起那并不优美的旋律,一个头发花白的老妇人平静地望着他,谎称自己是聋子,给予小伙子无尽的鼓励与关爱。其实,老妇人是音乐学院的资深教授。小伙子在老妇人关注的目光中拉响了一支支乐曲,在音乐道路上不断成长,终于有一天,他的曲子令专修音乐的妹妹大吃一惊,当妹妹告诉他真相时,他心中充满了对老妇人无限的感激之情。

仔细研读,我发现文章反复用"平静"这个词来形容老人的神态,于是我问学生:"平静"这个表情有没有什么深层的情感?"平静"反映老人怎样的心灵世界?

于是他们带着问题深入走进文本。

课文情节在阅读中展开,在铺满落叶的小树林里展开,在老妇人平静又慈祥的目光中展开,在老妇人默默的鼓励与关爱中展开。学生的心被触动了,我的心也慢慢融化了,融化在老妇人那潭水一样深深的眼神中……

那是怎样的一份善良啊!

那是怎样的一份呵护啊!

起初,小伙子发现一位老妇人平静地望着他,他怕琴艺不佳,惊扰了老妇人独享的幽静,怕老妇人会像爸爸和妹妹一样嘲笑他。他紧张、羞涩,打算溜走的时候,老妇人轻声说:"是我打扰了你吗,小伙子?不过,我每天早晨都在这儿坐一会儿。""我想你一定拉得非常好,可惜我的耳朵聋了。如果不介意我在场,请继续吧。""也许我会用心去感受这音乐。我能做你的听众吗,每天早晨?"

一直遭受冷遇的小伙子,被老妇人鼓励的话语打动了。老妇人善意的谎言是抚慰他心灵的一剂良药。老妇人平静而温暖的目光像阳光一样也照进了学生的心坎,让他们的感情世界荡起层层涟漪。

如果说老妇人平静的神态是无声的关怀,那么,这语言的鼓励,如汩汩甘泉,滋润小伙子久渴的心田,给他的心灵注入了无限的活力。

接着我引导学生研读文章第二次关于老妇人平静眼神的描写。每天早晨,"她一直很平静地望着我",老妇人对小伙子是长情的陪伴,恒久的默默关怀。学生的内心被老妇人的善良与关爱感动着。生活中如果有谁默默地关注着心灵受伤的自己,我们怎能不为之动容呢?

小伙子在老妇人的鼓励下,内心洋溢着一种从未有过的感觉,他从此刻苦练习小提琴,汗流浃背也不停歇。而老妇人每天早早地坐在树林的木椅上等他,"她慈祥的眼神平静地望着我,像深深的潭水……"

当学生沉浸在故事的氛围中,沉浸在老妇人深沉的情感中时,我不失时机地问:文中第三次描写老妇人的平静眼神,为什么形容像"深深的潭水"?这里面蕴含着怎样丰富的情感?从老妇人的语言神态读出她对小伙子什么态度?

生1:她说"我"的琴声能给她带来快乐和幸福。为小伙子的琴艺提高感到快乐,为自己能够始终陪伴在小伙子的身旁,帮助他成长而感到幸福。

生2:她微笑地看着我,这是一种鼓励,更是一种关爱。

生3:手指敲打着节奏,说明老妇人发现"我"的琴艺提高,内心充满无比的喜悦。

生4:"深深的潭水"能说明感情非常丰富,还有对"我"提出更高的要求。

是啊,这深深的潭水里有鼓励,有关爱,有对小伙子深深的期许。这深深的潭水,就是满满的爱。正因为这份关爱,小伙子的音乐梦想得以实现。

学生此时的感情逐渐走向高潮。在学生真情投入到字里行间、内心激动不已时,我设计了这样的问题:"如果你就是那个年轻人,面对鲜花和掌声,回想起与老妇人相知相伴的点点滴滴,你一定有太多太多的话向老妇人倾诉,说说你的心里话吧!"

生1:我想说感谢您,正因为有您的关爱,我才有今天的成长和进步。

生2:我想说,无论我走到哪里,无论我取得怎样的成绩,我都始终不能忘记您是我一生中唯一的难忘的听众。

生3:如果我是小苗,您就是滋润小苗的雨露。如果我是大树,您就是润泽大树的甘泉。有您真的很幸福。感谢您!

生4:真诚地谢谢您,让我走出自卑的阴影,让我鼓起勇气坚持下去,最终获得成功。

此时,我也化身为这位年轻人,用一首小诗表达我对老妇人深深的感激之情。

永远的唯一
——致敬最爱的听众
胡涛

在铺满落叶的树林里,
在忧郁无助的日子里,
如果没有遇见你,
我怎么能演奏出音乐的美丽?
一次次平静的注视,
让我心中充满幸福与甜蜜,
一句句温暖的鼓励,
像甘霖润泽到心底,
增添了无边的勇气,
化作前行的动力,
奋斗的汗滴,
托起成功的惊喜,
真诚地谢谢你,
我心灵世界中永远的唯一!

一句赞赏的话语,一个慰藉的眼神,一抹会心的微笑,一个善意的谎言,一次真诚无私的帮助,一次心与心的交流,都可能改变一段人生、挽救一个灵魂。在人生的舞台上,我希望我的学生也拥有这样一个唯一的听众,也能成为他人唯一的听众。

那一课,触动我心!

那一课,令我和学生终生难忘!

(四)利用作品中的人物提问

小说或者一些记人散文往往塑造或刻画一两个主要人物,其特点鲜明,情感凸显。教师可以直接将人物的性格探究作为主问题抛给学生,学生由浅入深地研读文本,思考人物所处的时代,思考其鲜明的个性,进而提升阅读审美能力。

人性的弱点
——我教《我的叔叔于勒》

《我的叔叔于勒》是莫泊桑的一篇经典短篇小说。一个败家的公子哥只因两封信忽然成了全家的救星,上千种计划描绘着彩色的梦。然而一次旅行中的巧遇彻底粉碎了一家人的梦,暴怒、恐惧、慌张接踵而至,只有不谙世事的"我",还心存一份亲情……

学生喜欢读小说,在跌宕起伏的情节中品味丰富的人物形象。

"文中的菲利普夫妇对我的叔叔于勒有哪些不同的称呼?由此可以看出菲利普夫妇具有怎样的性格特点?"

一问激起学生浓烈的兴趣,他们仔细阅读文本,圈点勾画着。

> 全家唯一的希望,全家的恐怖,花花公子,坏蛋,流氓,正直的人,有良心的人,好心的于勒,一个有办法的人,这个贼,讨饭的,这个人,流氓……

渐渐地,学生发现这些称呼分为截然相反的两类,一类极尽赞美,另一类则是恶毒咒骂。感情色彩对比如此鲜明,为什么菲利普夫妇对待于勒会有这么大的反差?这些称呼分别是在于勒什么生活境遇下出现的?

学生通过快速阅读,梳理出这些称呼的出现分别是在于勒贫穷的时候和于勒富有的时候。由此看出菲利普夫妇对于勒的态度变化是围绕于勒经济状况的变化,至于亲情,早已抛到九霄云外去了。

　　菲利普一家生活拮据,谁若能改变此状况,便是天使化身。于勒的发财之信,掀起了菲利普夫妇心底的波澜,从前的恩怨一笔勾销,坏蛋、流氓、无赖一下子变成了正直的、有良心的、有办法的人,恐怖变成了希望,不是哥嫂念亲情,而是有钱千里来相会。菲利普夫妇被贫穷折磨得痛苦不堪,多么希望有一个"好心人"给他们带来惊喜的改变啊!

　　心中的蓝图紧锣密鼓地勾画着,女儿的婚事也因此促成,生活朝着美好的方向发展,于勒在菲利普心中达到了可亲可敬的制高点。

　　随着学生的阅读,随着哲尔赛岛的旅行,随着作祟的虚荣心的驱使,卖牡蛎的老水手出现在菲利普一家人的视野里,如果他们遇到的是一个有钱的人像于勒,也许他们的梦还会继续,于勒依旧是他们心心念念的有良心的人。可事与愿违,在这条船上,偏偏是那个卖牡蛎的水手像于勒,他们恐慌害怕,因为即将奔赴的新生活,眼看就要落空,当船长的一席话让他们彻底失望后,朝思暮想的福星瞬间变成了灾星,幻想破灭,怒火中烧,于勒再次成为菲利普夫妇咒骂怨恨的对象。

　　从热盼到躲避,从希望到恐怖,从有办法的人到流氓,都离不开一个核心词"钱"。有钱千里盼相会,无钱对面不认亲。在资本主义社会,金钱主宰了人的心灵与生活,与此同时,小人物生活的困窘也真实地再现。菲利普夫妇不愿认亲,非单纯金钱缺失所致,而是被艰难困苦的生活境遇扭曲了本性,小若瑟夫还是有同情心的,但是他也改变不了大环境,只能在暮色中默念、回望罢了。

　　引领学生品读作品之后,我读了一首原创的《人性的弱点》:

人性的弱点
——致《我的叔叔于勒》中的菲利普

胡涛

谁不想活得高雅
谁不想活得体面
然而贫困是一条毒蛇
吮吸着血液里的爱与善

心花怒放或是心生恐慌
取决于赤裸裸的利益
人性的弱点
无法简单定性为道德的审判

在冷酷的现实里
在悲与喜的边缘
挣扎
是苦海里起落的船帆

你把利益的砝码
放在人性的天平上
所有的同情
都失去了重量

学生沉思着,思考着人性的弱点,思考着人性中的真善美与假恶丑……

致敬天下父母心
——我教《回忆我的母亲》

"谁言寸草心,报得三春晖。"古往今来,母爱是人们热烈歌颂的主题,像太阳普照万物茁壮成长,像大树遮挡风霜雨雪。万语千言也难以诉尽心中那份深深的感激之情。

朱德的《回忆我的母亲》一文,平淡中蕴藏深情的文字,深深吸引了学生。朱德的母亲是一位怎样的母亲?

一个勤劳一生的母亲。母亲劳碌的身影在作者心中打下无法磨灭的烙印。在贫苦的家境中,勤劳是母亲身上最鲜亮的本色——含辛茹苦地养儿育女,起早贪黑地种田纺棉、养蚕喂猪。劳碌是母亲每日的必修课,一生也不曾脱离过劳动,在艰难岁月中撑起了整个家庭。

一个俭朴持家的母亲。再艰难的生活,母亲也能以俭以智持之。菜籽榨油,食之有味,自制衣服,亲手纺线,孩子接龙穿着。俭朴与勤劳是相互映衬的,俭朴与智慧也是相得益彰的,母亲用自己的聪明与勤俭维系着大家庭。

一个宽容仁慈的母亲。待人和蔼可亲,从不打骂我们,与家里所有的人相处十分和谐,温良恭俭让的传统美德在母亲心灵的底片上留下深深的痕迹。

一个同情贫民的母亲。母亲心中有一杆秤,她总是向贫苦百姓身上倾斜,她对比自己更穷的人的周济与照顾使她身上散发出耀眼的母性的博爱光辉。

一个有远见的母亲。母亲识大体,有远见,知道儿子参加革命,知道党的困难,母亲期望中华民族解放的成功,对儿子献身革命事业默默地支持。母亲的一生,给予儿子许多启示、鼓励、支持,让儿子由衷地感谢母亲给予的"世界上最可贵的财产"——生产的知识和革命的意志。

学生读到最后,体会作者抒发母亲离去的哀痛与作者报答母亲恩情的决心,感受到作者把母子之情与爱国之义联系在一起,感受到作者表达的热爱民族、人民之深情。

我对母亲也有着深厚的情感,她的勤劳能干、任劳任怨,给我留下深刻的印象。尤其是每到周末,她驻足窗前,守望儿女的身影让我感念颇深。

守　望
胡涛

从远方赶来
你是我们相聚的理由
慈祥的笑容
温暖每一轮冬夏春秋

成长路上满是你的叮咛
青丝到白头
伞一样荫庇着我们
风雪独自承受

黄昏中的背影
倚在窗前默默守候
祈盼熟悉的人
映入你的眼眸

一生何求
一生无所求
只愿儿女健康无忧
平安永久

学生品读着字里行间的深情,联想着母亲海一样深的挚爱,泪水不时打湿了课本,渐渐氤氲出一幅幅感人的画面……

二、师生诵读声琅琅:感情朗读　提升学生感悟

《毛诗序》有言:"情动于中而行于言。"南北朝著名文学理论家刘勰在《文心雕龙》中指出:"夫缀文者情动而辞发,观文者披文以入情。"文学作品缘情而发,深厚的思想情感蕴含在字里行间,而能够体会丰富情感的重要方式便是

感情朗读。

　　古人云:"书读百遍,其义自见。"朗读是一种声情并茂的语言艺术,是一种具有创造性特征的审美感悟与体验。"感人心者,莫先乎情。"语文课堂上,感情朗读能够搭建教师、学生、文本之间对话的平台,让学生通过配乐朗读、师生合作朗读、分角色朗读等多种形式的朗读,唤起心底的情感共鸣,加深对文本的理解和体验。在和谐的音韵中,在听觉与情感的碰撞中,学生通过感情朗读全身心地体会作者抒发的真挚情怀,融于文本,融于内心深处,真正与作品人物同呼吸、共命运。

　　在《皇帝的新装》中,骗子、大臣、皇帝、百姓、孩子这些角色,由于身份地位不同,有着不同的思想和性格。教师指导学生进行角色朗读时,要使学生借助有声语言的感染力走进文本,体验角色的思想性格特点,感受作品反映的那个时代的风气,品悟虚伪与真实的冲撞,在愚蠢与荒唐的闹剧中,在幽默的朗读中深入文本内核,理解安徒生所塑造的人物所反映的那个荒诞时代的特点。学生的审美情趣在感情朗读中得到熏染,思想获得深刻的启迪。

　　教师有感情地范读,同样能够让学生身临其境,体验感悟文字传递出的美感,从而在倾心聆听中体会文本的内容和情感,并借助想象与联想构建心中的美好境界,实现对作品的二度创作。

　　课堂教学的高潮处,教学重点的突破处,教师声情并茂地朗诵自己创作的作品,实现自己与文本对话的同时,也引导学生随着教师的情感获得审美体验。如《信客》教学时,在挽联设计的环节,我通过吟诵即兴创作的挽联"至信至善任劳任怨四里齐称颂,乡情乡谊无私无悔众口皆丰碑",表达了对信客的无比景仰,也调动了学生内心深处的情感,让他们对这类默默无闻却有着高尚气节的小人物产生无限钦佩之意。教师通过感情诵读以声传情、以情激情,让学生在倾听时获得一种独特的审美体验,加深了对作品人物的同情与敬佩,同时加深了对文本主题的理解。我通过与文本对话、与作者对话,创作与文本内容相关联的诗歌作品,不失时机地朗读,将教学内容推向高潮。如教《老王》时,我想到外卖小哥的艰辛,也曾见过农民工打工的不易,在为生活打拼的同时也为社会贡献着自己微薄的力量,为城市注入新的活力。在授课接近尾声的时候,我声情并茂地朗诵一首原创的《寻梦》送给所有的学生,让他们深切感受这座城市里小人物的善良与担当。

　　语文课堂离不开朗读教学,诵读是激活、唤起学生生命体验的重要途径,能够让学生深入理解文本内容,做到"懂其意,明其理,悟其情",在与文本深度交流的过程中,文本的语言积淀为学生的语感,学生得到情感的熏陶,在琅琅书声中体验语文的独特魅力。

（一）范读引领，熏陶感染

语文教学要充分利用文本的特点，发挥文章的感染作用，重视培养学生的语感，提高阅读感悟能力。范读出自教师的口，进入学生的耳，这是一种对学生很有效的语感训练。教师声情并茂地范读（范唱），能把文本的爱憎情感直接传递给学生，使学生在听读中受到的熏陶，进入意境，增强对语言文字的敏感性，有助于理解课文的深刻精髓。

永远的长妈妈
——我教《阿长与〈山海经〉》

鲁迅在《从百草园到三味书屋》里，深情地回忆他儿时的乐园——百草园，其中一乐就是听长妈妈讲故事，充满神秘的气息，丰富了他儿时的生活体验。长妈妈何许人？与鲁迅有怎样的关系？带着这样的疑问，我和学生共同走进《阿长与〈山海经〉》。

学生从文中得知，阿长是鲁迅儿时的保姆，身份低微，无名无姓，只唤作阿长，鲁迅小时候并不喜欢她，因为她烦琐规矩特别多，且睡姿不雅，让作者心生厌烦之情。阿长郑重热切的元旦祈福，让"我"莫名其妙，甚至吃惊不小。尤其她谋死了"我"的隐鼠，"我"更是心生憎恶，直呼其阿长。

文中让儿时作者情感发生转变的两件事是什么？

学生很快找到了在儿时作者看来那是伟大的神力的事情——

一是阿长阻止大炮放进来的神力，那简直让人顶礼膜拜。虽有迷信色彩，但对于儿时作者而言，神乎其神，就这样被征服，空前的敬意油然而生。

二是阿长买来"我"心心念念的《山海经》的神力。别人不肯做或不能做的事，她却能做成功。对"我"来说不啻一个霹雳，浑身震悚。看来这是一个天大的意外惊喜与收获。对于儿时的"我"而言，长期受私塾教育的影响，厌倦了枯燥的古文，特别渴望看到更广阔的世界。一本有着九头蛇、三脚的鸟的绘图的《山海经》，深深诱惑着"我"，激发"我"强烈的好奇心和无穷的想象力。然而这个心灵深处的渴望居然是不懂文化的阿长为"我"实现的，这个启蒙与感动是无法言表的。所有的怨恨、厌烦都在看到《山海经》那一刻烟消云散。可以说那一刻，"我"的世界春暖花开。

长妈妈瞬间成了少年作者心中的神，她的伟大的神力，让他再次产生新的敬意。成年以后的作者懂得了阿长对小主人真诚的祝福，并且深深同情这个言行粗俗、简单率性的长妈妈。在文章结尾，作者发出深情又温情的感叹"仁厚黑暗的地母呵,愿在你的怀里永安她的魂灵"。一直以严肃冷峻面孔示人的鲁迅,在文字中流露出如此温暖的祈愿,实是源于长妈妈给予儿时的他心灵的震撼之深。

为了让学生懂得作者对长妈妈的情感转变,我进行了示范朗读。他们静静地倾听着,从我的朗读中感受着这个温暖作者一生的长妈妈形象,无不为之动容。

接下来,学生纷纷举手,尝试诵读关于长妈妈为"我"买《山海经》的段落,师生以读交流,以诵会心,课堂上律动着琅琅书声带来的曼妙节奏,长妈妈的形象就这样深深印在我和学生的心上。

此时此刻,我为学生演唱一首我作词的《心中的长妈妈》——

心中的长妈妈

曲:唐磊

词:胡涛

你说你最爱长妈妈
因为回忆里面全是她
睡觉摆成一个大
规矩麻烦太多啦

心念《山海经》的时候
小书递给我的时候
层层包裹的惊讶
全身震悚一刹那

充满善意的阿妈
伟大神力积蓄的她啊
就这样匆匆地走了
留给我一生牵挂

那地母仁厚黑暗
是她多么温暖的家啊
愿您那爱的胸怀
永安她的魂灵

她送给我一生中
那本最心爱的宝书啊

人世间多少真情
从此心灵永牵挂

学生听着哀婉深情的曲调,品着动人心弦的歌词,沉浸在长妈妈对儿时作者的无限爱意中,沉浸在作者对长妈妈深切的怀念中……

(二)配乐朗读,营造氛围

张志公先生说:"一篇文章,读出声音来,读出抑扬顿挫来,读出语调神情来,比单用眼睛看,所得的印象要深刻得多,对于文章的思想感情,领会得要透彻得多,从中受到的感染要强得多。"当朗读的节奏之美与音乐的旋律之美相得益彰,水乳交融,学生自然能沉浸其中,领悟文学作品的诗画意境。

英雄壮心不已
——我教《龟虽寿》

曹操的古体诗透露出一代枭雄的豪气,令人血脉贲张。我引领学生学习他的代表作《龟虽寿》时,极尽渲染之能事,配古曲《将军令》以壮声势,慷慨激昂领诵,以情激情,感染课堂,全班学生抑扬顿挫的齐诵,师生全身心投入诗歌的感悟中。

琅琅书声唤起学生的热爱向往之情,我与他们共品三国时期的曹操何以有如此乐观情怀。

"老骥伏枥,志在千里",曹操的《龟虽寿》是一篇富有人生哲理的抒怀言志之作。这首诗写于北伐乌桓胜利的归途。当时,曹操已经五十三岁,在古代,这已是将近暮年。虽然刚刚取得了北伐乌桓的胜利,踏上凯旋的归途,但诗人想到一统中国的宏愿尚未实现,想到自己已届暮年,人生短促,时不我待,怎能不为生命的有限而感慨。诗人并没有悲观,他仍以不断进取的精神激励自己,建立千秋功业。

"豪气面对万重浪,热血像那红日光",在高亢有力的《男儿当自强》的背景音乐中,我引领学生体会《龟虽寿》表达的积极向上、自强不息的主题。"烈士暮年,壮心不已",学生激情诵读着,走进曹操博大的胸襟,走进英雄丰富的精神世界,深入感受生命的意义在于灵魂的奋发有为,即使迟暮岁月,依然雄心未泯,老当益壮,壮志凌云,以豪迈乐观奏出人生的华美乐章。

"神龟虽寿,犹有竟时",学生在我的点拨下,一遍遍地吟诵着,渐渐融入作者的思想情感中,融入深远的境界中。

"幸甚至哉,歌以咏志。"学生诵读完最后一个字,课堂依然余音不绝,壮怀激烈,久久回荡。

我趁热打铁,引领学生从曹操的精神拓展开去:你身边是否有这样的英雄,让你崇敬,甚至顶礼膜拜?

学生倾情地讲述袁隆平、屠呦呦、莫言、郎平等各行各业感动中国的英雄人物,讲述他们虽青丝霜染,却仍不遗余力的故事。

我向学生讲述了一位我崇拜的大哥,他已六十四岁,本是坐享天伦之乐的年龄,却带我们勇闯天涯,饱览盛景。两个暑假,历时六十余天,自驾征服西北、西南二十多个省市,跋山涉水,与曹操、袁隆平等人一样是"老骥伏枥,志在千里",我为他书诗一首,以表心中无限敬意。

英雄大哥
胡涛

西北壮行记忆犹新
西南漫游已开启征程
没有谁像你老骥伏枥志在千里
一个人一辆车
书写一部旅途的辉煌

出发就是挑战
跋涉就是征服
大雨滂沱还是烈日当空
英雄所向无问西东

过沙漠走戈壁行草原
掠梯田穿山谷涉长江
万里自驾心怀远方
车轮丈量万丈豪情

一双手一颗心谱一首抒情长诗
一双眼一条线任一路纵声高歌
看青山依依看绿水悠悠
看民族歌舞看古镇风情

把年龄远远甩在身后
血管里奔腾着激情的江河

在祖国的版图上涂抹属于你的重彩浓墨

绘就壮美的人生画卷

学生在聆听中与这位英雄大哥进行了精神交流。在下课铃声响起时,他们在曹操豪迈的诗风中,在众多英雄之光的交相辉映中完成了一场灵魂之旅。

虎啸龙吟倾耳听
——我教《壶口瀑布》

梁衡的散文厚重大气,有哲思,有内涵。他在描绘祖国山川景物的同时,涂抹浓重的个人感情色彩。他的《壶口瀑布》与一般写瀑布的游记相比,风格迥异,不重点写雨季的浩大水势,而是独辟蹊径,状写枯水季节壶口瀑布丰富多彩的景观。而且梁衡作品的特色就是将其主观体验与客观景物完美融合,真乃一切景语皆情语也。

我在引导学生体验《壶口瀑布》写作特点时,让他们仔细阅读文本,找出作者将自己观景时的体验融入景物描写中的关键语句加以品析。如在描写河水时,大量使用拟人的修辞方法,"推推搡搡,前呼后拥""翻个身再跌下去",似写水又似写人;"还来不及想一下,便一齐跌了进去",主客观完全融为一体。和着扬琴激昂的节奏,学生大声诵读,反复品味作品融情入境的语言艺术魅力。

当引领学生研读作者议论抒情的语句时,他们被优美文雅又蕴含哲理的文字深深折服,眼前的境界豁然开阔。壶口瀑布的景观本身就是集河、瀑、潭、雾、虹、石等于一体,作者在写作时,重点写石约束水,水激荡石,这组微妙的关系造就了壶口瀑布。"眼前这个小小的壶口,怎么一下子集纳了海、河、瀑、泉、雾所有水的形态,兼容了喜、怒、哀、怨、愁——人的各种感情。"学生仔细品味着这鲜活又不乏深邃的句子,体会着作者与自然水乳交融的情感以及作者精深博大的思想境界,课堂幻化成情智的海洋。

当研读到作者对黄河个性的看法"博大宽厚,柔中有刚;抉而不服,压而不弯;不平则呼,遇强则抗;死地必生,勇往直前"时,学生不禁啧啧称赞,诗意情怀、骈文色彩、深刻哲理都在整齐的句式中熔为一炉,自然而不失庄重,雄浑又不失典雅。他们完全沉醉在作者营造建构的意境中,沉浸在作者深邃的思考感悟中。

此时,我顺着作者的文脉拓展,联系到我去西南旅游所见的黄果树瀑布,与壶口瀑布比较异同,动情地讲述了自己的真切感受,并赋诗一首《沁园春·

黄果树瀑布》,将课堂气氛推向高潮,也将学生的激情点燃,让课堂成为欣赏自然、感悟生活、提升审美情操的大舞台——

沁园春·黄果树瀑布
胡涛

瀑布声声,千里雷鸣,万里传响。
见飞流直下,势不可当;水气扑面,直击心灵。
飞珠溅玉,万马奔腾,虎啸龙吟倾耳听。
叹奇观,享壮景天成,无问西东。

一路气势恢宏,引霞客游历称其雄。
望白水如棉,不弹自散;虹霞似锦,无织天成。
匹练遥峰,雪沫飞雾,穿行水帘心震惊。
再回眸,览第一盛景,无憾此生。

我用了大量比喻的修辞手法,拟声绘形的诗句再现了所见所感,为学生展现了黄果树瀑布的壮观景象,与梁衡笔下的壶口瀑布的壮美相映生辉,诗与文的互读相得益彰。

(三)激情诵读,唤起共鸣

"少小时学习如金子上的雕刻,志大时学习如沙土上的记录。"初中阶段是学生记忆的黄金时期,让他们激情诵读经典的、高雅的文本,创设文化的氛围,既有益于身心发展,又能促进情感的抒发,还能增强阅读理解能力,受益终生。

比较鉴别品诗意
——我教《假如生活欺骗了你》

诗言志,品诗重在通过反复吟诵,感悟诗歌所抒发的情感及蕴含的哲理。有的诗直抒胸臆,有的诗含蓄蕴藉,《假如生活欺骗了你》就属于前者。

这首诗是俄国伟大诗人普希金脍炙人口的名篇。其中的诗句成为不少人的座右铭,激励着人们走出阴霾,拥抱未来。

我指导学生朗诵时,引导他们体会诗句所蕴含的思想情感。诗歌写于作者被沙皇流放的岁月,1824 年,普希金遭受当局的迫害,被押解到米哈伊洛夫斯克村。邻村的女地主奥西波娃一家给予诗人温暖的关照。《假如生活欺骗了你》题在奥西波娃16岁女儿伏尔芙的纪念册上，既是赠诗，又是自勉，是诗人心境的真实写照。

苦难的折磨没有改变诗人对光明的渴望，痛苦的煎熬无法阻挡诗人坚定的信念。纵然被生活欺骗，也不让悲伤占据心田。

诗人的乐观情怀如一束光照进学生的心坎，他们捧起课本，再次激情诵读，琅琅书声将诗人积极的人生态度传达得淋漓尽致。

这首诗虽然篇幅短小，却充满积极向上的正能量，我非常喜欢。当学生沉浸于普希金创作的诗情时，我将原创的《干杯》朗读给学生听，请他们比较两首诗的特点：

干 杯

胡涛

昨日
举起热情的酒杯
倒满青春的期冀
干杯
阵阵欢笑声中
新的征程开启

今日
举起时光的酒杯
盛满生活的佳酿
干杯
诗情画意中
我们不期而遇
你若满饮
我们心有灵犀
你若浅斟
我也心生欢喜
敬酒的诚挚
始终如一
干杯
朋友请随意

明日
举起沉淀的酒杯
贮满美好的回忆
干杯
生命如歌
吟唱属于自己的传奇

学生听后,欣赏比较两首诗的风格:

生1:这两首诗在内容上都表达了作者对生活的热爱,对理想信念的追求,对光明未来的向往。

生2:我觉得这两首诗写法不同,《假如生活欺骗了你》直抒胸臆,而《干杯》则用了酒杯、佳酿、歌等意象含蓄表达对生活的感悟。

生3:这两首诗结构不同,《假如生活欺骗了你》分两小节,从面对苦难的泰然到对未来的憧憬,表现出乐观的情怀;而《干杯》分成三小节,昨日、今日和明日,从分别、相逢到向往,表现出豪迈的情感。

学生在充分的比较阅读中,既了解了诗歌创作的不同手法,又在品诗中浸润了昂扬向上的精神,有的学生已经不满足于阅读欣赏他人的诗,悄悄展开笔记,畅游于自我创作的海洋——

"假如生活捉弄了你,
不要生气,不要抱怨。
……"

琅琅的读书声与沙沙的创作声组成了和谐的交响乐章。

高挂的红灯笼
——我教《灯笼》

每当夜晚来临的时候,火红的灯笼就会闪亮登场,它是儿时难忘的记忆,是古城旅游时迷幻的格调。

走进吴伯箫的《灯笼》,就像走进依稀岁月,一盏灯笼,一种深深的凝望,一段沧桑的历史,一种铁马冰河的情怀……

于是,语文课堂上,我和学生在隽永的字里行间激情诵读着,感受着灯笼特有的色彩、特有的温度。

点亮在眼前,也点亮在心中的是一盏盏怎样的灯笼?

学生结合文本内容,一边深情诵读,一边畅所欲言——

手持的灯笼,指引远行人归乡之路。温暖的亲情召唤着天涯漂泊的旅人。

高挂的灯笼,慰藉孤行客虚惊之心。像夜的眼安抚着无数寂寞的灵魂。

满街的灯火,彰显着盛世繁华;描红的纱灯,独爱那份雅致;壮观的龙灯,更是引人入胜。灯笼镌刻着忘不了的往昔,更寄寓着深切的情思。

历史忆灯,记录着沧桑与感伤。

看剑挑灯,抒写着心愿与豪情。

灯虽小,心却大;场面虽小,情怀却大;事虽琐细,格调却粗犷豪放。

学生随着作者的漫笔,思绪跟着一盏盏灯笼活跃在过往经历中,吟咏在乡俗民风中,沉浸在诗词典故中,崇敬在家国情怀中。

典雅的意境浸润着他们的心灵,曼妙的细节熏染着他们的情感。直面经典散文,直面洗练文字,学生的世界变得愈发丰富而纯净,这是生命在场的极致关照,是青春芳华,是《灯笼》这样的美文给予的精神慰藉。

我亦是浮想联翩,想到江南水乡,想起凤凰古城,每当月上柳梢头,一盏盏、一串串红灯笼亮起,映着小桥流水,光影闪烁,如梦如幻,自是诗意盎然,灵感降临——

凤凰古城红灯笼

胡涛

夜色苍茫
串串红灯笼
诗意地亮起
神秘的古城
梦一般地迷离
静静地凝望
有一种美丽叫古典
有一种色彩叫温暖
你悬在吊脚楼
那是土家人的如火热情
你挂在小舟头
那是为船家指路的明灯
你挂在我心上

是永远的追寻与期望

从作家笔下记忆的万家灯火,到我旅游时所见的红灯笼,学生的情感之舟在历史与现实的交织中自由往来,感民俗之风采,体家国之情怀。

灯笼,是学生感受经典文学文化的载体;灯笼,是穿起历史风云与现实世界的链条;灯笼,是引领,是希望,是真情,是最美的风景……

托物言志品白杨
——我教《白杨礼赞》

礼赞者,怀着敬意的赞扬。茅盾写《白杨礼赞》,白杨树于作家眼中有着不同寻常的形象和意义,因此他笔下的文字蕴含着激情与豪情。

学生从文中多次出现的"不平凡",充分感受到作者热情洋溢的情怀。

"白杨树实在是不平凡的,我赞美白杨树!"

在大声朗读中,学生的视野投向气象雄伟、黄绿错综的西北高原,那是白杨树赖以生存的典型环境,学生被高原不平凡的"境美"深深震撼。

"那就是白杨树,西北极普通的一种树,然而实在是不平凡的一种树!"

在激情品读中,学生的目光聚焦于笔直向上、绝无旁枝的白杨外形,那是白杨树器宇轩昂的形貌特征,学生为白杨不平凡的"形美"深深痴迷。

"这就是白杨树,西北极普通的一种树,然而绝不是平凡的树!"

在深情研读中,学生的思绪交汇于力争上游、伟岸正直的白杨气质,那是白杨树朴质严肃的内在气质,学生为白杨不平凡的"神美"顶礼膜拜。

像一幅幅西北风景画,像一曲曲雄浑交响乐,学生以自己喜欢的方式阅读、交流,品味着烘云托月、欲扬先抑手法的波澜起伏,体会着排比、反问等修辞的强烈气势,咀嚼着托物言志写法的精妙之处。

眼中是白杨的坚韧挺拔,心中是抗日军民顽强的精神和意志,是中华民族不屈的脊梁。

学生品析着文中重点语句赋予白杨的象征意义,我因势利导,由此及彼,引导学生拓展到课外阅读中其他托物言志的篇目,探究这种写法的特点,如《行道树》《丁香赋》《丑石》等。学生在深入的比较阅读中,不仅拓宽了视野,更是通过以一篇带多篇的赏析,体会了托物言志写法的独特且深刻之处。

在学生研读正浓之时,我想起曾经在楼下偶遇角落里的一簇蒲公英,她没有生在广袤的原野,而是在钢筋水泥的丛林,在人们的熟视无睹中生存,脚步随时踩踏,车轮不时滚过,她却默默承受,不卑不亢,最后竟然开出一朵金灿灿

的小花。我用托物言志的手法表达对生命的礼赞,写下了这样的诗句:

生命的呐喊
胡涛

什么时候
你飘到这阴暗的角落
脚步的践踏
车轮的碾压
石缝间依然盛放
一朵明黄的小花
没有雨润
将点点积雪默默涵养
渐渐融进希望的田园
没有日照
却开成金灿灿的太阳
温暖了人们幽闭的心房
孤独地生长
热烈地绽放
穿过钢筋水泥的阻挡
把生命照亮

我的诗歌创作表现了蒲公英坚强不屈的性格,由此可以联想到默默奉献的志愿者、顽强打拼的打工者。司空见惯的蒲公英身上所孕育的品格深深印在学生的脑海里,他们也纷纷落笔,从自然的花草展开思考,迎春花、梅花、兰草、粉笔都成了他们托物言志的题材。从读到写,他们升华了对生活的感悟,提升了自己的思维素养,何乐而不为?

爱得这样深沉
——我教《土地的誓言》

一方水土养一方人,人们对土地的眷恋就是对家乡的深深热爱。当热恋的土地沦丧后,内心的痛苦和热爱交织在一起,犹如火山喷发,岩浆滚烫。为什么我的眼里常含泪水?因为我对这土地爱得深沉……

东北作家端木蕻良的《土地的誓言》，传达的就是这样源自心底、无法遏制的情愫。

联系九一八事变后，东北青年流亡的写作背景，学生大声地朗读文本，揣摩精彩的语段，深入体会文本渗透的爱国情感。

那一个个特写镜头，闪现在他们的眼前：参天碧绿的白桦林，奔流似的马群，深夜嗥鸣的蒙古狗，红布似的高粱，等等，从视觉、听觉、嗅觉等角度，冲击着他们的感官，密集铺陈的景物再现了关东动人的画面。"叫我如何不想她，我亲爱的家乡。"

那一声声的呼唤，反复而强烈，就像母亲急切呼唤着离家的孩子。这样一种声音，激起作者的爱国情，也引起读者的共鸣。学生深情地朗读着，模仿着母亲的声音呼喊着，一声声，深情、深沉，略带着疲惫与嘶哑，像极了倦怠的妈妈渴望着心心念念的孩子，"这种声音已经和我的心取得了永远的沟通""叫我如何不想念她，我亲爱的家乡"。

那一层层的渲染，强烈的色彩，壮美的画面，泛滥的热情，涌动的激情，充满着回忆、想念、眷恋，情感无处不在，动人心弦。

那一句句誓言掷地有声——回到她身边，为了她，愿付出一切，这坚定而执着的承诺穿过弥漫的硝烟，穿过压抑的痛苦，用希望和信心谱写着灵魂深处的信仰。

字字含泪，句句滴血，失去了土地，失去了家园，心中充满着追忆、思念和炽烈饱满的家国情怀。每一寸土地都成为寄托情感的载体，土地是母亲，只有她会让我平静，只有她让我奋不顾身、义无反顾。

当学生深情地读着这些激情的文字，不觉进入那个"风在吼，马在啸，黄河在咆哮"的年代，情感随作者的思绪起伏，随作者的呼唤动容，随作者的思想涌动，甚至泪水盈眶，不能自已。

任何一片土地都是土地上所养育的人们的钟爱。我给学生讲述去西安时的感受，飞机在云层间穿行，俯瞰西北黄土高原，那一望无际的黄土层如浪涌动，让我心潮起伏，为不屈不挠的西北人写下了一首《空中鸟瞰》——

空中鸟瞰
胡涛

土地如此遥远却又亲近
阡陌纵横
那是祖祖辈辈的殷殷期冀

即使寸草不生
也要用长满茧的双手犁出希望的原野
黄沙飞舞
好像嘲笑祖先的不自量力
就在漫漫风沙中
一棵棵树拔地而起
一座座城屹然崛立
一条条路延伸远方
一群群人挥汗如雨
先辈焦灼的目光
化作了洌洌甘泉
滋润了这片干涸的不毛之地
生在黄土地长在黄土地
血管里流淌的是中华儿女不屈的灵魂
化平庸为创造
化腐朽为神奇
我们向先辈鞠躬
向他们致意
用热情与坚贞谱写属于我们生命的壮丽

人们赖以生存的土地,不仅仅是人类繁衍生息的起点,更是人类心灵的归宿,是人类永恒的精神家园。

(四)置换身份,巧设情境

教师通过创设情境,引导学生变换角色,尝试从作者的视角感受作品,尝试以作品中人物的口吻体悟情感,尝试以文中有生命的事物来观察生活,与作者深入对话,与作者产生情感共鸣。

再见丽江
——我教《一滴水经过丽江》

从阿来的一滴水的独特视角走进丽江,走进纳西人的院落,联想自己十年两游丽江的经历,思绪良多。

我引导学生化身快乐的水滴,寻找作者的游踪,从玉龙雪山到四方街,感受魅力风景,感受民俗民情。学生被晶莹的境界所吸引,专注地阅读,丽江淳朴自然的美深深诱惑着一颗颗善感的"小星星"。

我让学生再次置换身份,由自然的水滴变成导游,生动地介绍沿途所见所感。他们倾情地朗读着精彩段落,仿佛身临其境,兴致盎然地讲述见闻,纳西风情、四方街景等,生生互动,交流甚欢。

生1:光滑的石板路,手工建造的木楼青瓦,无处不在的小桥流水,丽江是一座没有城墙的柔美古城。

生2:古城依山而建,街巷依水流而设,城中心的四方街上游人熙熙攘攘,举头即可遥望玉龙雪山的雄姿。

生3:走在古城之中,你可以沿着临街水渠漫步,清澈的溪水充满生机;也可以走街入院,欣赏纳西院落的白墙青瓦木檐;或者穿着拖鞋,坐在四方街上,与晒太阳的纳西老太聊聊天,感受当地人的闲适生活。

课堂仿佛成了丽江景区,学生倾情的诉说像缓缓的清泉,润泽我心。当品味进入高潮时,我将十年两游丽江的经历娓娓道来——

再见丽江

胡涛

十年之前曾经走近你
光滑的青石板路留下青春的印记
十年之后再次邂逅你
小桥依旧只是流水已不再清澈

古城的安宁在哪里
古城的诗意在哪里
熙来攘往的人流
阻隔了我苦苦找寻的视线

浪漫已被喧嚣冲淡
闲适已被热闹取代
木楼青瓦遮不住红灯绿酒
这里已不能平复一颗焦灼的心

那个舞姿绰约的纳西少女呢
那个悠闲漫步的纳西老太呢
浑浊的流水没有回答
闪烁的霓虹没有回答

只有那大水车还在不知疲倦地转动
只有那纳西院落还在阳光下静默
心灵无处安放的时候
我该去向何方
再见　丽江

当我带着淡淡的哀愁,轻轻读出最后两个字"丽江"时,学生的心被诗歌触动,他们纷纷说出自己内心的感悟:自然色彩是人们心灵世界的折射,人与自然要和谐相处,当美好的环境被破坏时,我们只能剩下回忆与遗憾了。

(五)自由品读,感受意境

语文学科的本位是对语言文字的体会与领悟,对语言所传达的情感的领悟,对人文精神的感受。在新课改理念下,教师在课堂上指导学生品味作品中的语言,体验奇妙的语感,收获文本解读的智慧,得到人文精神的润泽,使语文课充满浓郁的诗味。

温晴的诗意
——我教《济南的冬天》

提起冬天,眼前会浮现出"北国风光,千里冰封,万里雪飘"的场景。寒冷、大风、冰冻、雪舞是冬季的代名词。然而语言艺术大师老舍先生笔下济南的冬天,却是温晴的气候。

秋季的午后,窗外落叶纷纷,我与学生走入《济南的冬天》,共同品读,感受如诗如画的纯净。

冬季山景有几重?

"远看山有色",济南的山没有如银蛇舞动的壮观,没有如剑指云霄的巍峨,她们更像是暖色调的摇篮,把济南城围成襁褓中的婴儿,呵护着小城,使百姓的心中有了着落。"明天也许就是春天了吧?"冬天的温暖让人倍感舒适。

薄雪覆山美。落雪的矮松,如日本看护妇,守护着小山,守护着小城。斑驳不一的山坡,恰似穿着带水纹的花衣,"云想衣裳山想容,冬风拂过露青葱。日落时分雪色羞,小山媚态秀一秀"。

城外远山淡。一抹、一卧、一幅,一切尽在不言中。学生为老舍曼妙的描写沉醉不已。

水润泉城见空灵。

"近听水无声",济南的水没有一泻千里的豪放,没有汹涌澎湃的气势,冬天的水冒着些许的热气,润泽着绿如翡翠的水藻,倒影着长枝袅娜的垂柳,清澄着自下而上的晴空,"空灵水晶一鉴开,天光树影共徘徊。问泉那得清如许,为有温晴自然来"。

冬天济南之山水,养育一方温情的济南人。老舍对济南山水的赞美,亦是处处见人文之温润情怀、高雅之人文精神,写冬像是描摹慈善的老人,写城好像状写可爱的婴儿,写山好似勾勒秀气的少女,写水像是抒写清纯的气质。

品味着老舍淡雅亲切的笔调,温晴中不由得想到如何描摹我们家乡的冬天呢?学生欢快地交流着。寒风萧萧,飞雪飘零,哈尔滨一场场壮观的雪景,风光不与济南同,曾书诗数首,以表赞美之情,课堂上与学生共享。

春 从 心 出
胡涛

清晨,梦一样走进
银装素裹的童话
让我喜不自胜的是
千树万树的梨花

好似国画大师不经意的点染
让冰城充盈着画意诗情
人们没有寒冷侵袭的愁容
含笑欣赏着天赐的雪景

一树一树的花开
是圣洁的天使在空中轻舞
一树一树的盛放
是冬季送给这座城市最好的礼物

十二月的今天
是冬的节奏又仿佛是春的脚步

每个人嘴角上扬的弧度
那是春从心出

壮观的雪景,没有冰封的痛苦,如飘如舞的画面,多少春从心出的期待。学生把不同地域的冬天比较着欣赏,是欣赏景色、欣赏文字,更是欣赏一种温润的情怀、一种乐观的精神。

雨之变奏曲
——我教《雨的四季》

雨是上天的精灵,四季都落地开花。爱雨,更爱雨中缤纷的世界!

带着学生走进刘湛秋的雨之变奏曲,在细致入微的品读中,感受春夏秋冬不同季节的雨的不同形象,心灵被净化与陶冶。

"好雨知时节,当春乃发生。"嗅着芬芳的气息,漫步在清新的春雨中,鹅黄的花苞,嫩绿的草叶,在雨丝的洗淋中愈加可人。学生读着隽永的文字,心灵也受到春雨的洗礼。

"雷声千嶂落,雨色万峰来。"突如其来的夏雨,给人的感觉是"热烈而粗犷",学生从"透雨的浇灌""怒放""铺满""交响曲"等描写中,如临其境地品味着夏雨的性格,感受着夏雨的奔放之势,被这交响乐碰撞着、冲荡着。

学生品味文中夏雨热烈之时,我激情朗诵一首原创诗作——

一场说来就来的雨
胡涛

一场说来就来的雨
酣畅淋漓
冲散蒸腾的暑气
挟来清凉的甜蜜
街道如镜
鲜翠欲滴
泥土的清芬沁人心脾

一场说来就来的雨
风雷阵阵
荡涤内心的浮躁

洗去欲望的烟尘
让虚妄的执念
瞬息消散
回归生命的本真

学生从课文到诗句中,感受着雨的不羁,感受着雨的伟力……

在绵绵秋雨中,在情与理高度融合的字里行间,学生继续品读着——

"秋阴不散霜飞晚,留得枯荷听雨声。"静谧动情的秋雨,学生读出了一点凄冷,秋风秋雨愁煞人;读出了一点寂寥,雨打窗棂深闭门;更读出了丰收的喜悦,麦田守望者的笑容在秋雨中明媚了整个季节,一种秋雨净化灵魂的滋味!

"冬温频作雨,晨冷顿催晴。"平静自然的冬雨,在寒冷的季节化身为雪,纷纷扬扬,成为送给人们最纯净的礼物。在学生的眼中,冬雨仿佛是一位历经沧桑的老者,从容、沉静、睿智、深刻。

读雨的四季,恰似感悟人生四季。春雨如懵懂少年,夏雨似激扬青春,秋雨如稳重中年,冬雨似沉思老年。一季的雨,一季的风光,一季的人生,一季的情怀!

(六)师生共读,创设情境

师生共读一篇文章,共同体验文本的色彩,感受深挚的情愫。师生共同走进文本,走进琅琅的书声,在阅读过程中赏析文本精华,提高审美情感,提升语文素养。

草原之歌
——我教《草原》

"蓝蓝的天上白云飘,白云下面马儿跑。"伴着优美的旋律,我和学生共同走进老舍先生的写景抒情散文《草原》,一起朗读洗练的文字,品味草原的风情。

草原的美丽风光吸引了学生的视线。你一句我一句地朗诵着,用心欣赏着开阔的图景,感受着草原主人的盛情,融入主客联欢的场景,他们的脸上都洋溢着开心与幸福。

我们交流着读后的感受。

草原之美,美在色彩。一碧千里的绿毯,白色的羊群,到处翠色欲流,如诗如画,让人不禁想放歌一曲,表达满心的欢喜。

草原之美，美在热情。有客自远方来，不亦乐乎？草原主人欢呼着，飞驰着，簇拥着，热情如火一样燃烧。

草原之美，美在民俗。畅饮、套马、摔跤、歌舞、骑马，生命在草原上奔腾，联欢的场景让人热血沸腾。难舍难分之刻，道不尽蒙汉情，芳草话依依。

草原之美，美在作者用细腻的笔触涂抹出浓墨重彩的绿野之美，更美在字里行间流露出蒙汉之间的深情厚谊。谁来到这里，都会陶醉在一望无际的原野中，忘我沉浸。谁都会被草原人的热情倾倒，被自然风光与民俗风情相融之美所折服。我也去过草原，曾书诗一首《沁园春·草原》，与学生共享——

沁园春·草原
胡涛

蒙古草原，绿意无边，生机盎然。
望油菜花海，金色闪耀；牛羊信步，如梦如幻。
草色入帘，远山呼唤，怡人风景令人叹。
须晴日，看草场风光，分外美艳。

呼伦如此壮观，引一行旅人尽心欢。
看绿浪翻滚，骏马驰骋；歌声嘹亮，响彻九天。
豪气干云，势极雄健，射雕引弓称思汗，
难忘矣，览草原盛景，即在今天。

学生驰骋在无边无际的广袤原野上，感受着绿色之浪的送拂，感受着草原之美的熏陶，感受着民俗民情的润泽。不知不觉，夕阳西下，不忍别的何止是草原，还有这诗情画意的课堂，还有师生之间浓浓的情谊。

三、书卷多情似故人：直面范本　浸润学生心灵

生命化教育是一种范本教育。范本教育强调直面生活，直面经典。黄克剑教授指出，"所谓直面生活，是用他自己最情愿的方式把亲历亲记的生活感受说出来。所谓直面经典，就是直接去读古今中外的经典作品，读这些作品就是跟一个又一个范本照面，跟提供这些范本的一个又一个活生生的灵魂照面，照面是无言（道理上的那种言）的，却是神交的，神交的过程就是接受范本教育的过程。这种直面生活、直面经典的教育是受教育者的生命始终在场的教育，换句话说，是生命化的教育"。从黄教授的论述中可以体会到，语文教师要学会让学生直接面对经典范本，与高尚的灵魂展开对话，这种生命在场的无言的

交流,将为学生的生命涂抹高贵的精神底色,教师此时应该做倾听者,感受学生与范本对话的极致快乐与幸福。

我在执教余秋雨的《信客》一文时,借着洗练的厚重的文字,为学生勾勒着信客这一职业辛苦的特点,描画着一老一小两个信客的形象。无声的课堂,最美的倾听,他们沉浸在那个交通极不便利的时代,为信客这样的小人物身上所散发的善良光辉所感染。此时无声胜有声,描写信客品行的文字一点点浸润着学生的生命,我不必对诚信的内涵慷慨陈词,也不必对善良的真谛反复强调,生命在场的阅读已然将范本中的精髓深深烙印在学生的心中。《藤野先生》中藤野先生毫无民族偏见的精神品质,《愚公移山》里愚公坚持不懈的顽强意志,《美丽的颜色》中居里夫人献身科学的高尚情操,《岳阳楼记》中范仲淹先忧后乐的政治抱负,都是通过范本阅读直达学生心灵的最深处。范本,是促进学生成长的阶梯,是塑造学生生命的桥梁。

"学为人师,行为世范。"范本,从另一个角度来讲,又是教师示范的榜样。教师不仅是学生人格的表率,更是他们行为的标杆。学生的生命是从模仿、借鉴、学习中逐渐完善的。语文教师应该处处做学生学习与生活的范本。教师面带微笑、热爱生活、经常鼓励,会让学生的心灵充满阳光,他们也会时时向周围传递正能量。一个学而不厌的教师才会教出学而不厌的学生。我在语文课堂上引领学生阅读经典,让他们学习朗读,我先进行范读,从我声情并茂的吟诵中,他们体味着作品的感情基调与思想艺术特色。我让学生写作文,我先进行下水示范,语文课堂上与学生同题写作,在灵感与生命交互碰撞的时刻,实现真正有意义的生命成全。从教以来,我创作了五十余篇不同体裁的下水作文,既能激发学生创作的才情,又能为学生创新思维的可持续发展奠基、服务,何乐而不为?

所有的示范都源于心底真挚的情怀,源于对每一个学生必尽的责任。疫情期间,网络课堂由于不能直面学生,我经常通过屏前示范朗读、创作激发学生学习的积极性。记得讲到游记单元,我让他们结合自己的游历见闻,写一篇游记并制作一个美篇或小视频。为了让他们的制作更有文学味、艺术性、趣味性,我将自己废寝忘食制作的《西游记》通过腾讯会议展示出来,色彩斑斓的画面,动感十足的配乐,文采飞扬的字句,激情四溢的解说,幽默诙谐的方言,把学生带到了西北苍茫壮阔的天地,学生眼前是丹霞映日别样红,门源油菜花如海,夜登鸣沙意悠悠,月牙泉水何清清,华山论剑侠气生,黄河铁桥古风存,敦煌历史越千年,西安文化厚底蕴——他们经历了一场西北文化之旅。他们模仿我制作的范本,热情地投入创作,独立制作视频,尚显稚嫩的文笔描绘着所见所闻——天堂般的苏杭,梦幻似的大理,美丽的九寨沟……我看得如痴如醉。

无论是文之范本,还是人之范本,对于学生来说都是享受生命教育的过程,他们在范本的点化或润泽中成长,潜移默化地感受着生活的意义,领悟着生命的真谛。

(一)没有民族偏见的赞歌

师者,所以传道授业解惑也。藤野先生诠释了为人师者的信仰。他对医学的严谨认真令人由衷地佩服,他对一个民族的尊重,他毫无民族偏见的精神更令读者景仰。

先生虽逝,光耀永远!

歌声中的告白
——我教《藤野先生》

一个人一生难忘的人有多少,父母、恋人、挚友、恩师……

每每教到鲁迅的回忆性散文名篇《藤野先生》,我总是百感交集。被师生那段深情感染,与学生共同沉浸在作者深切的怀念与浓烈的爱国情怀中,沉浸在藤野先生毫无民族偏见的热切关怀中。

藤野先生公正、真诚、关爱的目光让作者体会到异国他乡可贵的温暖,所以作者说"他在我的眼中和心中是伟大的"。藤野先生的爱是风雨中的慰藉,是跌倒后的搀扶,是无私,是呵护,让作者的心灵深深感动。学生品读时被藤野先生的关爱深深感染着。

鲁迅带着满腔的爱国热忱去日本学医,看到的是不学无术的"清国留学生",看电影事件更使鲁迅受到了极大的刺激,触动了他强烈的民族自尊心,正如他所言"凡是愚弱的国民,即使体格如何健全,如何茁壮,也只能做毫无意义的示众的材料和看客",那一刻,他决定弃医从文。这就意味着要与藤野先生做最后的告别。

先生神情凄然,题在照片上的"惜别"及临别叮嘱一定寄照片来无不体现了先生的依依不舍之情,鲁迅此时内心很复杂,对恩师的不舍与救国救民的爱国情怀交织在一起,心中纵有万语千言,只化作一声慰安之语。学生研读此处时寂寂无声,然而无声胜有声,他们的内心都是波澜起伏的,为藤野先生的深情感动,为鲁迅的爱国触动,满腹的话也许正欲倾吐。我抓住契机,让学生置换身份,化身鲁迅,进入文本情境,体会作者内心的情感,对藤野先生深情告白:

"先生,我想对您说……"

生1:心情黯然的时候,是您让我获得新生,我由衷地感激您!

生2:其实我不想离开您,但是我的祖国需要我,我要弃医从文去拯救我的祖国!

生3:这些日子,您像一颗温暖的星陪伴着我,今天就要离别,难舍难分难以忘记您的关爱。

课堂此时已成为告别现场,没有鲜花与泪水,只有默默地倾诉与倾听,师生的心声与作者的心声共鸣。此刻,我仿佛也化身鲁迅,面对内心崇敬的老师,不忍诀别。

依依的惜别之情,满溢的爱国之情化作动人的诗行,我倾情演唱——

致藤野先生

曲:王杰

词:胡涛

什么是爱,什么又是无奈。
无言的相对,我似乎已明白。
慢慢抬起头来凝视你的眼,
想忍住眼泪,对你说声珍重!
我想跨越国界的关爱会流传在世间,
对你深切的思念会直到永远,
想起昨夜梦里的你神采依然,
衷心祝愿你永远平安!
我想你曾经对我有些失望,
但是我无法改变弃医从文的方向,
这条路刻骨铭心,只有一个目的,
胸中突然爆一声——中国!

一首歌,一段词,点燃学生的情感,将学生对文本的感悟推向了高潮。学生沉浸在哀而不怨、悲而不伤的氛围中,心中贮藏着无限的崇敬之情。

(二)坚定信念的写照

在简陋的实验室里点燃发现的火种,在艰苦的条件下从事着数以万计的提纯实验,一辈子孜孜以求的探索,升华为智慧的太阳,沉淀为精神的沃土。

照亮理想之路,滋养信念之树。

充满魅力的蓝色
——我教《美丽的颜色》

一抹幽蓝,令居里夫人痴迷一生,为心中所爱,无怨无悔。颜色是美丽的,境界更是美丽的。

我带领学生感知文本,他们在品读中慢慢发现,那抹炫目蓝光的背后,多少艰辛,多少付出,令人慨叹!

他们被一个个镜头震撼着——

只为那美丽的颜色,青春的容颜被催老,工作日变成了无休无止的工作年。

只为那美丽的颜色,生活的享受被弃绝,沉浸在锲而不舍的钻研中。

细节中展示的坚守,文字里隐藏的执着,让学生认识了一位伟大的女性,她怀抱科学的梦想,不畏艰险,以求真务实的科学精神勇往直前。

幽幽的蓝迷住了居里夫人,也迷住了学生,整个课堂蒙上了一层奇幻的色彩,吸引着每个人的眼眸,更吸引着他们的心灵。

从镭的一抹蓝色荧光中,他们看到了科学世界的神奇与奥妙,更感受到居里夫人身上特有的人格魅力与科学精神。

我因势利导,"每一种色彩都有它的温度,你还能从哪些色彩的背后捕捉到或者感受到人的气质与精神呢?"

学生的热情点燃了课堂,激情燃烧的火红,收获成功的金黄,茁壮成长的新绿,追逐梦想的蔚蓝,净化灵魂的雪白……

他们心中的色彩与文本的美丽颜色融在一起,汇成万紫千红的海洋。我把我心中的色彩印在学生的心田——

有温度的色彩
胡涛

无法扑向你
漫天的飞雪
隔着窗
呼吸的痛在胸中郁结

你旋舞的姿态
一种绽放的芳菲
一种灵魂的圣洁
一种惊天动地的壮美
你纯洁的颜色
让我依稀看见
多少天使
舞出生命的动人华彩
多少华发

献出诚挚的大爱情怀
白色,不再是单调的代名词
爱的光芒夺目璀璨
白色,不再是寒冷的同义语
温情的故事心口相传

慢慢闭上眼
好像置身神圣的殿堂
乘着洁白的翅膀
在清澈的梵音中自由飞翔

居里夫人眼中的蓝色是理想,是信念,是赤子之心的纯净。白衣天使身着的白色是圣洁,是奉献,是仁义之师的大爱。来自心灵的色彩从不会单调,学生沉醉在色彩的温度里,更沉醉于色彩背后的仁心与信念中。

让美丽的颜色在你我心中永驻!

(三)顽强精神的折射

横眉冷对千夫指,俯首甘为孺子牛。愈挫愈奋,愈挫愈勇,始终站在新文化运动的最前沿,摇旗呐喊,疾行呼号!

美好的遇见
——我教《一面》

人与人的相遇真是一种缘分。

一个进步青年以录像机似的笔触,引领我们进入当时的内山书店,实录往事,聚焦鲁迅,使鲁迅的形象光彩照人。那一次遇见,给予作者巨大的鼓舞和影响。

我引导学生细读课文,重点体会这次美好的相遇,作者最难忘的是什么?

这次人生窘迫之际的偶遇,让作者阿累记忆深刻的是鲁迅的肖像,肖像中催人泪下的"瘦"。

学生在品读时发现,每次作者的观察角度都不同,写出的瘦也有差异。

第一次是作者刚进入书店时,由于"阴天,暗得很",加上距离较远,只能模糊辨出人物形象:外形,瘦瘦的;年龄,五十上下;衣着,"穿着一件牙黄的长衫";嗜好,"嘴里咬着一枝烟嘴"。虽然只是模糊辨认,由于抓住了人物特点,给读者留下鲜明的印象。

第二次是鲁迅从里面走出来时,作者从近处细致地观察外貌,"他的面孔黄里带白,瘦得教人担心,好像大病新愈的人"。接着又描写了他的头发和胡须:"头发约莫一寸长,显然好久没剪了,却一根一根精神抖擞地直竖着。胡须很打眼,好像浓墨写的隶体一字。"我指导学生细致阅读,感受作者抓住人物外貌中最主要的特征加以描写,虽疏淡的几笔,却刻画了鲁迅瘦弱而精神矍铄的无产阶级文化战士的形象。

第三次是作者与鲁迅直接接触,除了脸色、头发和胡须这些带有特征性的描写以外,对其"长衫"和"烟嘴"又进行了更细致的刻画,不仅连长衫和烟嘴的颜色,甚至连长衫的质地"羽纱",烟嘴的一头"已经熏黑",也看得十分清晰。我指导学生进一步比较阅读,思考这次描写在内容上完全是前两次印象的合写,有些语言也是重复使用。这是作者"有意为之",就像雕刻家有意将其刀锋在已经刻过的地方再次加深那样。

我引导学生思考,作者与鲁迅只一面之交,却三次不厌其烦细写肖像,有何作用?学生体会到作者由远到近、由粗到细,抓住"瘦"字,反复着墨,意在深沉地表现鲁迅把整个生命献给革命事业的崇高品质和顽强意志,给人留下了深刻的印象。

学生在品读中,发现文中还有三次对"瘦"的直接描写:

鲁迅递《铁流》给作者时,"竹枝似的手指",是用比喻写"瘦"。
鲁迅点头默认自己的身份后,"我又仔细地看他的脸——瘦"。
作者掏出银元放到他的手里,看到"他的手多瘦啊"。

这三处描写,犹如电影艺术中的三个特写镜头,与整体画面紧密配合并穿插在集中描写之中。作者就是这样一次次、一笔笔地加深着,把鲁迅的形象细致雕刻下来。唯有反复,鲁迅的形象才能如此清晰地浮现在人们的眼前,镌刻在每个人的内心深处。

一次相遇,一生难忘!一次相遇,一生砥砺!是爱,是温暖,照亮了困顿中的阿累,是坚韧,是顽强,让作者在窘境中毅然站起,勇敢前行。

这不仅是一面的遇见,也是灵魂深处的遇见。

我引导学生打开记忆的闸门,追寻生活中是否有动人心魄的遇见,让你流连不已。他们畅所欲言,说感动的人、美丽的景、心爱的书、钟情的画,美好一如恒河之沙,不胜枚举。

我心亦有触动,以一首《美好的遇见》架起我们灵犀相通的桥梁。

美好的遇见
胡涛

我不知道
那个熟悉的街角
是否会逢着一朵蒲公英似的你
三月的细雨纷纷
淋湿了一段青春记忆

我不知道
那页泛黄的宣纸上
是否会遇见行云流水的你
四月的墨香处处
牵动了我的钟情几许

我不知道
每一天晨光乍现时
是否会遇见天上的缪斯
五月的桃花朵朵
盛开了我的那份痴迷

我不知道
每次期冀灼烧我的时刻
是否会遇见星星般的你
六月情深
深到我思念你的心海里

>我不知道
>
>多少落寞的日子
>
>是否会遇见上善若水的你
>
>七月流火
>
>留下无法模糊的印记
>
>我不知道
>
>人生还有多少次相遇
>
>遇见梦中的惊喜
>
>遇见最好的自己

如果说诗句与课文和生活有关联,那么作者遇见鲁迅,是"落寞的日子,遇见上善若水的你"。鲁迅对进步青年无微不至的关怀让作者终生铭记。由此拓展到学生的生活中,他们可能遇见一个好伙伴,让友情开出一朵绚烂的花;可能遇见自己的兴趣,在甜蜜的牵引中感受心灵的愉悦;可能遇见美丽的花草,感受生命的芬芳与活力;也可能遇见最好的自己,让生命富有意蕴。

由此,学生从感悟课文到拓展延伸,进而领悟诗情,最终完成生命本真的游历与回归。

披文入情,拓展悟情,以诗导情,学生的情感在有节奏、有韵律的课堂教学中进一步升华。

(四)默默坚守的动容

一位真正的耕耘者,无论经历怎样的痛苦,依然守护内心的宁静,用执着的信念种下生命的希望,靠双手创造奇迹,凭执着成就梦想,世界在他的眼中就是生命的家园。喜看树木千重浪,最是风流植树人!

用坚守创造奇迹 用热爱改变世界
——我教《植树的牧羊人》

一个人,一双手,荒原变绿洲。

一个人,一颗心,种植希望到如今。

走进《植树的牧羊人》,感受大爱情怀,感受一份不易的坚守。

我引导学生从文本中读出高原的荒凉,读出在那里默默守望的牧羊人从容平静所带来的震撼。

一处处平凡却动人的细节,一个个普通却入心的场景,让学生一步一步走进牧羊人纯净的心灵世界。

这是一个有信仰的人。在一片干涸的土地上建立家园,是多么艰难的事情。但是他却坚信生命的力量。从一粒种子开始,种下希望,种下幸福……

这是一个热爱生活的人。满眼是荒凉,心中却当作家乡。寸草不生,也挡不住一颗火热的心,数十年动手种植树木,不去想烈日秋霜,只记挂这里若干年后也许一片葱茏,成为令人怡然的幸福乐园。

这是一个内心单纯的人。他不去想能否赢得赞扬,既然无重要事可做,那就种树吧,朴素如斯的做法,却在一点点改变着自然,改变着世界。大道至简,干就完了——有时最简单、最素朴的念头,却是最深刻、最能创造奇迹的思想。

这是一个没有一点私心的人。他做的一切都没有任何功利色彩,不是为了树碑立传,不是为了扬名立万,不是为了让人们都崇敬他的坚守,不是为了让人们都知晓他的艰辛,他就是想让风沙少一点,想让单调的背景丰富一点,想让绿色的生命取代荒芜,想让有人经过这里可以驻足停留。忘我创造了奇迹,无私荫庇了后人。真是困境艰难俱忘却,心底无私天地宽!

种树,种下希望和幸福,
种树,种下信念和热情。
耕耘,守护世界的和平,
耕耘,守护内心的宁静。
热爱,让天地之间荡漾葱茏的绿意,
热爱,让人间充满芬芳的气息。
拥有热爱,坚守信念,则事事竟成。

2019 年,我曾到内蒙古自治区伊敏苏木旅游,看到煤炭人在荒芜的土地上建起的一座现代化电厂,心有所动,书诗一首,赞美那些不畏困难、艰苦奋斗的人们!

伊 敏 礼 赞
胡涛

一片荒芜的土地
一辈辈人在这里默默奉献
热爱在探索中闪光
汗水滴滴滚落广阔的草原

开拓火电循环经济

践行创新发展模式
伊敏人带着心灵的承诺
化干涸为神奇
化荒原为家园

伊敏精神如绽放的花朵
煤电联营与蓝天白云齐飞
百姓幸福共环境美好一色
伊敏如一颗闪烁的明珠
缀成北疆一道靓丽的风景线

热爱是风,吹绿茫茫荒原;热爱是雨,润泽干涸大地;热爱是云,荫庇片片深情。因为热爱,有人甘于平凡;因为热爱,有人勇于坚持。

学生被老人的坚守所感动,为爱动容。临近课堂尾声,我总结道:"人生一世,草木一秋。每个人若能真心地去爱这个世界,相信世界会因你而不同。"

(五)善良灵魂的摆渡

善良是一种无私的奉献,从中我们能感受人品的升华。善良不是苍白的说教,也不是空虚的辞藻,而是真诚的不计回报的付出。

小人物心底的善良
——我教《老王》

有的人活着,只是活命,很苦很艰难。生不逢时,身体不济,又遭周围白眼,虽度日如年,但心底的善良却从未泯灭。杨绛笔下的老王就是这样的一个人。

与学生一同走进老王的生活,同情、感喟、心酸、悲苦,五味杂陈,百感交集。

老王的苦一言难尽。失群落伍的惶恐,独眼残疾的凄楚,举目无亲的悲惨,栖所简陋的无助。老王就这样以活命的状态度过了艰难的一辈子,当他在弥留之际来到作者家,依然是这样的状态——

……老王直僵僵地镶嵌在门框里。……他面如死灰,两只眼上都结着一层翳,分不清哪一只瞎,哪一只不瞎。说得可笑些,他简直像棺材里倒出来的,就像我想象里的僵尸,骷髅上绷着一层枯黄的干皮,打上一棍就会散成一堆白骨。

作者这近似恐怖的外貌描写,把老王骨瘦如柴、病入膏肓的样子形容得淋漓尽致,令人不忍直视、不寒而栗⋯⋯

孤苦寒微的小人物自顾尚且不暇,却能在作者一家人落难时释放出浓浓的善意,实在是令人感动至极。

学生在字里行间品读着老王善的流露,不时陷入同情与感动交织的情愫中。

老王的善单纯而真挚。他不因作者一家人落魄而远远避开,送的冰反而比前任大一倍,足见老王的老实厚道;热心送钱先生去医院,却坚决不肯拿钱,仁义善良,天地可鉴;他在临终前来作者家已是行将就木之人,带了一瓶好香油,一包大鸡蛋,由衷地感谢作者给予他的照顾,那一刻,人性之美绽放出最绚丽的光彩。

善良的老王遇见了善良的作者一家,作者照顾老王的生意,以善良体察善良,给老王大瓶鱼肝油,从心底尊重老王,不让他吃一点亏。这份人道的关怀,让老王在艰难的条件下维持生存。

然而最可贵的是,老王临终前还不忘作者一家的恩情,送香油和鸡蛋来表达诚挚的谢意。

出于一贯的关心同情,作者当时没有领会到老王的这份心意,也没有料到这是他们最后一次见面,习惯性地回赠老王钱款,只是想,不让老王吃亏,就是对他最大的好。而不善言辞的老王不愿拂了作者的美意,或许就这样带着遗憾离开人世。

作者过后才明白自己一直充当幸运的给予者,从未接受过老王的回赠与无偿的帮助,这样使老王自始至终觉得亏欠了一份深情。在生命的最后时刻,他希望用一份厚礼表达感激,作者却用给钱的方式,让老王临终愿望落空。作者为自己对老王的亏欠永远无法弥补而感到深深的愧疚。

> 但不知为什么,每想起老王,总觉得心上不安。因为吃了他的香油和鸡蛋?因为他来表示感谢,我却拿钱去侮辱他?都不是。

老王心有良知。作者的自我反省也是一种良知,是一种心灵的救赎。在那个苦难的岁月里,他们保持高贵的人性,保持洁净的操守,让人心生无限敬佩与感动。

人与人之间的交往就是一种相互尊重,互施援手的过程。小人物身上折射出的光彩辉映在天地之间。我曾见过外卖小哥,风里来雨里去,备尝艰辛;也曾见过农民工,背井离乡,忍受严寒酷暑。他们在为生活打拼的同时也为社会贡献着自己微薄的力量,为城市注入新的活力。在授课接近尾声的时候,我把一首原创的《寻梦》送给所有的学生,让他们深切感受这座城市小人物的善良与担当。

寻　梦

胡涛

黑色的头颅
垂在膝盖上
看不到你的脸庞
只有墙面的暗影
抖动着你的肩膀
五环的城市
一双奔波的脚
无处安放

布满厚茧的手
拉长立体交错的道路
托起鳞次栉比的大厦
穿梭在大街小巷里
像跳动的脉搏
活跃着城市的机体

曾经的梦涌动在胸中
不再向过客展示
无人倾诉的时候
以一个不变的姿势
守候一个不变的承诺
你弯曲的脊背像坚固的桥梁
撑起家的重量

任岁月的刻刀锻造
任无情的烈火炙烤

> 栉风沐雨
> 淬炼成钢
> 在生活的风浪里
> 永远记得梦最初的模样

老王有梦,用善举回馈曾经的主顾。
杨绛有梦,用善行帮助困境中的弱者。
打工者有梦,用责任撑起家的重量。
我们每个人心中都有梦,用真情打造美好人间。

(六)永不言弃的崇敬

硝烟弥漫的战争年代,面对苦难的日子,面对腹背受敌的困境,红军战士何曾屈服过?他们用永不言弃的精神,树起了令人敬仰的历史丰碑。

万水千山只等闲
——我教《老山界》

"红军不怕远征难,万水千山只等闲。"毛泽东同志的律诗《长征》,写出了中国工农红军在两万五千里长征中所表现出来的一往无前的革命乐观主义精神。历史上最伟大的战略转移中,工农红军以大无畏的英雄气概战胜了千难万险,最终抵达了胜利的彼岸。《老山界》是无产阶级革命家陆定一所写的一篇散文,记录了长征中征服第一座难攀之山的经历。

"五岭逶迤腾细浪,乌蒙磅礴走泥丸。"老山界就是五岭之一的越城岭。学生速读课文,我引导他们勾画表示时间变化、空间转移的语句,然后画一幅登山的行军路线示意图,以此勾勒课文的线索及内容。学生走进长征的故事,感受着战士们克服困难的坚毅品质,读罢在笔记上画出老山界的轮廓,梳理上山下山的路线以及人物的活动。

在梳理的过程中,学生发现了翻越老山界的艰难,从多个方面进行了热烈的交流讨论。

行路难。从"之"字形火把一直排到天上,分不清火把还是星星的环境描写中,可以感受到山路的崎岖陡峻,"几乎是九十度的垂直石梯""旁边就是悬崖",这样的描写让人不寒而栗。危险重重,稍不留神,就会危及生命。可是战士们却毫不退缩,他们没有被山路十八弯所吓倒,而是欣赏着生平未见过的火把星星相映生辉的奇观。他们不但不畏惧,反而用幽默的话语互相激励,打趣逗笑,勇攀高峰。何等坚强的革命意志,何等豪迈的乐观主义精神!

睡觉难。一尺宽的窄窄的石床,夜里逼人的寒气,不可捉摸的声响,随时可能滚落悬崖的危险,怎么能睡着?怎么能得到休息?然而战士们忍常人所不能忍,置生死于度外,如此恶劣的环境居然酣然入梦了。如此从容不迫,岂是"乐观"一词所能概括得尽啊!他们耳边听到的声音,本是难以入睡的障碍,但作者却描写得那么动听——像春蚕在咀嚼桑叶,像野马在平原上奔驰,像山泉在呜咽,像波涛在澎湃……战士们为了革命的最后胜利,不怕任何困境,以苦为乐,永不言弃,在冰冷的崖壁上谱写着英勇无畏的诗行。

吃饭难。饥饿已经成了行军路上的家常便饭,明知粮食匮乏,战士们依然把仅有的一袋米送给了瑶民母女;明明挨饿,依然爱护群众利益,可见红军严密的组织性和纪律性。

处境难。翻越高山的环境已经是险象迭生了,背后还有密集的机关枪声。前有险山难关,后有追兵不断。因为山陡,伤病人员都下了担架走,处境之难,无法想象。然而女医护人员处处帮助、安慰伤员,不知疲倦。红军队伍坚强的革命意志与团结一致的精神,让人感动不已,这也是红军能够战胜困难,取得最终胜利的法宝。

难翻的老山界就这样被征服了。顽强的意志可以征服世界上任何一座高山!我们被英雄的坚强与乐观所震撼,所感染。在平凡的生活中,在没有硝烟的战场上,总有一些无名英雄挺身而出,为我们保驾护航。岁月静好,是因为有人负重前行。他们用自己的生命呵护、保卫我们的生命,大爱无疆,他们是我们心中永远的英雄。

唱给白衣天使的歌

胡涛

孩子撕心裂肺喊着妈妈
难分亦难舍
转身的一刹那
你偷偷抹去眼角的泪花

卸掉俏丽的妆容
剪断秀美的长发
向那没有硝烟的战场
义无反顾的进发

肆虐的病毒张牙舞爪
多少鲜活的生命在死亡线上挣扎
谁的心中不害怕
谁的心中无牵挂

你是谁的温柔妻
你是谁的乖乖娃
勇敢地走上前
扛起生命的重压

脸上抹不去红疹和勒痕
汗水浸透衣衫
深陷了眼窝瘦削了双颊

你是谁
把爱默默播撒
你是谁
用行动做出了回答

海一样宽广
山一样挺拔
平静中积蓄着力量
平凡中孕育着伟大

寒冬总会过去
冰雪终将融化
当杨柳勃发第一枚新芽
春风里绽开了最美的花

课堂上洋溢着豪迈的诗情,和着英雄的赞歌,学生沉浸在感动、思索、展望交织的氛围中……

（七）以身许国的赤诚

我们中华民族五千年文明史绵延不绝,就是因为有鲁迅笔下的人。鲁迅先生说过,"自古以来,我们就有埋头苦干的人,有拼命硬干的人,有为人民请命的人,有舍身求法的人……这就是中国人的脊梁!"

愿得此身长报国
——我教《邓稼先》

一个人,一颗丹心,一个中国国防事业史上的奇迹。

他,曾经鲜为人知,却披肝沥胆,披星戴月,埋首沙漠四十载。

他,性情平和,用责任与热血浇灌出"两弹"的耀眼之花。

他,就是邓稼先。

我和学生一同走进他的世界。

从初读到细读,目光一遍遍在文字里巡行,从初识到深入了解邓稼先的品行。

学生畅所欲言,小小课堂被感动和由衷的崇敬点燃。

从他在美国获博士学位后立即回国,学生感受到了一个心系祖国的邓稼先。

从他历时二十八年成功设计了"两弹",把我国的国防武器提升到世界先进水平,为改变中华民族的命运做出了巨大贡献,学生感受到了一个功勋卓著的邓稼先。

从他身患癌症,经历三次手术,病中仍关心着我国核武器的发展工作,学生感受到了一个鞠躬尽瘁、死而后已的邓稼先。

从邓稼先带领我国科学家,在没有任何国外援助的情况下,成功自主研发原子弹,学生感受到了一个坚持不懈、永不放弃的邓稼先。

从核武器试验发生意外时,他说"我不能走",学生感受到了一个身先士卒、不怕牺牲的邓稼先。

邓稼先是一个心系祖国、忠厚平实、真诚坦白、没有私心、甘于奉献、功勋卓著的人。

课堂上师生交流着、感受着、感动着,仿佛我们正在目睹邓稼先站在一片风沙中,目光坚定,矢志不渝地投身于中国的国防大业,思考着如何让中国步入世界科技强国之林。

讨论完课本里的邓稼先,学生拿出自己搜集的资料,继续分享着这位杰出人物的事迹。从节俭的作风到奉献的操守,从执着的态度到严谨的精神,一桩桩往事,一段段刻骨铭心的记忆,像风拂过丛林,他们全身心沉浸在无比敬仰的情感之中。

邓稼先用一辈子的坚守与奉献,告诉我们什么是大写的顶天立地的中国脊梁。

学生拿起笔来纷纷谱写着自己心中的英雄赞歌,整个课堂沉浸在对英雄的尽情讴歌中,虽然没有鲜花与掌声,但他们是我们永远的骄傲!

(八)从容坦荡的襟怀

不以成败论英雄
——我教《伟大的悲剧》

为了挑战人类自身极限,为了实现生命的价值,为了国家与民族的荣誉,两支南极探险队毅然踏上了追梦之旅。经过激烈角逐,挪威的阿蒙森队捷足先登,而英国的斯科特队一个多月后才抵达,失败的痛苦与死亡的阴影笼罩着他们,返回途中,他们永远长眠于漫漫风雪之中。

我引领学生走进茨威格的作品《伟大的悲剧》。

在快速浏览课文之后,先让学生体会文本中悲剧之悲。

悲在何处?悲在失败。披星戴月,历尽艰险,却与第一名失之交臂。"第一个到达者拥有一切,第二个到达者什么也不是。"失败之悲刻骨铭心,梦想破灭令人沮丧、令人绝望。

悲在何处?悲在作证。竞争失败者咀嚼着失败带来的伤痛,可是他们还要为胜利者作证,以悲伤之心为对手喝彩,为对手献花。

悲在何处?悲在死亡。饥寒交迫的痛苦折磨着每一个追梦的勇士,他们在茫无际涯的冰雪荒原蹒跚而行,生的希望已经渺茫。眼睁睁地看着患难与共的同伴精神失常、语无伦次,看着同伴向死神走去,看着他们的背影在风雪中消失,生离死别的锥心之痛,弥漫心间。

令人心碎的悲惨之旅,令人心痛的悲剧结局,作者却盛赞斯科特一行:"一个人虽然在同不可战胜的厄运的搏斗中毁灭了自己,但他的心灵却因此变得无比高尚。所有这些在一切时代都是最伟大的悲剧。"为什么作者对角逐的失败者用了"伟大"一词呢?

我和学生再次走进文本,研读字里行间折射出的"伟大"光环。

大写的梦想!心若在,梦就在。威尔逊博士离死亡只有寸步之遥,却依然艰难地拖着16公斤的珍贵岩石样品。生命诚可贵,追梦价更高。为了心中崇高的科学考察之梦,他毅然决然地与死神抗争,其诚可鉴,其志堪坚!

大写的诚信!斯科特队虽然角逐失败了,但他们勇于面对失败,坦然接受失败,愿意忠实地为成功的阿蒙森队的业绩作证,愿意以失败者的惨淡来映衬成功者的光彩,其诚信的绅士风度犹如一面伟大的旗帜,猎猎飘扬于冰雪上空,飘扬于世人心空!

大写的团结!面对生还的无望,团队不放弃、不抛弃任何一个队友,风雪同行,相扶相持到最后一刻,亲如兄弟骨肉的情谊感动天地!

大写的从容！面对死亡的迫近,奥茨不愿连累同伴,平静地走进风雪,视死忽如归,他的队友在临死前也没有一声悲叹,骄傲地钻进睡袋,静候死神的来临。从容赴死的英雄气概令人心生敬畏。

大写的爱！生命的最后一息,斯科特心里想的不是扬名立万,不是树碑立传,而是所爱之人、所牵挂的人,心里装的是科学的信念,血液里燃烧的是一种无私的博爱。斯科特正是怀着这样一种热烈的爱闭上了眼睛,超越了生死,超越了自我！

科学界的勇士啊,为了探索未知的世界、探索奥妙的宇宙,不惜背井离乡,不惜牺牲生命,不惜一切代价,使得人类不断突破自身的局限性,可下深海探奇,可上九天揽月,拥抱星空,实现飞天梦,将人类的目光不断延伸到更广阔的宇宙空间。

不以成败论英雄。英雄可以所向披靡,也能坦然接受失败,纵使倒下也是向着太阳升起的地方。

美国前总统里根曾经在《真正的英雄》演讲中道:"英雄之所以称之为英雄,并不在于我们颂赞的语言,而在于他们始终以高度的事业心、自尊心和锲而不舍地对神奇而美妙的宇宙进行探索的责任感,去实践真正的生活以至献出生命,我们所能尽力做到的就是记住他们的名字！"

我心有所感,特仿《陋室铭》书《英雄铭》,致敬那些虽死犹生、虽败犹荣的英雄。

英 雄 铭
胡涛

功不必成,探索则行。名不必扬,追梦则灵。悲情英雄,万民崇敬。胸怀凌云志,不惧苦难行。看淡生死事,笑对痛楚风。纵踏不归路,心笃定。无哀叹之乱耳,无忧伤之劳形。

天堂奏绝响,人间传美名。师者云,何悲之有？

四、涵泳工夫兴味长:品词析句 提升学生品味

夏丏尊曾说过:"在语文阅读教学中,我们可以这样理解:理解词语句子的概念化意思,从中品味、欣赏到蕴含在词语句子背后的情感、态度、价值观,并领悟,学会每句每段或全文的好处所在。"阅读教学是学生、教师、文本之间和谐对话的过程,品词析句是阅读教学中最细微的链条,却是学生理解文章主

旨、体验文本思想感情的有效途径。教师要善于教会学生抓住精词妙句,反复推敲,通过删、改、调、换等多种方式,引导学生仔细品味咀嚼,于读中感悟、读中入情,将作者的情感内化,深刻理解文本内容。

在《唯一的听众》教学中,我重点抓住了表现老妇人神态的一个关键词"平静",牵一发而动全身,以点带面,让学生充分体验文本,走进老妇人的心灵世界。教师引导学生品析重点词语时,要激发学生的联想与想象,咀嚼、探究词语隐含的深挚情感。在反复品读的过程中,学生能够学会鉴赏分析作品,进而引发情感的共鸣,体会人物丰富的精神境界。如在《信客》教学的研读过程中,我精心设计了词语品析的训练——比较原文与改文的不同。比较研读主要是让学生在研读文本的过程中思考人物内心深处的思想活动,通过与文本深度对话,感受人物的心理变化,走进人物的情感世界,真正感悟文本所传达的主旨。

可见,教师在阅读教学过程中,要善于引导学生通过感情朗读、细致研读、深入品读,对文章富有感情色彩的语句细细咀嚼、品味,进而走进作品中人物的心灵深处。正如于永正老师所言:"语文教学的亮点在哪里?语文的味道在哪里?关键在词句里,在理解后的朗读里。"通过不断与文本对话,与作品中的人物对话,探寻深藏文字背后的情感,以真情体察真情,进而完成对文本的深层解读,体味文字蕴含的无尽情趣与理趣。

(一)动情品读,咀嚼经典

教师创新情境,构建浓厚的语文课堂教学氛围,引导学生品味、感悟,通过知识、情感、智慧的相互启迪,推动学生在愉悦的情境中丰富情感,养成良好的对话习惯,使语文教学充满情趣、理趣。

懂 你
——我教《秋天的怀念》

母亲,一个温暖的称呼背后,是无尽的承受,无限的付出,无声的爱——

在史铁生的《秋天的怀念》中,母亲的形象是隐忍的,是伟大的,是无数细节建构起来的一个充满感人力量的形象。

我让学生潜入字里行间,默默读,仔细品,还要认真联想,自己的母亲付出的点点滴滴的爱。沉浸在这样的文字里,学生被史铁生母亲的爱所感动,并延伸到生活中,感恩自己的母亲所付出的一切。一个个动人心弦的细节描写,牵动着一颗颗幼小的心灵,他们从动情的文字中体悟着深沉的意蕴。

学生从史铁生母亲的神态、语言、动作中,从无数的细节中,感受到一个内心苦痛,却又无比慈爱、包容、细心、无私、坚韧、睿智的母亲。一个伟大的母亲,承受着难言的痛苦,把爱与希望全部给了孩子。

沐浴在浓浓亲情的芬芳中,我满怀激情地吟诵了原创诗作《母亲》——

母 亲
胡涛

不是一个简单的名字
不是千百次熟悉的称呼
是村口深情的凝望
是月夜不眠的念想
无论风筝飞多远
无论树苗长多高
总有一根线
缠绕在你跳动的心房
无论风雨有多大
无论山路有多险
你都能奔着太阳升起的地方
义无反顾地前行
一声声亲切的呼唤
一缕缕袅袅的炊烟
一根根霜染的发丝
天涯海角
也记挂着那不变的守望

此时,课堂激起了炽热的火花,学生倾情诉说母亲的感人的细节。外面秋雨绵绵,教室暖意萦怀,他们蕴藏心底的感动恣情流淌,课堂融汇成爱的海洋——

"谁言寸草心,报得三春晖。"我们要用一生来回报母亲的恩情。

(二)比较研读,审美鉴赏

教师要善于引导学生抓住精妙词句,反复推敲,运用比较、欣赏、鉴别等多种方式方法,仔细咀嚼,调动学生情感体验,引导学生于研读中感悟,深刻理解文本内容。

小信客的善良
——我教《信客》

《信客》一文所在的单元以"爱"为主题,诉说了对普通人,尤其是对弱者的关爱,课文写了两代信客的命运,着重刻画了一个受人敬重的信客形象。信客任劳任怨,待人宽容,洁身自好,诚信无私,以自己的品行和出色的工作赢得了社会的普遍赞誉。

如何理解文中信客的形象?如何通过阅读文本提升学生的理解感悟能力?我沿着两条线设计了本课的教学。

一条线,即文题,也是文中着力刻画的人物——

初识信客,知其生涯。

走进信客,品其为人。

悼念信客,悟其精神。

这既是由浅入深地认识文本的过程,又是由粗到细地探究人物的脉络,让学生沿着这条线,走进文本深处,触摸人物的灵魂,完成与文本中人物的对话。

另一条线,即阅读活动,速读—研读—品读—悟读,通过有层次、有深度的阅读、感悟、体验,学生逐渐把握文本精髓,感受信客人性的美好。具体如下:

1. 速读课文,试用一个词概括:做信客很_____(结合文中描写信客工作、生活的语句,简要说明理由)。

2. 研读文章二、三两部分,结合信客对待同乡的语句思考——信客靠什么撑持了二三十年?

3. 信客死后,有很多人来吊唁,如果你也是其中的一位,你会送上一副什么样挽联?

两条线索交相辉映,相得益彰,且都是通过读、品、研、悟等语文实践活动来完成的。

第一个教学活动,是学生对文本的整体感知,设计的初衷是以简驭繁,让学生通过快速阅读,筛选有关信客职业特点的重要信息。学生如果想知道信客的工作特点,就要循着信客的足迹与心灵历程进行阅读,在阅读过程中,那个"苦"字便会浮出水面:长途跋涉,工作劳苦;家徒四壁,生活贫苦;风餐露宿,身体疾苦;猜忌诬陷,心灵痛苦。怎一个"苦"字了得?可见,一个看似简单的概括训练活动,让学生自主走进文本,不仅可以提高筛选信息能力和提炼概括能力,还让学生的心灵受到了震动——信客为远行者效力,自己却是最困苦的远行者。

第二个教学活动,是学生对文本的深入探究,信客遭受心灵的痛苦来自同乡的不信任,来自同乡的污蔑陷害,那种不白之冤,牢狱之灾,情何以堪?可是信客是怎么对待同乡的呢?信客靠什么撑持了二三十年?这是一个开放性问题,解读不是唯一的。

信——信客就在一个"信"字,信客恪守的职业道德。

善——

·信客满脸戚容,用一路上想了很久的委婉语气把噩耗通报。

·可怜的家属会号啕大哭,会猝然昏厥,他都不能离开,帮着安慰张罗。

·把他当作了死神冤鬼,大声呵斥,他也只能低眉顺眼,连声诺诺。

·他进退两度,犹豫再三,看要不要把那封书信拿出来。

乡情——

·他能不干这档子事吗?不能。说什么我也是同乡,能不尽一点乡情乡谊?

·问他事由,他只说自己一时糊涂,走错了人家。他不想让颠沛在外的同乡蒙受阴影。

学生在研读文本、对话交流、多元解读的过程中,通过不断触摸文字来触摸信客的心灵,通过那些隐忍的举动,感悟小人物内心深处的善良与宽容,也进一步体会信客的心中有杆秤,乡情最重,为了那份难以割舍的乡情,他在遭受无理呵斥的时候忍气吞声,因为农妇心里正承受着丧夫的剧痛;他体谅同乡的苦痛;以沉默来缓解他人的伤痛;他遭无耻诬陷后却把罪责揽在自己身上,是不想让颠沛在外的同乡蒙受阴影,以德报怨,用善良宽容保全一个家庭。他在矛盾纠结是否干下去时,是乡情乡谊给了他做下去的力量和勇气。通过这一设计,让学生在字里行间圈画表现信客为人特点的语句,进而思考信客的精神品质,提炼信客的精神境界,学习的发生是在这个开放性的问题设计之后,学生在多元的解读中实现了思想与认知水平的飞跃。

在研读过程中,我还精心设计了词语品析的训练——比较原文与改文的不同。

原文:他能不干这档子事吗?不能。说什么我也是同乡,能不尽一点乡情乡谊?

改文:他不能不干这档子事,他要尽一点乡情乡谊。

学生在品读的过程中发现,原文有思考、矛盾、纠结的过程,可是冲着难以割舍的乡情,再苦再累再委屈他也得撑持下去。所以读的时候要读出矛盾的心理,斩钉截铁的态度,重情重义的品性。改后的文字只是陈述,思考的过程与浓浓的情感显得苍白无力。这组比较主要是让学生在反复朗读、研读、品读的过程中走进信客的内心深处,通过与文本交流,在与信客对话的过程中,走进信客的情感世界,以真情体察真情,真正感悟到信客一心为民的热心肠,进而完成对文本的深层解读。

第三个教学活动,是学生走出文本,用自己的情感浸润人物的过程,是学生理解、感悟、写作、评价多种能力的交汇提升阶段。这里既关照了文本,因为设计的情节来自文本,又考虑到学生的情感体验,"如果你也是其中的一位,你会送上一副什么挽联?"让学生设身处地,感同身受地思考、体验,走进信客的灵魂深处,既关照了阅读,因为学生创作不是无源之水,必须是信客精神的高度提炼与总结,这来自对文本的深入解读,又考虑了写作,要用凝练的语言,要有对偶的句式,要有真挚情感的表达与抒发。所以,这一环节的设计可以让学生的学习真正发生:先走进文本再走出文本,从读学写,从能力提升到情感态度的体验。从教学实践看,学生写的挽联异彩纷呈,通过短时间的思考创作,完成了与文本深层对话,完成了与人物灵魂的交流,完成了自我情感的升华。

通过上述有层次、有梯度的语文教学活动,学生从语言文字入手,品词析句,提炼概括,筛选整合,从读学写,体验感悟,通过和谐的交流,让学习真正发生在课堂上,情感得到升华,语文的阅读感悟能力得到提升。

当诚信的哑巴遇上怀疑的目光,于是一首原创的《哑巴买刀》在课堂上与信客相遇。同样是小人物,同样笃信着心底的善良与做人的原则——

哑 巴 买 刀
胡涛

他什么也不说
他什么也说不出
他只知道两手攥紧刀柄
发狠似地砍向铁板铁屑纷落如雪
他循环反复的动作
似在印证着什么
抑或在祈求着什么
无数目光聚焦在当当作响的刀上
聚焦在哑巴坚定的眼神中
人们也似在寻找着什么
抑或在考证着什么
无言的对视

一双双脚开始游离
　　哑巴面前堆满了浓重的遗憾
　　我知道哑巴卖的肯定是好刀
　　我知道那价钱也一定会公道
　　可是
　　我也随人流匆匆而去
　　在回眸的一刹那
　　我发现哑巴依然卖命地砍着
　　似乎在砍一种无形的屏障
　　我突然间
　　为我也为众多离去的人感到一种难言的悲哀
　　我加速了脚步
　　希望那声音在我的耳膜中消失

(三)仔细精读,探究要词

教师在语文阅读教学过程中要创设良好的氛围,引导学生精读课文,抓住文章的关键语句,尤其聚焦表现情感的关键词语进行探究,培养学生良好的阅读习惯,通过反复探究、品析,提升学生的语文素养及审美情趣。

留在记忆深处的背影
——我教《背影》

朱自清的《背影》感动了一代又一代人,质朴的叙述,忧伤的基调,感人的画面,离别的感叹,无不深深定格在人们心中。

翻开课本,走进这篇脍炙人口的文章,学生沉浸在特殊背景下的深沉的父爱之中。

为什么最难忘的不是父亲沧桑的面容,而是他的背影?

一问激起千层浪,学生细致地触摸作者素朴却深情的语言,课堂无声胜有声。

祖母去世,父亲卸职,祸不单行的日子,伤痛接踵来袭,父亲绵绵的爱给了"我"温暖的照拂。一千次嘱咐,一万个不放心,浦口送别,父爱深情可鉴。随着作者饱含深情地娓娓道来,学生的视线不约而同地聚焦在父亲过铁道买橘子的背影上——

"戴着黑布小帽,穿着黑布大马褂,深青布棉袍""他用两手攀着上面,两脚再向上缩;他肥胖的身子向左微倾,显出努力的样子"。在那段家庭变故的特殊日子里,父亲身心俱疲,肩上责任很重,然而对"我"的爱依然无微不至,不厌其烦的嘱托,反反复复的叮咛,买橘子这样"我"力所能及的事也完全代劳,可怜天下父母心啊!那个胖胖的笨拙的背影,那个努力传达爱意的背影,那个踏遍万水千山也要给孩子心灵慰藉的背影,那个为"我"遮风挡雨的背影,任谁看到都会掬一把感动之泪。"这时我看见他的背影,我的泪很快地流下来了。"背影是父子之情的交会点、是父子关系改善的触发点,无论从前彼此有怎样的误会,此刻都化于一瞬的感动之中。对与错,在生命的日渐逝去中,显得多么苍白无力,背影所传递的父爱在这一刻定格成作者心中永恒的慰藉。

父子分别时,"等他的背影混入来来往往的人里,再找不着了,我便进来坐下,我的眼泪又来了"。一个"等"字,多么深情。眼前浮现"山回路转不见君,雪上空留马行处",岑参驻足雪中一直望着友人的身影渐行渐远,最后看不见了,只留马蹄的印记,何等惆怅?还有"孤帆远影碧空尽,唯见长江天际流",诗人站在岸边,望一叶小船渐渐消失在蓝天的尽头,只剩下江水孤独奔流,何等孤寂?作者望着父亲的背影想必也是如此情景吧。蹒跚着一点一点地离去,目光一直跟随,终于不见了,思绪中揉进万千情愫——父亲的深情,父亲的前程,父亲的身体,父亲的生命,父子间一切的一切,百感纵横于心,伤感、愧疚、牵挂、不舍、感激、心酸,一起涌上心头,怎一个情字了得?

在反复咀嚼品味中,学生发现看似平淡的语句,仔细研读,大有深意。

读到结尾父亲的来信,"举箸提笔,诸多不便,大约大去之期不远矣"。晶莹的泪光中,又看见那肥胖的、青布棉袍黑布马褂的背影。之前父子分别见背影消失而流泪,此处背影的再现,是为父亲信中大去之言所触动,伤痛皆因生离死别。当至亲的生命即将逝去之时,还有什么隔阂不能消除,唯有惦念,唯有牵挂,唯有记忆深处的那个永恒的背影。

学生读后,久久地陷入沉思与回忆中,是想着父母种种感人的画面,还是愧疚着曾经的不懂深恩而使他们伤心?我与他们一起分享了我的父亲——年逾古稀、性格乐观开朗、热爱生活的老顽童——

父 亲
胡涛

父亲的脊背
曾经挺直如山

如今已被岁月压弯
父亲的双脚
曾经健步如飞
如今已是步履蹒跚
多想回到年少
斜倚在他有力的臂弯
感受阳光的温暖
多想回到青春
在父爱的纵容下
狂奔在文学的馨园

电话那头的呼唤
深沉之声大不如前
关于网络预约的询问
像我儿时问你那样认真
知道你记不全
还是耐心地一点点讲给你听
其实是讲给自己听

还记得你当年哼唱的《小芳》
还记得你写的那首不老的歌谣
还记得你做的那顿丰盛的午餐
可你终究还是老了
皱纹在眼角微笑
白发在额前跳脱
我能为你做点什么
把我的骄傲分享给你
让快乐填满你的心田
让欣慰抚平你的皱纹
还我一个年轻的父亲
让我再回到从前

　　一首诗,将父亲曾经的年轻与当下的衰老形成对比,将他的慈爱与责任书写于跳跃的诗行,表达了我的感恩之心。学生纷纷举手,讲述与父母之间的点点滴滴,一句句与《背影》中的深情渐渐融在一起,汇成爱与感恩的长河。

静 以 修 身
——我教《诫子书》

一封家书字字珠玑,拳拳之心溢于言表。智绝诸葛亮,军事之才震古烁今,家训之情更令人无限感慨。

学生齐声诵读,家书虽短,箴言比比皆是,可见作者思想之深邃。

我引领学生探究文意,不难觉察通篇一个"静"字贯穿,凸显了诸葛亮教育儿子的核心价值观。

静,何意也?非外部环境的安静,乃屏除杂念与干扰,静心守一。静以修身,言之易,行则难。人很难抵住外界的种种诱惑,起初守着初心,宁静专一地做人做事,随着名利的追逐、生存的竞争、社会的动荡,一颗心渐渐失去了平静,变得浮躁不安,于是本心也渐离本身,修身之事慢慢化成名利场上的角逐、生命线上的狂奔,上紧发条的身心远离静,何谈修养?

学生在宁静的课堂细细品味着这个"静"字,思考着、感悟着。心静则思想境界更高,淡泊以明志,宁静以致远。心中想着远方,不为小利所动,不为琐事所扰,潜心研究,必能实现远大目标。淡泊是一棵不惧风吹雨打的老树,淡泊是一轮纤尘不染的圆月,一如庄子濮水垂钓,面对楚王重金聘请,持杆不顾,活在逍遥游的自由境界;一如钱锺书拒绝美国记者的专访,以母鸡自嘲之幽默,还原内心的宁静。居里夫人一生淡然如菊,视名利如草芥,静心钻研,八年两获诺贝尔化学奖,若无"静"字引领,她怎能在简陋的实验室里熬过几十年的春秋,用青春的美丽换来镭之光的惊艳?只有心灵自由、心静如水的人才能真正做到淡泊,知道自己内心想要什么,才能抵达所向往的彼岸。

诸葛亮告诫儿子,"非学无以广才,非志无以成学"。学习是终生的修为,它离不开静。静中研学,方可增长才干。而支撑其持久学习,并获得成就的是心中立下的志向,这志向又是非淡泊无以明确的,可见,志、学、才之间联系紧密。最关键的前提还是静,无静则无志,无志则不成学,谈何广才?学生在研读、梳理重点词语的关系时,心中豁然,人生需要静心,这是实现梦想的最佳途径。

文章从正面阐述之后,又从反面说"淫慢则不能励精,险躁则不能治性"。诸葛亮对儿子的嘱咐真是细致入微。诸葛亮上对君、下对子,都是极尽自己之责,《出师表》报先帝、忠陛下之情令人唏嘘不已,《诫子书》谆谆教诲之意令人感动良久。一个人的社会角色有多种,每一种都能做得极佳,实属不易。诸葛亮从反面告诫儿子,若想振奋精神,不能放纵懈怠,若想修养性情,不能轻薄浮躁。这是诸葛亮说给儿子的话,也是对天下人的告诫。当职业倦怠的时候,当学业受挫的时候,当取得成绩的时候,无论顺境逆境,我们何尝没有过懈怠之时？失之泰然而不随波逐流,得之坦然而不沾沾自喜,方能精神振作,不会于浮躁中失去奋斗的动力,亦不会于轻薄中迷失初心的方向。

"年与时驰,意与日去,遂成枯落,多不接世,悲守穷庐,将复何及!"诸葛亮提醒儿子要惜时,否则一切将来不及。一个苦口婆心的慈父形象跃然纸上,读之让人落泪。古今多少惜时的名言啊,学生纷纷举手背诵——

子在川上曰:"逝者如斯夫,不舍昼夜。"

一寸光阴一寸金,寸金难买寸光阴。

黑发不知勤学早,白首方悔读书迟。

莫等闲,白了少年头,空悲切。

珍惜时间,时不我待。诸葛亮与众多贤人告诫晚辈:盛年不再来,一日难再晨,及时当勉励,岁月不待人。生命只有一次,如果不能珍惜时光做有意义的事,那么虚度光阴,怎能对得起自己的生命,对得起关爱你的父母?

研读至此,学生感受颇深,纷纷运笔写感悟,关于静,关于学,关于惜时,以此提醒自己,青春是用来奋斗的。我亦书诗一首,聊表心声,与学生共勉!

偷一点点时光
胡涛

午夜睡眼蒙眬
星星眨着眼睛
一闪的灵光把我唤醒
偷一点点时光
乘着想象的翅膀飞翔

许多人还在沉沉的梦境
我却在黑暗中笔耕前行
偷一点点时光
让激昂的旋律尽情流淌
鬓虽染霜,青春却从不散场

每天只偷时光一点点
彼岸就不再遥远
待到明亮的曙光
射进每一扇窗
满眼都是麦田的金色光芒

我的惜时诗句让学生群情激昂，一首首小诗在酝酿着，一副副对联在构思着，与几千年前的智者对话，化思考为前行路上的动力。

（四）联想展读，拓宽视野

教师在引导学生与文本对话的过程中，既与文本中的人物有情感交流，又与作者产生思想互动，同时联想到自己的生活或者相关的内容，阅读视野拓宽了，读出的语文味、生活味也就更浓了。

心中的灯光
——我教《灯光》

电灯是和平年代人们生活中的伴侣，又是战争年代美好生活的象征。为了祖国的解放，为了让后代过上幸福的生活，多少革命战士抛头颅，洒热血，不惜牺牲自己的生命。我引导学生阅读《灯光》这篇课文，感受幸福生活的来之不易。

课文中，天安门前璀璨的灯光、郝副营长书上插图中的灯光和战场上微弱的火光，三者之间究竟有怎样的联系？它们与题目有什么关系？学生带着问题走进文本。

学生被文字描述的灯光所吸引、所感动，交流着所读所感——

"广场上千万盏灯静静地照耀着天安门广场周围的宏伟建筑：使人心头感到光明，感到温暖。"天安门前璀璨的灯光，使人感觉到环境的和平、安宁，看到祖国的面貌焕然一新，心中自然感到温暖，自然而然地引出下文关于灯光往事的回忆。

"他把头靠在胸墙上，望着漆黑的夜空，完全陷入了对未来的憧憬里。"书上插图中的灯光，引起了郝副营长对幸福生活的憧憬。郝副营长在激战前，对光明和幸福前景充满向往。在对他沉浸式的神态描写中，学生理解了他英勇战斗的伟大动力，感受到他那颗为解放中国、造福人民而跳动的心。

"这位年轻的战友为了让孩子们能够在电灯底下学习，不惜牺牲自己的生命，他自己却没有来得及见一见电灯。""年轻的战友"是对年仅二十二岁就在战斗中牺牲的郝副营长的痛惜。"孩子们能够在电灯底下学习"是幸福与安乐生活的一种象征，强调了郝副营长是为了理想而英勇献身的。"他自己却没有来得及见一见电灯"既是对前面情节的呼应，也是作者在由衷地赞叹革命先烈为理想而献身的无私和伟大。

正是因为对美好生活的憧憬，郝副营长在战斗中不顾自身安危，点燃了那本书,用微弱的火光为后续部队照亮了前进的路。如果说,插图上的灯光是郝副营长和战士的革命理想,天安门广场上的灯光则是把这种理想变成了现实。在理想与现实之间,是战场上微弱的火光架设了桥梁,这桥梁是千千万万战士用生命与信念铸就的。

学生研读全篇,体会题目"灯光"丰富的内涵,感悟三层含义:如今的幸福生活;郝副营长对幸福生活的憧憬;如今的幸福生活是用像郝副营长一样的革命先烈的生命换来的,不要忘记那些给我们带来幸福生活的革命先烈。

灯光给予学生深刻的启迪,每每看到灯光,不仅遐思万端。我也写下小诗《灯》,分享给他们。

灯

胡涛

是窑洞里昏黄的那盏
照亮头顶八角帽的五星
照亮心中不变的信仰

是巡视病房时手提的那盏
与温暖的目光交汇
时时关照病患的安康

是海上灯塔遥望的那盏
护佑风暴中的远航
指引劈波斩浪的方向

是大街小巷微笑的那盏
慰藉夜行人的眼
为平安归乡默默守望

是天上街市多情的那盏
带着牛郎织女七夕相逢
光耀幸福之花盛开在星空

是万家灯火中不倦的那盏
照亮每个夜晚直到黎明
照彻永恒的梦想

从煤油灯到电灯,从革命年代到和平年代,人们离不开灯光,它是人们的美好憧憬,载着人们心中的希望扬帆远航。

走进昆明的雨
——我教《昆明的雨》

汪曾祺的散文风格独树一帜,淡泊平和中富有生活气息,有无穷的韵味,正如汪老自己所说:"文求雅洁,少雕饰,如行云流水,春初新韭,秋末晚菘,滋味近似。"

我与学生一同走进《昆明的雨》,感受汪老笔下浓浓的怀乡之情。

"我想念昆明的雨。"直抒胸臆的一条深情的主线,串联起淅沥的雨和雨中难忘的景、物、人。

学生像是跟随汪老闲游于雨季的昆明,逛逛热闹的菜市场,买上各种不同滋味的菌子,还有黑红黑红的火炭梅,让人心软软的缅桂花……在随性自由的漫读中,体会着明亮的、丰满的、动情的、令人惬意的昆明的雨和雨中的情怀。

"不是怀人,不是思乡。"究竟是怎样的情感,使得汪老如此思念昆明的雨?道是无情却有情,"下下停停、停停下下,不是连绵不断,下起来没完。而且并不使人气闷,我觉得昆明雨季气压不低,人很舒服"。娓娓道来中,让人感到无比亲切,感受到汪老对昆明的雨情有独钟。

"昆明的雨季是浓绿的。草木的枝叶里的水分都到了饱和状态,显示出过分的近于夸张的旺盛。"学生细心地发现,汪老直白自然的运笔中突出了几分恬静,几分淡然。

"我吃过苏州洞庭山的杨梅、井冈山的杨梅,好像都比不上昆明的火炭梅。"在看似唠家常的语言风格中,透露着作者对家乡的无比热爱之情,雨季的果子都比别的地方的好吃,就像作者写的《端午的鸭蛋》中,比较其他地方的鸭蛋,慨叹"曾经沧海难为水,他乡咸鸭蛋,我实在瞧不上"。字里行间无不渗透着作者浓浓的恋乡情结,借景抒怀,借雨表意,雨是作者情感的载体,是抒发情感的出口。

说的"不是怀人",其实,卖杨梅的苗族女孩的声音使昆明雨季的空气更加柔和,给各家送去缅桂花的房东寡妇很有热情,看出作者还是充满了怀念之情。汪老欲擒故纵,欲说还休。

说的"不是思乡",笔笔写雨中景,句句透思乡情。四十年后,还忘不了雨中那种情味。一段段润泽心灵的雨中景,一段段使人心动的风俗情,忘不了的不是雨季中湿润的空气,而是那浓得化不开的乡情。"浊酒一杯天过午,木香花湿雨沉沉。"汪老的心语,全寄托于有着淡淡乡愁的昆明的雨中。

我引导学生思考其他城市的雨季是怎样的,"你是否观察过四季的雨"。在他们思考的时候,我提到了昨夜的那场秋雨,俗语说,"一场秋雨一场寒",秋雨的况味,对于每个人都是不同的。于我而言,秋雨淋湿了屋檐,也淋湿了我的思绪,我写了一首诗,分享给大家。

夜听秋雨
胡涛

滴答滴答
你在呢喃细语
悄悄靠近
有什么对我倾诉

滴滴流在窗棂
奏一片朦胧诗情
你的思绪随风飘零
滴滴落在屋檐
弹一曲秋日私语
你的心事与谁共鸣

恍惚飘进多雨的江南
碧瓦飞甍间
飘过一顶顶油纸伞
飘过撑着伞的丁香一样的姑娘
在乌镇在周庄在西塘
在所有的青石板路上
折射出湿漉漉的黄晕的光

滴答滴答
夜未央
秋天的况味
就这样慢慢揉进了我的梦
对你的情愫
静静地留在了清清的文字中

学生从我的《夜听秋雨》中感受到了家乡雨中的景色,联想到江南塞北雨季的不同特点,仿佛南北交融在一起,课堂化成了细雨绵绵的世界,我们都撑着伞,静静地走在用智慧和情感编织的雨巷……

五、心有灵犀一点通:灵感诗意 唤醒学生情愫

孔子云:"不愤不启,不悱不发。举一隅不以三隅反,则不复也。"教师的作用不在和盘托出,而在因势利导,在于对生命潜能的充分唤醒。语文教师要善于通过多种方式进行调动、启发,以情激情,以智引趣,创设宽松民主的课堂氛围。

语文阅读教学是一场诗意之旅。在诗意解读的同时,我喜欢与学生平等对话,更喜欢将自己的灵感化为原创的诗歌在课堂吟诵。这些诗来源于对生活的热爱,对生命的感悟,对自然的领会,对人情的思索,对文本的解读,对哲理的阐释。它们有助于点拨、唤醒学生的情愫,深化融合为对文本的解读与拓展,让学生深入把握教材,深刻领会语文世界的丰富多彩。

教师要心系学生,尊重生命,用一个引人入胜的小故事、一段声情并茂的朗诵、一首文质兼美的原创诗作、一个视频、一张照片、一个创意、一次活动,打开学生情感的闸门,让他们自然而然地走进教师创设的情境,感受大千世界、喜怒哀乐、天地风云、人情冷暖。

教师的课堂教学不仅是教书,更是育人,是兴趣的激发、情感的润泽。教师以情激情,让学生心有所动,在师生交流中感受语言文字的魅力,体验诗意语文的优美、典雅、深邃:

> 常以我诗诵学子,
> 激情点燃交流浓。
> 以情激情唤潜能,
> 一派生机盎然景。

(一)以情激情

教师要在课堂上释放自己的情感,传递给学生一种昂扬的动力,让学生心有所动、情有所系,于教师的言语中感受语文的魅力。

我和春天有个约会
——我教《春》

朱自清的美文《春》,观察细致,文笔细腻,读之如诗,赏之似画。

风和日丽的日子,我带领学生走进文本,感受文字的声韵之美,展开想象的翅膀,感受春天的勃勃生机。

我按课文思路设计了"盼春—绘春—赞春"三个环节,引导学生体验作者精细的笔触和对大自然的热爱之情。

学生在春天美好的景物中流连,在作者曼妙的描绘中徜徉,在琅琅的和谐的朗读中沉醉——

嫩嫩绿绿的春草,充满旺盛的生命力。

姹紫嫣红的春花,撒播着迷人的芬芳。

吹面不寒的春风,触碰内心柔软的地方。

密密斜织的春雨,润泽孩子澄澈的眼睛。

学生默默地读着,细细地咀嚼着字里行间诗意的味道,全身心地融入其中。我倾听着来自学生的心语,他们倾诉着对春的深深钟情,师生、教材、氛围形成和谐的学习共同体。

我兴之所至,吟诗一首,与他们共同沐浴温暖的春之河流——

我和春天有个约会
胡涛

春江水暖鸳先知
深情的凝视蓄满诗意
如烟柳枝泛青色
摇曳着等待莺歌燕啼

万物透着如许温情
谁不想投进春天的怀里
享受那久违的爱抚
在芳菲的花园自由呼吸

卸去厚重的外壳
身心一同接受春的洗礼
蛰伏已久的伤痛与寂寥

随风化作一抹淡淡的痕迹

我愿变成一朵角落里的小花
开在春雨无声的润泽里
在属于自己的季节默默守候
找寻一份心灵的皈依

冰雪消融,春天到来,给人无限希望。在充分体验文本的基础上,我精心设计了一场以"我和春天有个约会"为主题的语文综合活动,让学生的心灵回归到大自然,回归到真切的感悟中,让希望在每个人的心中闪光。

"我和春天有个约会"综合活动

1. 学生观察春季的景物特点,根据自己的感悟,可以写写观察小诗、小短文,或者只言片语的心灵体会。

2. 学生阅读名家写春天感悟的脍炙人口的美文,联想、丰富自己的情感体验。

3. 按照"识春—寻春—赞春—悟春"四个环节体验丰富的生活,即语文拓展活动。

(1)识春:查找春天来历,以及有关春天的节气知识、养生知识。

(2)寻春:在大自然中感受春的气息,在文学作品中寻找春的踪迹(如"草色遥看近却无""红杏枝头春意闹""万紫千红总是春""二月春风似剪刀")。

(3)赞春:通过优美诗文深情赞美春天给人带来的生机、活力。

(4)悟春:领悟一年之计在于春的深层理性思考。

4. 进行交流展示。

通过"我和春天有个约会"语文综合活动,我引导学生观察春的景色特点、阅读描写春天的诗文,发掘他们纯真的情感与读写的潜能,班级涌现出一批热爱生活的小作者,在他们眼中,司空见惯的景语皆成情语,他们以我手写我心。下面是我所教的学生创作的部分现代诗,从美妙的诗句中可见学生的幼小心田生长着片片热爱生活的绿茵。

我和春天有个约会(一)

王佳彤

倘若微风是你的痕迹
从我身旁拂过的
便是你给予我的一份暖意
倘若青翠是你的步履
植入我心田的
便是深情的记忆
依然记得去年我们的相遇
依然记得心中的期许
生活怎样,气候怎样
掩盖了许多
却难掩你的到来
就如春雨过后
屋檐挂起如线的雨滴
嗅到泥土翻卷的气息
预见与你会面
却不曾预料
疫情使得我们别离
而你依然如约而至
小巷怎样,阳光怎样
掩盖了阴霾
却难掩你的到来
就如我望向窗外
嫩绿铺满大地
雏燕舞翅翩飞
预见春的讯息
任时光流逝,初心不移

【师说心语】小作者眼中充满春天鲜嫩的色彩,内心憧憬着春天的到来,一切显得那么富有生机与活力,即使阴霾也不能阻挡心中强烈的渴望。一行行透明的诗句,可见小作者心灵与春天相遇,与春天碰撞出美妙的火花。

我和春天有个约会(二)
马伊琪

是你赴约而来，
还是春日已至？
我在江边守候，
赏岸边柳条依依，
听鸟儿婉转鸣啼，
踏在石砌的瓦砖上，
缝隙中嫩绿的芽顶出了春意，
四周的空气弥漫着春的气息。
你是春的使者，
还是春日本身？
毫无忌惮地歌唱，
仿佛是你我心灵的共鸣。
你在我身边，
乌云渐渐散去，
太阳缓缓从天地交界处升起，
透过新生的丫枝，
俯照在你的脸庞，
抿着嘴角，
带着点点朱红，
呢喃着春的梦呓。
你是新的开始，
还是预言新的消息？
是不是我猜到了你的心思？
你笑着，轻快得像阵风，
你笑着，待春回大雁归。
待你如约而至，
你我可否牵手，
让淡雅桃花怒放在我们的心坎，
让笑声洒满春日的田园。

【师说心语】这个小作者笔下的春天是拟人化的,春天仿佛是她最亲密的伙伴,等着她在春暖花开中牵手漫步,等待一个新的开始,美好的情愫在字里行间蔓延开来。她的体验是丰富而细腻的,像极了春从心出、热爱生活的情感慢慢在观察感悟中氤氲出诗情画意。

我和春天有个约会(三)
杜雨霏

风,摇绿了树的枝条,
水,漂白了鸭的羽毛,
终是没什么能够阻止我们相遇,
原来,你早已悄悄来到。
我们换上春装,
像鸟儿自由翱翔,
飞过树林,飞过山岗,
去聆听春的欢笑……
柔和的春风,
把四月装扮成一位浪漫的诗人,
享受这迟来的安宁与祥和,
每当第一缕阳光惊醒梦境,
我便把爱寄托在春风的发梢,
红了桃花,绿了柳条。
约你,要等上一年的轮回,
在寂寥的冬夜,用热茶和思念呼唤
我爱这浓情的四月,
爱这久违的宁静,
爱这来之不易的安详,
我和春天有个约会,
它悄悄来了,不早不迟,
没有一个冬天不可逾越,
怀着期望走进春天,
走进明媚的春光。

【师说心语】小作者的情感抒发得真挚而热烈,"没有一个冬天不可逾越",用心爱着这来之不易的安详,真情诉说中表达着强烈的信念和对美好的向往。

我和春天有个约会(四)
赵海玉

我和春天有个约会
这是初冬时的契约
一直在期盼蔚蓝与盎然
勃勃生机　遍地芳香
黄昏吹着风的软
暖阳透过玻璃窗映射在脸颊
雪化后那片鹅黄
新鲜初放时的翠绿
与春天的约会就这样如期举行
我和春天有个约会
一排排结伴而行的飞燕
横空掠过
苍穹之下　隐约可见
空中画出了几道唯美的弧线
这是与暖春约会时的庆贺
沉醉在春暖花开的季节
我与春天的这次约会
期待晨曦
暖风洋溢　山河依旧
悄悄滋润殷切的遥望
这与春的约会

【师说心语】这个小作者创作的诗歌展示了对未来的期望,"暖风洋溢,山河依旧",心灵的感悟顺着笔尖飞向云端,不经意间,触碰到我们心底最柔软的部分。

学生的生命感悟很奇妙,思维的火花一经唤醒与点燃,总有一些微妙的诗句融化我的内心,我调调韵脚、删删重复内容,让意境更加美好。而那些灵感的色彩闪烁在小小的瞳仁里,诗和远方就鲜活在平凡的生活中。

春有百花秋有月,夏有凉风冬有雪。无论是哪个诗意的季节,每一个不曾起舞的日子,都是对生命的一种辜负。我相机引导,学生用清澈的眼睛观察山河壮美,用敏感的心灵去体会草木温情,用形象的思维去描绘绮丽的色彩,用丰富的联想去构建多彩的生活,我在他们的感悟创作中收获诸多意想不到的惊喜。

可见,生命潜能的唤醒可以让学生一步步走出象牙塔,感受大千世界,情感得以丰盈,创造思维能力得以提升。

(二)同题共赏

在阅读教学过程中,教师要引导学生探究文本的微言大义,领会作品的精词妙句,与学生共同感受作者创造的意境,提升审美情趣。兴之所至,联系相同或相近的景、人、事,落笔成诗,同题共赏,既拓展了学生的视野与思维空间,又在诗意的氛围中完成一次精神的洗礼。

花中君子心上莲
——我教《爱莲说》

接天莲叶无穷碧,映日荷花别样红。莲,花中君子,历来为人称颂。周敦颐的《爱莲说》更是借莲表达洁身自好之品性。

世间草木林林总总,人们各有所爱。《爱莲说》为何只提及陶公爱菊,世人盛爱牡丹呢?这自是烘托之法,然以其他花衬托不可以吗?

陶爱菊,不戚戚于贫贱,不汲汲富贵,与作者爱莲境界相通。世人爱牡丹,追求富贵之心,与作者心境相悖。一正一反,烘云托月,引出作者对莲的情有独钟。妙哉!略施几笔技法,则有引人入胜之效。

学生齐读作者对莲的高洁形象铺排描绘的经典语句。"予独爱莲之出淤泥而不染,濯清涟而不妖……"字字铿锵有力,句句现君子之风。

出淤泥而不染——莲之高洁,辉映君子入世却不染污尘的形象。不随波逐流,不随俗浮沉,可敬可赞。

濯清涟而不妖——莲之雅致,代表君子庄重质朴的风尚。不哗众取宠,不炫耀自己,令人肃然起敬。

此两句经典,实将莲与君子的本性合为一体,突显作者洁身自爱的高洁人格。

若莲之形象令读者思考其隐喻之意,则作者之后揭示莲之喻义,更是以莲自况,抒发内心真情实感。

菊乃隐逸者,牡丹乃富贵者。独莲是花中君子。陶喜隐居,归去来兮,作者赏之但不随之。众人爱牡丹,趋之若鹜,作者恶之自不愿趋之。爱莲,自是心性使然。同予者何人,知音难觅啊,一如范仲淹于《岳阳楼记》中慨叹,"微斯人,吾谁与归?"

从发自真心的写景抒情文字可以悟到作者的人生态度:既不愿像陶渊明那样归隐避世,又不愿像世人那样追逐功名富贵,他要在污浊的世间独立不移,永远保持清白的操守和正直的品德。

而今莲之爱,同予者甚多。每每于莲花池旁观赏流连,情不自已。心潮起伏,落笔成章——

爱 莲

胡涛

静静地立在水中央
把荷塘变成起舞的地方
粉嫩的色彩与流火的七月
共同涂抹别样的时光

静静地读你亭亭的风姿
像读谦谦君子的品性
净化着凡尘俗世
也净化着世人的心灵

淤泥孕育了你的生命
污秽却不曾沾染你的霓裳
清水洗涤你的纤纤腰肢
你却淡淡的,不事张扬

水中独立不移
风里默默传香
倾心于朵朵莲花
化荷叶托于梦乡

古今之心相通,于莲花中共同寻找契合之情思,于不染不妖的风格中感人性之圣洁……

秋山日落渐黄昏
——我教《野望》

《野望》一诗，笼着一层薄暮的色调，王绩以淡然之笔勾勒出眼中山水之境，书写出心中孤寂之思，实是唐诗五律压卷之作！

我引导学生读诗、品诗，重在赏析诗歌的意境。于是，在悠远的古琴的配乐中，他们聆听我的范读，初步感受诗歌所描摹的黄昏景致，体会诗歌淡淡忧伤的感情基调。

淡妆浓抹总相宜。我让学生用彩笔画出他们眼中的诗的色彩，他们有感情地诵读着，乘着想象的翅膀飞翔。一张张白纸上，尽情地涂抹着一棵棵染着秋色的树，一座座罩着暮色的山，还有赶牛归家的牧人，猎获回来的猎人，有远有近，动静结合。

我问学生，如此之景，静谧、恬淡，与陶渊明的"山气日夕佳，飞鸟相与还"诗句有异曲同工之妙，也表达闲适之意吗？他们读着"树树皆秋色，山山唯落晖""东皋薄暮望，徙倚欲何依"，逐渐明白，薄暮时分，牛羊思返，牧人归家，诗人却无枝可依，内心的苦闷可见一斑。周围的安闲快乐是别人的，与我何干？处悠闲之境，却无怡然之心，忧郁清冷浮于笔端。

最终，无法排遣的孤独向谁倾诉？"相顾无相识，长歌怀采薇。"只有向先贤那里寻找一丝心灵的慰藉了。

此时，有学生向大家介绍了王绩的生平，其人生活简约，性情放旷，曾三次做官，三次归隐，可见，其不如陶渊明归隐来得决绝，也不如陶公对田园风光的眷恋之深。因此，他的诗中总是带着无奈、苦闷、彷徨的基调，与其他田园诗人的清雅闲适迥然不同。

一曲黄昏中的惆怅，一首迷茫中的忧伤。

日落、黄昏，是古诗词中典型的意象，传达着古人一种普遍的情绪。我亦将对黄昏的随想演绎于笔端——

黄　昏
胡涛

暮色四合
倦鸟归巢

这样的时刻
总有什么牵动衷肠
天地笼上昏黄的色彩
好似家那忽明忽暗的灯光
东篱把酒
门掩斜阳
无限惆怅
总是选择在这个时刻发酵
天涯海角
还是异域他乡
一帘残雨
点滴销魂
独上高楼
凭栏守月光

学生从我的现代诗中感受到古风古韵,"东篱把酒黄昏后"的情思,"梧桐更兼细雨,到黄昏、点点滴滴"的愁绪,"雨送黄昏花易落"的感伤,"疏影横斜水清浅,暗香浮动月黄昏"的清幽,课堂仿佛化作黄昏的园林,种种情绪生发开去,带着易安居士的怀想,带着东皋子的孤独,带着林逋的隐逸,带着唐婉的悲情……融化在琅琅读诗中,融化在片片暮色中。

山登绝顶我为峰
——我教《望岳》

登山则情满于山,观海则意溢于海。古往今来,望岳者何其多。无论得志者,还是落魄者,山川都给予他们心灵的启迪与抚慰。杜甫年方二十四岁,兴致勃勃地赴洛阳应试,结果悻悻落第而返,自是寄情山水,寻找心灵的归处。

诗人眼中的泰山有何独特之处呢?

学生齐声诵读《望岳》,沉浸于诗情画意中。

"岱宗夫如何?齐鲁青未了。"起笔一问一答,古诗词随处可见。

"明月几时有?把酒问青天。"苏子起笔问天。

"春花秋月何时了?往事知多少"李煜起笔问时,皆能唤起读者共鸣。

"岱宗夫如何"写诗人应试铩羽,情绪低落,然乍见泰山,兴奋之情无以言表。

"齐鲁青未了"没有从海拔角度形容泰山之高,而是匠心独运地从空间上写泰山横跨齐鲁,以距离之远来烘托泰山之高,时间上万物长青,以色彩之郁来彰显泰山之势,实在是传神之笔。

"造化钟神秀,阴阳割昏晓"此联炼字极精,学生通过吟诵很快读出了"钟"与"割"字。近望泰山,神奇秀丽可见,巍峨高大可赏,一个"钟"字把天地万物写活了,大自然如此青睐有加,把神奇和秀美都给了泰山。一个"割"字化静为动,泰山以其高度将天色之昏晓割于山之南北,形成迥异的景观,写出了泰山主宰万物的神奇力量,真是"语不惊人死不休"!学生在反复鉴赏中叹为观止。

"荡胸生曾云,决眦入归鸟"两句是写细望泰山。见云生于山上,亦荡于胸中,心境随云起伏。此情此景赏不厌,故目不转睛,直至飞鸟相与还。暮色四合,诗人还在尽望,实是衬托泰山壮丽之美,再现其撼人魂魄之力。

"会当凌绝顶,一览众山小"叹为绝响,历来为人称颂,写出了泰山雄视一切的姿态和气势,也表现出诗人豪迈的胸襟和气魄。杜甫之所以能够成为万代传扬的诗圣,固然有"穷则独善其身,达则兼济天下"的忧国忧民情怀,还有的就是此诗中表现出来的不惧困厄,敢登临绝顶的雄心,这也是心有大志、想有所作为的人不可或缺的。这也是这两句诗一直为人们所传诵的原因吧!

在反复的吟诵中,学生感受着泰山雄伟磅礴的景象,领会着诗人敢攀顶峰、俯视一切的雄心和气概,也产生"荡胸生曾云"的美妙情怀。我与学生共赏时,想到了自己游历过的名山大川,印象深刻的不胜枚举,最动我心弦的要数石林了——

石林,壮美的变迁
胡涛

黝黑的皮肤　倔强的个性
亿万年沧海桑田
竟成一片莽莽丛林
令世人惊叹

万峰叠嶂　昂首苍穹
昭示着岁月的嬗变
如雁如鹰振翅欲飞
如剑如戟刺破青天

> 大地的震动
> 造就了你的骨骼
> 风雨的洗礼
> 锻就了你的坚韧
>
> 黑色已不是冷漠
> 而是阳光的色泽
> 断裂也不是脆弱
> 那是与天地的融合
>
> 壮美于变迁中积淀
> 生命在律动中璀璨

每座山都是造物的传奇,是大自然鬼斧神工之作。青年杜甫心中的泰山雄奇伟岸,我心中的石林自是美不胜收,学生心中的山又是怎样的景致呢？我期待着他们笔下不同风格的《望岳》。

明月千里寄相思
——我教《水调歌头》

南宋著名文学家胡仔在《渔隐丛话后集·卷三十九》中说:"中秋词,自东坡《水调歌头》一出,余词俱废。"由此可见这首《水调歌头·明月几时有》思想艺术成就之高,实乃冠绝古今的巅峰之作。

苏轼之词融景趣、情趣、理趣于一炉,于跳跃的词句间,展其或复杂或至情或旷达的襟怀。

政治上的失意,兄弟间的分离,伤情不能自已,中秋望月,别是一番滋味在心头。

与学生一同吟唱《明月几时有》,绵邈的歌声中,再见天上一轮皓月,再品苏子复杂的情怀。

上阕问天。张若虚《春江花月夜》中"江畔何人初见月,江月何年初照人"已发古之幽情。苏子开篇陡然发问,表现内心对天地的困惑之感。学生模拟苏子仰天忧思,"明月几时有？把酒问青天",课堂顿时进入了宁静寂寞的夜晚,人人皆为苏子,体会旷古之思绪。

接着他们发现诗句中的纠结之处,苏子想乘风归去,又恐高处不胜寒。最后起舞在人间,几重情感？矛盾重重。皓月千里,心向往之,那是梦寐以求的地方,比之人世被贬之痛、分离之苦,那里便是心灵皈依之地。然心中惧怕寒冷,美好亦不能尽享。出世之思,被入世之念取代。"起舞弄清影,何似在人间。"虚空的幻想让位于切实的人生,苏子眼望浩渺的星空,思接千载,最后仍能留清影于人间,可见他对现实人生的无比热爱之情。再大的风雨,再多的离情,终究抵不过对人世的眷恋。一杯酒中见世界,一轮月上说人情。

下阕问月。苏子望月无眠,有思念亲人之情,有被贬谪之惆怅,有观天地宇宙神秘之感慨,有叹人生无常之哲思。《记承天寺夜游》中,也是"解衣欲睡,月色入户,欣然起行",可见苏子对明月是深有依恋、情有寄托的,就像庄子寄情于鲲鹏,向往精神的绝对自由。苏子的精神也是自由的,无论身在何时何处,都可神游天地之间。"寄蜉蝣于天地,渺沧海之一粟。""纵一苇之所如,凌万顷之茫然。"

接着他们又发现了苏子矛盾的情愫——月圆是团圆,可是月圆人不圆,分离两地,七年之久,情何以堪?"不应有恨,何事长向别时圆?"月亮为什么偏在人们不能团圆的时候圆呢?心中的疑问,貌似怨月,实则表达出与弟弟不能团聚的无限怅惘之情。

不过,学生阅读时感觉到苏子的愁思只是瞬间一闪而过,很快被达观的思想所替代,"人有悲欢离合,月有阴晴圆缺,此事古难全"。正如刘禹锡诗云:"沉舟侧畔千帆过,病树前头万木春。"乐观的诗人在人生挫折或内心伤情之时,总能宕开一笔,书写豪迈之语,这也是古仁人旷达情怀的真实展现。

最后又回到苏子对弟弟的劝慰上,"但愿人长久,千里共婵娟"。手足虽分离,但可以共享月光,明月千里寄相思,月上有彼此思念的交织,聊以慰藉吧。

这首词充满了达观的情感和哲思之味,实是千古绝唱。

经常望月,被月独特的美所深深诱惑,仰之弥久,爱之弥深,赋诗一首,以表情怀。

望　月

胡涛

时而羞涩
蒙上薄如蝉翼的轻纱
时而欢喜
展示完美无瑕的笑容
静静悬在夜空
多少目光为你沉静

太白举杯相邀
若虚仰问苍穹
乐天乡心相通
东坡感慨圆缺阴晴
如此风情万种
引人浮想无穷
玉兔迷离惝恍
嫦娥衣袖翩翩舞动
人生多少苦痛
终化解于明月清风
一瞬的迷恋
一世的钟情

苏子之月,融天地之悠悠、思亲之深情、感慨之哲思于一体。学生也应时常面对自然之风物,感恩天赐之美景,用心体会,化为身心中律动的节拍。

最是人间留不住
——我教《匆匆》

匆匆,简单的一个叠词,生发出多少韶华易逝的慨叹,如指尖流沙,始终握不住,似陌上川流,逝者如斯夫。

朱自清的散文《匆匆》是怎样传达出对时光一去不复返的感伤与思考的呢?

从开头一组追问中,学生仿佛听到了"时间都去哪儿了……"的怅惘与无奈,仿佛体验到"无可奈何花落去,似曾相识燕归来"的光阴流逝的伤怀。

从中间的一组排比中,学生深切地感悟,衣食之类的寻常之事不易察觉,犹使人顿悟时光太匆匆,还没来得及感受,就倏忽飞逝,唯余一缕叹息。

从结尾一连六问,他们品读作者心灵深处对无所事事的焦灼、惆怅,两个"赤裸裸"表明彻底地来到这个世界,刹那又彻底地离开这个世界,一种苦闷与不安充盈字里行间,细读一个"但"字,发觉作者并不甘心一任时光似鸟翩翩飞过,而自己又什么痕迹都未留下,为什么偏要白白走这一遭啊?学生从"偏要"读出作者对时光的无比眷恋,表露不愿虚度人生的愿望。

没有枯燥的道理,没有空洞的议论。形象化的事物比比皆是,生动的比喻信手拈来,扣人心弦的追问层层叠叠,把一种特定情绪渲染得淋漓尽致。作者用诗人一样的笔触,将青春一去不返的感慨与思考,融入字里行间,让读者去品味、去体会、去共鸣,并在作者营造的氛围中联想想象,思维在游走,思想在升腾,对光阴飞逝的怅惘与不甘虚掷光阴的心愿交织在一起,随着作者的抒情笔墨感慨、深思、沉淀。

时光如白驹过隙,走得最急的,总是最美的时光。我曾写过一首诗《匆匆》,表达的是上班途中的一点感悟。

匆　匆
胡涛

只差一刻钟,
消失了,我的优雅我的从容,
一条路只剩下终点,
和我行走时的一阵风。

无心听耳畔传来的燕燕莺莺,
无心看,秋意正浓,
无意流连身边的一花一草,
只有匆匆,匆匆。

疾行的脚步,
凝结的笑容,
为什么消逝的每一秒,
都让我如此的惶恐?

来不及打的招呼,
来不及诉的衷肠,
被清晨的匆匆无情吞噬,
一任汗水恣意流淌。

向着孩儿们的方向,
去往心中的殿堂,
一生奔忙,只为留住
和你们共享的时光

匆匆的一节课,带给我和学生多少人生的思考和品味。愿每一个匆匆的脚步,都不留下遗憾。

百万大军过大江
——我教《人民解放军百万大军横渡长江》

"钟山风雨起苍黄,百万雄师过大江。……"

学生一起吟诵着毛泽东同志气冲霄汉的《七律·人民解放军占领南京》,心潮澎湃地走进新闻《人民解放军百万大军横渡长江》。

这篇新闻标题掷地有声,可以感知,百万大军横渡长江的壮阔场景,实乃史上空前之奇观。可以想象,千里江面,万船齐发,所向披靡,直取敌军。可以联想,炮火纷飞,振奋精神,群情激昂。

新闻的结构可分为五部分,标题、导语、主体、背景、结语。赏析了标题之后,我指导学生朗读了新闻的导语,学生快速了解到解放军渡江区域的全局战役取得了决定性的胜利,而且通过导语清楚了新闻的五要素,即何时、何地、何人、何事、为何。

接着我引导学生了解新闻的主体,根据资源和推荐的方式选出了三名战地通讯员、三名战地小记者,通讯员声情并茂地报道了中、西、东三路大军渡江的进展情况,其他学生认真思考文章的思路特点。

三名通讯员报道语音清晰准确,铿锵有力。报道之后,战地小记者纷纷提问,新闻为什么按照中、西、东的顺序叙述?西路军和东路军是同时发起渡江作战的,为什么先说西路军,再说东路军?现场观众亦纷纷举手。通讯员点名回答,有观众说中路军首先发起了渡江作战,按时间先后,所以先报道中路军。有观众接着侃侃而谈,西路军和中路军所遇敌情一样,敌军抵抗微弱,而东路军抵抗较为顽强,所以西路军接着中路说,合在一处,可以议议,最后说东路激战,文章气势也被推向高潮。

学生通过置换角色地问答,不仅深入地了解了战况特点及解放军的英勇善战,敌军的溃不成军、不堪一击,也探究了作为新闻体裁,文章书写条理清晰、文脉贯通、行文精粹、言简意赅的写作特色。

读新闻,深体验,强爱憎。学生心中对解放军的崇敬与热爱溢于言表,借此时机,我把对人民解放军的深厚情感融入现代诗中,朗读给全班学生听——

致敬军人英雄

胡涛

有一种声音叫掷地有声
有一种色彩叫热血沸腾

有一种信念叫默默坚守
有一种精神叫勇于担当

面对虎视眈眈的凶顽
你们亮剑沙场
化身卫国的万里长城
枪林弹雨中保护美丽家乡

面对洪涝灾害的凶猛
你们挺身赴险
血肉之躯筑起道道堤防
震雷暴雨中护佑百姓安康

面对地震受困的姊妹兄弟
你们心如刀割
舍身抢救一个个鲜活的生命
用热血与责任书写着大爱无疆

面对硝烟与风雨
你们总是挺起胸膛
演奏着荡气回肠的乐章
坚定的背影印满崇敬的目光

从我的诗歌中,学生听懂了人民子弟兵不仅在硝烟弥漫的战场、枪林弹雨中保护美丽的家园,更在和平时期,用热血和责任书写着大爱无疆。

"虎踞龙盘今胜昔,天翻地覆慨而慷……"伴着激昂的诵读,响起了下课铃声……

遥望三峡山水色
——我教《三峡》

峡者,《说文》中释义,两山夹水也。郦道元之《三峡》,摹山水之风光,感天地之灵气。

开卷捧读,掩卷回味,字字珠玑,句句生香。

望三峡群山,巍峨高耸,层叠入云,如屏如幕,势极雄奇。

看三峡异水,四季不同。夏水奔涌,急湍甚箭,一泻千里。

春冬之时,潭深水碧,沉静雅致,亦不乏激流冲荡,泉瀑飞溅,大致属舒缓从容之趣,不若夏水奔放之壮美,实显独特清幽之秀美。

三峡之秋,别有一番韵味,如怨如慕,如泣如诉,猿鸣不绝,泪满衣衫。此秋之凄美也。

山水独特,四季各异。宋人郭熙《山水训》云:"春山淡冶而如笑,夏山苍翠而如滴,秋山明净而如妆,冬山惨淡而如睡。"仿写之,三峡之景可谓"春水静谧而如笑,夏水狂野而若奔,秋景凄清而如诉,冬水优美而如舞"。

百十余字,勾勒点染,意境尽出,令人叹服。无怪乎其文为明人张岱评说,"古来记山水手,太上郦道元,其次柳子厚,近时袁中郎",足见其艺术成就之高。

学生读之,自做导游,尽享三峡之雄奇秀美风光。

拓展文本,古今共谈。《三峡》之美,刘白羽、余秋雨皆写过脍炙人口的上乘佳作。读之品之,为三峡之美惊叹,为作家厚重的语言赞叹。

陶醉在三峡景物中,不禁想起曾经游历的祖国山山水水,痴迷其中者甚多,尤喜笔架山风光,落笔成诗,与生共品。

笔架山抒怀

胡涛

天桥的尽头
硕大的笔架立在海中央
那支如椽巨笔在哪里
在梦里,在心上

我要用笔的犁铧耕耘心灵的原野
用真诚和激情谱写生命的乐章

我要画,画下海的蔚蓝
画下那群海鸟的自由飞翔
画下每一只舢板每一个渔民
画下眼中的世界,梦的衣裳

我要写,写一首海之恋歌
写出对每座城市的深情难忘
写出心中的无限感怀
写出每个季节四溢的芬芳

从课本的学习,到内容的拓展,学生的思维经历了形象的联想、发散的延伸、审美的感悟、情感的喷涌,三峡逐渐延展为祖国山水的化身,于课堂化为经典在心灵深处流连……

(三)模仿迁移

经典之作总是经久不衰,数百年来脍炙人口。其妙其思,可怡人情;其文其理,可启人心。教师要引领学生研读文本,领悟思想与艺术上的精髓的同时,引导学生借鉴作品的形式,在模仿的基础上创作自己的作品。"他山之石,可以攻玉",教师可以先朗读自己的模仿之作,以诗意情怀带领学生沿着借鉴之路走进文学的殿堂,提升语文素养。

安贫乐道真君子
——我教《陋室铭》

安贫乐道者,自古至今,不胜枚举。孔子弟子颜回,居陋巷,人不堪其忧,回也不改其乐。陶渊明箪瓢屡空,不戚戚于贫贱,不汲汲于富贵。刘禹锡身居陋室,不怨天尤人,以德馨自勉,君子居之,何陋之有?

齐声诵读中,学生走进梦得的小屋。

陋室环境如何?苔痕上阶绿,草色入帘青。无碧瓦飞甍之气势,有清幽宁静之雅致,可见室主人情之所好,富贵于之如浮云。

陋室生活怎样?谈笑有鸿儒,往来无白丁,交往之人皆学识渊博之大儒,无脑满肠肥之白丁。弹古琴,阅佛经,无宫廷音乐扰乱心绪,无官府公文劳神伤身。任清雅之曲涤荡凡尘,任高妙之文洗濯俗世。可见刘禹锡超尘绝俗之胸襟。

何人可相比?南阳诸葛庐,西蜀子云亭,皆居陋室,而二人都乃卧龙之属,足见山不在高、水不在深之语。作者与他们同道,皆为真君子,一样的德操与才能之光,不因居之陋而折损。其情操如月,缺而不蔽其光,其气节如竹,焚而不毁其节,怎能因屋陋而易之?

一篇《陋室铭》,足见作者之襟怀。人生于世,应如梦得,不以物喜,不以己悲,乐观面对境遇,心胸放达,方能于困厄中寻求突破与超越,达到生命至境。

我引导学生借此铭文的形式,书写生活的内容。先以自创的铭文与学生共享。

摇 滚 铭
胡涛

曲不在雅,动听就行;词不在美,真实则灵。斯是摇滚,惟吾钟情。舞台似擂台,歌手如勇将。呐喊震肺腑,豪气荡心胸。可以纵情跳,舞如疯。无做作之腻烦,无束缚之劳形。阳刚气十足,冲击力极强。心狂跳:醉无止境。

康 平 铭
(旅途经过辽宁康平小城,心有所感)
胡涛

城不在大,绿化就行。路不在宽,畅通则灵。斯是康平,管理清明。集市品种多,造福于百姓。商家讲诚信,微笑透真情。可以尝美食,享太平。无噪音之乱耳,无奔波之劳形。如家修身心,归程清晨行。大哥云:悠哉小城!

以此格式填所思内容,不亦快哉。穿越古今,沉醉在写作、思考、借鉴中,学生不亦乐乎?

【学生仿写】

书 籍 铭
尹梓萱

书不在厚,有心则名。字不在多,有情则灵。斯是书籍,清新雅致。感人至肺腑,香气沁人心。谈笑有《论语》,往来有《诗经》。可以阅《红楼》,品《水浒》。无屏幕之乱眼,无漫画之扰心。大至国荣厚,小到家和睦。刘向云:书犹药也。

(四)古为今用

传统诗文中的很多意象意蕴丰富,如折柳送别、红叶传情、鲲鹏展翅、梅花傲雪、鸿雁传书、睹月思乡等等。教师要引导学生在精读中感受这些意象的内涵,并不失时机地将意象化入诗歌创作中,或与教材内容相映生辉,或以诗情浸润学生的精神,让诗意化为一股清泉,注入学生的心田,化作未来的憧憬、美好的蓝图。

扶摇直上九万里
——我教《北冥有鱼》

庄子一直是我崇拜的文化哲人,无论是其崇尚自由的精神,还是其汪洋恣肆的文风,都令我顶礼膜拜,尤其是其名篇《逍遥游》,那扶摇直上的鲲鹏形象,那御风万里的自由飞翔,让我思接千载、视通万里。

教学生学习《北冥有鱼》(《逍遥游》节选),是一件很幸福的事。云端课堂,我和学生乘着想象的翅膀在庄子构建的瑰丽磅礴的世界里翱翔,感恢宏之气象,悟高远之境界。

鲲鹏之大,不知几千里也,其翼若垂天之云。神话的奇幻,想象的丰饶,闭上眼,仿佛在神奇的太空旅行,看茫茫北海,观浩渺苍穹,与大鹏一日同风而起,扶摇直上九万里长空,自由徜徉,尽情舒放,任意西东。

方寸天地,我与学生痴迷在这精神绝对自由的殿堂,感受水击三千里的澎湃激情,体会九万里风鹏正举的荡气回肠。

在庄子笔下的任性世界里,我们都来做志存高远、善借长风的大鹏吧,显示出"自信人生二百年,会当击水三千里"的豪气、英气、正气!

大鹏飞在庄子的文字中,更翔舞于学生无限憧憬的心空,我能从琅琅书声体验到他们冲抵彼岸的决心,从掷地有声的回答中感受他们坚定不移的意志。每个学生就是一只沐浴霞光、展翅飞翔的鹏鸟,凭借着智慧与激情的长风,扶摇而上。

我心激动,于是赋诗一首,以助生威!

致亲爱的学子
胡涛

胸怀执着的梦想
披星戴月毅然前行
风雨中无忧无惧
挑战时谁与争锋

剑拔出鞘踏上征途
你们是展翅九万里的鲲鹏
时间的脚印留下最美的痕迹

传奇在明日的考场诞生

　　用青春奏响华美的乐章

　　让汗水化作绚丽的彩虹

　　我的祝福凝成片片祥云

　　永远飘在你们的心空

　　学生的眼眸闪着亮光,四起的掌声中有意会的惊喜、有征战的决心、有振翅翱翔的勇气,更有收获的信心。

(五)拓展延伸

　　作者所写的内容往往着眼在某个人物、某种情感上,教师在进行阅读教学时,可以将文脉延伸,或者将主题拓展,进而谱写成意蕴丰富的诗章,既补充了教材的思想意蕴,又开阔了学生的视野,使课堂的学习空间立体化、多维化,学生的审美素养得以提升。

千古知音最难觅
——我教《伯牙鼓琴》

　　一把古琴奏出悠扬之乐曲,弹者投入,闻者动容。一曲《高山流水》,传递着绵绵真情,演绎着千古佳话。

　　我与学生一同步入《伯牙鼓琴》,去感受一段旷世奇缘。

　　"伯牙鼓琴,钟子期听之。"学生从中读出一幅和谐的画面,无须更多的言语,一个醉于弹奏,一个静于倾听,心与心的交流,天地幽幽,仿佛只有他们二人。

　　遇到这样的知音,伯牙该是怎样的喜悦和幸福?

　　伯牙弹琴时将自己的情操与志向融入了渺渺的琴音,无心倾听或听而不闻者,是无法体会琴声之妙的。钟子期全身心地融入了伯牙的琴声,当伯牙想着高山时弹琴,子期便由衷赞美"巍巍乎若太山";当伯牙弹琴时想到流水,子期又发出慨叹"汤汤乎若流水"。如果不是真正懂得弹奏者的心志、深深的情怀,又怎能听出琴声中展示出的高山流水;若不是真心品味演奏者心底的声音,又怎能听出其中的微妙和跌宕起伏之处。子期不仅知其琴音,更知其心志。琴声不仅流露出其志向、情怀,更有知音一遇的情感,洋洋洒洒,一泻千里,奏出心灵深处的最美乐章。

失去这样的知音,伯牙该是怎样的痛苦和悲伤?

生命是脆弱的,当悲剧上演之时,让人心碎欲绝。子期死,知音离世,对于伯牙而言,不啻天大的打击。倾心所弹,已无人能懂,赋予琴声的种种情思,何人能解?苦闷悲伤之情无以言表。"破琴绝弦,终身不复鼓琴。"摔琴绝弦,何其决绝!一个孤独的鼓琴者,面对知音的逝去,多少难言之痛,郁结于心,心爱的乐器所奏之音已无人再能体味。毁心爱之乐器,谢心中之知己——世无足复为古琴者啊。

高山流水遇知音的欣喜与摔琴绝弦谢知音的痛苦形成巨大的对比反差。知音难觅,知音难求!此情绵绵,令人无限感喟。

相交满天下,知心有几人?知音可遇不可求啊。史上所谓知音者,除伯牙子期广为传诵,鲍叔牙与管仲亦为知音。鲍叔牙知管仲,虽各为其主,仍鼎力相荐。不耽于名利,不汲于富贵。真知音也。无怪管仲言:生我者父母,知我者鲍子也。

人生路漫漫,但愿我们都能遇到知音,斯世以同怀视之。

知 音

胡涛

是子期对伯牙的心领神会
是叔牙对管仲的不计前嫌
是子美对太白的兄弟之谊
是乐天赠梦得的素朴三愿

是月夜扯不断的情丝
牵系你的一举一动
是信纸诉不尽的心意
哪怕穿越茫茫时空

无须炽热的话语
只待静静共鸣
无须咫尺的守护
但求灵犀相通

知音者,穿越时空,心有灵犀一点通。学生在反复诵读中品味着这份深厚的情谊……

（六）灵犀相通

相似的意境，相似的体验，相逢何必曾相识。教师引导学生走进文本，要唤起彼此的心灵体验，即使跨越千年，依然心有灵犀，在共鸣中赋一段诗情，让课堂成为师生共同体验、审美共同提升的舞台。

山中见月心亦闲
——我教《鸟鸣涧》

王维，诗佛者也，"诗中有画，画中有诗"。其诗如其人，淡泊，平和，充溢着平静的画意。读之，不知不觉进入中国山水画的意境中。《鸟鸣涧》像一首小夜曲，读者在舒缓的吟诵中，感受宁静的魅力，恬然入梦。

全诗诗眼着一"闲"字，看似不经意，实则用心之笔。

闲者，悠闲是也，从容闲适，无所挂牵。"人闲桂花落"，桂花小，且在夜里落地悄无声息，不易觉察。能感受到桂花之落者，独闲者有是心，或目之所凝，或手之所触，或香之所嗅，种种微妙之感，唯心静使然。

闲者，是梦得无丝竹之乱耳，无案牍之劳形，居陋室而心安然；是渊明采菊东篱下，悠然见南山，物我两忘，倾情山水间；是东坡月色入户，欣然起行，观月如积水空明。

闲，是气定神闲，心无旁骛，而致天人合一之幽远。无闲，怎能品细微处的美妙，怎能觉细微处的花落之音？

"夜静春山空"，"空"字甚妙。夜静谧几何？整个春山似空空如也。这种空寂的感觉，岂非闲情？若人事扰扰，春山喧腾，无静可言，怎会有空荡之感？可见，闲者，空之源也。静心者方觉万物皆空，物我合一。

万籁俱寂之时，月亮竟然成了惊扰安静之物。"月出惊山鸟，时鸣春涧中。"栖息之鸟忽见升起之月，如水之华倾泻山间，瞬间被惊扰，在这春天的山涧中发出清脆的啼鸣。"蝉噪林愈静，鸟鸣山更幽。"这花落、月出、鸟鸣的动态的景象，非但没有破坏安宁的氛围，反而让夜、让山更显幽静，以动衬静，静景更静，且在诗人眼里，桂花之落，春山之空，月华之光，山鸟之鸣，春涧之幽，无不深着静美之意，以悠闲之心读春山之景，陶醉不已，美不胜收。

纵观全诗，一"闲"字含义深远，动中见静，春山空寂，鸟鸣深涧，悠悠诗情，令人久久沉浸于诗佛营造的幽深禅意中。

大唐安定的社会环境，春山幽静的自然环境，诗人淡泊平和的心境，三境完美和谐统一，无怪拥有闲情逸致，悠然自得，怡然自乐，醉空山而乐不思返了。

我曾写过一首《淡》，颇有意境，与生共享。

淡

胡涛

一缕幽香
一抹斜阳
我在宁静里
嗅着安详

相逢一笑
相识一场
我在别离中
念着过往

花事凋零
淡淡忧伤
我在祈愿里
望着星光

悠悠岁月
浅吟低唱
我在微笑中
倚着轩窗

闲情与淡雅齐飞，暮霭共月光一色。浸润着诗情画意，感悟着闲情逸致，悠悠时光里，悄悄地凝望……

化作春泥更护花
——我教《己亥杂诗》

有一种精神，纵使零落成泥，依旧香气四溢。

有一种情怀，纵使不居庙堂，依旧心系家国。

龚自珍辞官归家，写成《己亥杂诗》三百一十五首，忆往昔，抒胸怀，述见闻，表心志。

浩荡离愁白日斜,吟鞭东指即天涯。

落红不是无情物,化作春泥更护花。

学生齐声吟诵,音调铿锵,情感深沉。诗人的豪放洒脱与报国情怀,跃然纸上。

前两句写离京之感慨。黯然销魂者,唯别而已。离别是伤感的,告别生活了多少个春秋的故都,告别了多少交往甚密的老友,怎一个愁字了得?这离愁,恰似一江春水,浩荡东流。与夕阳西下的晚景相互映衬,断肠人在天涯。

离别又是痛快的。离开禁锢已久的官场,如五柳先生,归去来兮,可漫随天外云卷云舒,可闲看庭前花开花落,吟鞭东指,意气风发,老夫聊发少年狂,天涯广袤任驰骋。

可见诗人当时心境是矛盾的、复杂的,悲喜交织,沉重与轻松相融,真实再现了心中的苦与乐,忧伤与甜蜜。

诗的后两句移情于物,成千古名句。杜甫的"感时花溅泪,恨别鸟惊心"移情于物,借花鸟表达自己的忧国伤情。诗人龚自珍借落花自比,风雨中零落的花瓣并非是冷漠无情之物,并非毅然决然远离枝叶的簇拥,而是化作一抔带着温度的春泥,呵护着枝头的花朵。

这是怎样深厚真挚的情怀啊!虽离开官场,仍心系国家,虽不在朝廷,仍不忘报国之志。与范仲淹"先天下之忧而忧,后天下之乐而乐"有异曲同工之妙,与文天祥"人生自古谁无死,留取丹心照汗青"同样饱含一腔爱国热情。离开不是放弃,而是用另一种方式诠释心底的挂念。

是啊,各行各业有多少年事已高之人,依然老骥伏枥,志在千里,有多少退休之人依然时时不忘故土故园,不忘献出忠心一片。想起了钟南山,逆行武汉,丹心一颗,救百姓于水火。想起了感动中国人物张桂梅,以病弱之躯为大山里的女孩蹚出一条求学奋进、改变命运之路。身为一名三十年教龄的人民教师,我满腔的爱献给了三尺讲台,每每回眸,想起润泽过的一棵棵幼苗,慢慢茁壮成长,感慨良多。书诗一首,以表心怀。

穿过岁月的芬芳

胡涛

你们的笑声还在耳畔
你们的身影还在眼前
想念早已穿越万水千山
拥抱每一个不眠的夜晚

>   我心中最柔软的地方
>   珍藏着属于我们的秘密花园
>   每当我情不自已
>   便悄悄把门前的烛火点燃
>
>   生命中有什么值得留恋
>   生命中有什么值得挂牵
>   天真　无邪　善良　清澈
>   痴迷的心无法改变
>
>   你们是我生命中最闪亮的星
>   无论走到哪里都在指引我回归或者继续向前
>   纵然我如粉笔磨损
>   依然要谱写圣洁的教育诗篇

甘愿粉身碎骨,换来天下桃李争艳。无私奉献之情怀,与龚自珍的春泥护花的品性相融相契,成为这个时代、这个世界最美的景致,成为我和学生眼中最动人的色彩!

(七)同法启智

教师进行阅读教学时,要引导学生从字里行间品析作品独特的艺术手法,并运用相同的手法,原创诗作,示范引领,赋予诗意的解读。

海燕之歌
——我教《海燕》

"在苍茫的大海上,狂风卷集着乌云。在乌云和大海之间,海燕像黑色的闪电在高傲的飞翔。"时而舒缓、时而明快地朗读,学生沉浸在高尔基的散文诗所营造的意境中,渐渐被海燕的形象所感染。

这是怎样的一只海燕啊?学生在认真的朗读中勾画着,思考着,感受着,品味着……

这是勇敢的海燕。在暴风雨来临之前,它无所畏惧,矫健的身影,高傲的姿态,或勇敢低飞,或迅猛高翔,斗志昂扬地渴望暴风雨的到来。

这是乐观的海燕。在海浪与乌云搏击的背景里,它是一抹亮色,它把这个背景当作展示自己的舞台,飞舞着,大笑着,号叫着。你看见的是它的豪放,是它的欢快,一种高度的革命乐观主义精神充溢于大海上空。

这是有敏锐洞察力的海燕。它没有被暴怒的雷声吓倒,也没有被火蛇一样的闪电惊扰,它敏锐地从雷声的震怒里听出了困乏,它深信乌云遮不住太阳,还预见了雷电代表的反动派纸老虎的本色,洞察到他们必然灭亡的结局,用充满信心的语气坚定心中理想的召唤。

这是满怀豪情的海燕。风雷云电的肆虐,无法阻挡海燕的飞翔,海鸭海鸥的呻吟飞蹿,无法影响海燕的执着,它在雷电交加的环境里大声疾呼:"让暴风雨来得更猛烈些吧!"人们仿佛看到革命先驱者作为胜利的预言家的满腔豪情,饱含力与美,吹响了时代进军的嘹亮号角,唤醒民众,鼓励人民勇敢地投入争取解放的斗争中去。

学生被海燕的艺术形象所吸引,反复地朗诵着,感受着。随着暴风雨的渐次逼近,海燕的形象逐渐鲜明,勇敢执着,勇于献身,不畏强暴……

学生被作者运用的象征手法所折服,海燕象征着英勇无畏的无产阶级革命先驱者,大海象征着革命高潮时,人民群众排山倒海的力量,乌云、狂风象征着反革命势力和黑暗的社会环境,象征手法使文章所表达的深邃思想更加形象,化抽象为具体,拓展了作品的思想内涵和审美空间,极大增强了作品的艺术表现力和感染力。

我引导学生体会象征手法运用的妙处,将不易直接说出的思想情感含蓄地表达出来,鼓励他们尝试运用象征手法,写一段文字。为了启发他们的思维,我朗诵了我创作的现代诗《冬日的芽苞》——

冬日的芽苞
胡涛

为了绿意的怒放
不畏冰封的寒凉
迎着冬日的阳光
积蓄生命的能量

纵使大雪覆盖了田野
纵使经过的目光冷漠如霜
你依然孕育着生的希望
只等一场春雨的飞扬

或许风雪模糊了你的记忆
或许憧憬化为零落的过往

但你依然选择坚强

用深藏的色彩印证注定的辉煌

我指导学生,其实只要善于观察,勤于思考,生活中许多平凡的事物都可以象征美好的意蕴,种种情愫从笔下如春水缓缓流淌出来。

学生若有所思,西下的夕阳,艳丽的晚霞,葱郁的树木……低头伏案疾书……

心灵的呐喊
——我教《屈原(节选)》

当昏庸屏蔽了逆耳忠言,当卑鄙陷害了赤子之心,当镣铐囚禁了热血正义,心灵深处,会爆发出怎样的呼喊?

我引导学生了解《屈原》前四幕的剧情和创作背景,在国民党统治最黑暗的历史时期,探究郭沫若笔下的屈原,体会其心中的愤懑之情,正如作者所言,"全中国进步人民都感受着愤怒,因而我把时代的愤怒复活到屈原的时代里去了"。

学生乘着想象之翼,在文字间穿行,以屈原之眼看时代,以屈原之情品人性,深入地倾听屈原心灵的独白,他满腔的怨恨随着呐喊声喷薄而出。

一声声怒吼,一声声呼唤,满载着愤怒的力量、热情的火焰和胜利的信心。在掷地有声的朗诵里,学生感悟着,体验着作者一颗拳拳爱国之心。作者忧国忧民,热切地呼唤着咆哮的风、闪耀的电、爆炸的雷,将黑暗的现实世界劈开、炸裂,创造一个没有阴谋、没有污秽的全新世界。在发自心底的呐喊声里,人与自然高度交融,摧枯拉朽的力量所赋予的形象呼之欲出。

学生激情地诵读着、感悟着风雷电的形象,那象征着人世间追求正义光明的力量,涤荡着学生的心胸。

文本有对光明的憧憬,也有对黑暗的愤懑,诵读"东皇太一"那些神鬼之时,学生的语调变得沉重愤激,表达对诸神所象征的黑暗势力的强烈不满,同时继续传达对雷霆、闪电、风暴的呼唤与歌颂,借正义之剑摧毁一切黑暗势力,迎接光明的到来。

学生在诵读中渐渐品悟,屈原与雷电同化了,作者与屈原同化了。从屈原的呐喊咆哮中,他们仿佛看到了中华民族的时代精神;从屈原的声声怒斥呼唤中,他们感受到对国民党压迫人民的控诉,对光明的讴歌与向往。

荡气回肠、铿锵有力的心灵独白在课堂回响,也在学生心灵深处回响,其所蕴含的深层象征意义,其所表达的热望追求也深深烙印在学生的心灵底片上。风雷电是自然现象,在作者笔下则是抒情的载体,是传递愤怒、激情、向往的媒介。我也曾在盛夏多次目睹天空的闪电,情有所寄,书诗一首,与学生共享。

闪 电 之 舞
胡涛

广袤的舞台
你在云幕后闪亮登场
伴着雷声的喝彩
以裂变的方式炫舞飞扬

如火蛇一路蜿蜒
游动于苍茫天地之间
似巨人倚天亮剑
划亮整个寂寞的夜晚

像燃烧的血脉
像四射的情怀
面向大地尽情展示
舞蹈语汇的神奇与精彩

你刺痛了行者的眼眸
令人心生敬畏
好似振聋发聩的预言
唤醒了沉睡的灵感

为了一场洗刷浮躁的甘霖
你舞得忘却疲惫
为了满眼清亮的世界
你舞得如此沉醉

当如织的雨点
为你欢呼为你呐喊
你却潇洒一转身
隐没于舞台的边缘

闪电之舞和着屈原的呐喊,闪电之光辉映着作者强烈的爱国之情,自然与人性水乳交融,历史与现实相契相合,学生在诵读、品味、思考中,以最好的姿态不断前行……

(八)灵魂颂歌

无论是脍炙人口的古典诗文,还是优秀的现代文学作品,字里行间往往隐含着抒情主人公的形象。教师带领学生体会文本精妙之时,要探究文字背后的作者情怀。知人论世,走进作者所处的时代,以作者之眼观世事,以作者之心悟情理,进而更深刻地体验作者深沉的情感,更好地把握作者的写作意图。

丹心一片悬日月
——我教《茅屋为秋风所破歌》

每每读到唐代现实主义诗人杜甫的《茅屋为秋风所破歌》,心中百感交集:有对诗人困窘潦倒的同情,有对顽童趁火打劫的气恼,有对诗人忧国情怀的敬佩,有对其牺牲精神的感动。

每每引领学生学习这首古诗,我都设置品诗情境,让他们在特别的背景氛围中体会诗情。我设计了三个问题——

诗歌讲述了一个怎样的故事?

诗歌描述了一幅怎样的场景?

诗歌抒发了怎样深沉的情感?

在二胡曲子《二泉映月》中,我将诗人茅屋为秋风所破的故事娓娓道来,秋风的席卷,诗人的无奈,南村群童的顽劣,诗人的愤怒呼号,都在声声诉说中让人心生怜悯之情。接着学生在集体诵读中托起一个率真的、无奈的诗人形象,令人唏嘘不已。

学生在我设置的问题引领下,脑海中呈现出一幅悲情的画面——外面愁云惨淡,茅屋里布衾冰冷,到处漏雨,娇儿恶卧,诗人夜不能寐,泪洒衣襟,苦挨天明。学生也不禁为诗人的困窘生活掬一捧同情泪。

我引导学生继续品读诗歌内容,学生发现诗人虽苦,但不陷于自我的苦楚中。他能够推己及人,在沉思中振作起来。学生高声诵读了诗中脍炙人口的千古名句"安得广厦千万间,大庇天下寒士俱欢颜",这也是诗人发自内心最强烈的呼喊。学生进一步感受诗人的思考:自己受苦,天下寒士亦苦,如有广厦万间,寒士岂不乐哉?真是与范仲淹"先天下之忧而忧,后天下之乐而乐"的远大抱负不谋而合,若真能温暖天下寒士,宁可独守茅屋,受冻而死。

学生被诗圣深沉的济世情怀所感染,沉浸在动情的氛围里,我不失时机地与学生分享我去成都游历杜甫草堂时的感受,书诗一首献给饱览民生疾苦的忧国忧民的杜甫。

千秋诗圣
——写于杜甫草堂雕像旁
胡涛

人们可能忘了你的故乡
却忘不了你简陋的草堂
人们可能忘了你的官职
却忘不了你忧国的热肠

那个战乱纷争的年代
颠沛流离的你
流落在浣花溪旁
茅屋为秋风所破
却想得广厦千万
庇佑天下寒士安康

拉着你冰冷的手
感受你灼热的目光
望着你紧蹙的眉头
仿佛百姓的苦难深藏

炎炎夏日
吟诵着你脍炙人口的诗行
愿如你一样心怀天下
用笔写下大爱的篇章

壮怀激烈　慷慨悲歌
——我教《破阵子》

宋词有豪放与婉约之分。其中,豪放派代表苏辛词作大气磅礴,气吞万里山河。辛弃疾的《破阵子·为陈同甫赋壮词以寄之》于悲壮之中充满雄浑与苍凉。

与学生一同吟诵,体味辛弃疾独特的境遇与感受。

"醉里挑灯看剑,梦回吹角连营。"词人戎马半生,南渡后被迫闲置。壮志未酬,举杯消愁,万千愁绪却涌上心头。灯火辉映着刀光剑影,酒醉后进入梦境,回到阔别已久的沙场。鼓声、喊声、号角声,声声入耳;君事、国事、天下事,事事关心。以天下为己任的词人,怎能忘记自己的使命,"金瓯缺,月未圆,山河碎,心不安"。无法实现的复国志在梦里还原吧!这与爱国诗人陆游的"夜阑卧听风吹雨,铁马冰河入梦来"如出一辙,皆传达出内心深处炽热滚烫的爱国情怀。

"八百里分麾下炙,五十弦翻塞外声,沙场秋点兵。"声势浩大,气氛热烈。军营中,主帅披坚执锐,威严立于众将士面前,威风凛凛。"想当年,金戈铁马,气吞万里如虎。"无声与有声相得益彰,热烈与肃穆相互映衬。学生诵读时声情并茂,渐入佳境,与词人的感受相融相契,仿佛瞬间化身为将士,准备赴汤蹈火,驰骋疆场,用刀剑实现心中的宏伟理想,用血与泪铸就历史的辉煌。

"马作的卢飞快,弓如霹雳弦惊。"马疾弓响,英姿飒爽,勇敢无畏的将士们血战疆场,行军严整,所向披靡。学生诵读时铿锵有力,掷地有声,以快速、激情之音衬托将士们英勇善战,无所畏惧之精神。

"了却君王天下事,赢得生前身后名。"古仁人皆有博大胸怀,居庙堂之高,则忧其民;处江湖之远,则忧其君。闲置二十年的辛弃疾一刻未曾忘记自己肩上的责任,驱金复国是他最大的理想,就像岳飞"壮志饥餐胡虏肉,笑谈渴饮匈奴血",他们的夙愿是一样的。然而,现实是残酷的。不待重头收拾旧山河,岳飞被十二道金牌召回,在风波亭以莫须有的罪名了此一生,一曲《满江红》让后人敬仰之,叹惋之。

"可怜白发生!"辛弃疾空有报国志,梦境中陡然跌落现实的尘埃。壮志未酬,苦闷与怅惘郁结心头,化作丝丝霜染的白发,失意英雄的心路历程就此画上一个充满凝重氛围的感叹号。陆游有"塞上长城空自许,镜中双鬓已先斑"之句,一个"可怜",一个"空",是他们共同的境遇。

我引导学生诵读词的最后几句,语调由高亢转入低沉,体味英雄失路、报国无门的痛苦。与学生共同感受词中大起大落的情绪,体验辛弃疾的悲壮情怀。我让他们提笔为词人赋壮词以寄之,吾亦先书为快——

辛 弃 疾

胡涛

一腔豪情

空付半壁江山

一片丹心
凋零在南国的春天
曾经金戈铁马
把别人的苟且
活成热血
冲天豪气
化作悲壮的诗篇
字字铿锵
一片金石之声
纵是发如雪
纵是栏杆拍遍
依然目光如炬
向世人展示
来自心灵深处的呐喊

(九)诗解语文

教师引导学生探究文本时,不时会被作品的主题所震撼,被作品中人物的情感所感染,有时可将作品所表现的内容及思想萃取出来,化为诗意的解读,让学生能够从多个角度、多层面地理解文学作品的主题,思考作品中所表现的人性的真善美、假恶丑,提升语文思维素养。

回归精神的故乡
——我教《故乡》

二十年相隔之久,回到了故乡,却是一幅凄凉惨淡之景。故园犹在,人事全非。

我引领学生阅读鲁迅先生的经典小说《故乡》,学生无不对人与人之间那看不见的隔膜深深感慨。他们思考,究竟什么发生了改变?

生活变了,人变了,彼此的情感也变了。

少年闰土紫色的圆脸,红活圆实的手,与"我"无话不谈,我们是友谊深厚的伙伴。

中年闰土灰黄的脸,松树皮开裂样的手,颤颤的一声"老爷",拉开了我们心灵的距离,我们之间隔了一层可悲的厚障壁。

小英雄的影像消失了。吞噬闰土肉体和心灵的不只是困苦与沧桑,还有等级制度的森严壁垒。曾经活力四射的他,变成了麻木的木偶人,没有一丝活气,唯一的希望寄托给神灵的护佑。曾经的小伙伴,已经成为无法相交的平行线。叹息也罢,悲哀也罢,命运无法握在自己的手里,当时只有惘然。

一首《最遥远的距离》在心中酝酿,共享给学生。

最遥远的距离

胡涛

世界上最遥远的距离
是我们面对面
却不能以兄弟的名义
滔滔不绝的话语
阻隔在千山之外
陌生的恭敬让我不寒而栗
是什么模糊了小英雄的记忆

金黄的圆月挂在心上
愁苦的岁月刻进布满的皱纹里
你把希望寄托给香炉和烛台
我的愿景又在哪里

孤独就像看不见的高墙
你有活着的痛楚
我有寻着的思想
我们都在做一个相同的梦
携手步入那片海边的沙地
步入深深眷恋着的故乡

作者也想改变,但方向在哪里,也是寻寻觅觅中。希望一切回到从前,回到记忆中的故乡,重拾彼此的亲密无间。

学生发现变化的还有杨二嫂,一个安分守己的豆腐西施,曾经以安静的姿态招揽生意,后来的见面,一个细脚伶仃的圆规,一个尖酸刻薄的小市民,一个自私贪婪的唯利是图者,颠覆了"我"的记忆,眼前消失了曾经的美丽,只剩下一个活着的躯壳,哀之不幸,怒其不争。

一首《活着》送给生活中挣扎着的杨二嫂一类的苦命人。

活 着

胡涛

伊终日坐在豆腐店门前
西施一样的面容
多少目光如风
在你白皙的脸上轻轻吹送

日子一天天流逝
活着渐渐成为一个难解的谜
安分终被雨打风吹去
于是娴静不再
于是温柔不再

破空的尖利
刺痛着每个人的耳膜
曾经的美丽
化为渐渐散去的烟火

猥琐的动作
或许是你活着的利器
鄙夷的眼神
怎能洞察你生存的意义

漫天的风雨来袭
你无法选择进退
于是不停旋转
你终于细脚伶仃

学生结合我写的诗句,联系文本内容,深入思考人物悲剧命运产生的社会根源,一个人物实际是一个时代的缩影,杨二嫂也好,闰土也罢,甚至是苦苦寻找出路的"我",我们的命运都折射出旧时代的色彩,剥削、压迫、隔膜、生存,以致冷漠、麻木、挣扎、痛苦,"我"不甘于后辈活在长辈的阴影中,期待他们有新的生活,可是新生活的出路究竟在何处,"我"也不甚清晰,所以现实的故乡只能被精神的故乡暂时取代,心灵得到一丝慰藉。

故乡的山水远离了"我","我"不感到留恋,因为"我"没有寻到曾经的美好记忆,一切都被隔膜了。其实,每个人心中都有自己的故乡,无论走多远都要回去,那是灵魂安放的地方。

(十)角色互换

教师与学生共同探讨文学作品的意蕴时,有时会完全进入作品的情境,以作品中的人物心理体察其言其行。我经常让学生置换角色,体验人物情感,我也常以作品中人物的身份来一段内心独白,或致文中主要人物一首抒情诗,以此激起学生情感的共鸣,让文本中的人物鲜活起来,与学生和谐对话。

冲突的世界　悲悯的人生
——我教《卖火柴的小女孩》

安徒生的童话《卖火柴的小女孩》充满了强烈的冲突与反差,令人感慨良深。我引导学生研读、探究文本,小组讨论交流如下:

1. 小与大

瘦小、矮小、弱小、娇小的小女孩,应该是人见人爱,可是她面对的大世界是怎样的？大马车横冲直撞,大男孩抢走了她的大拖鞋,大年夜、大冷天没有一个善良的大人买一根小火柴,家里的大人也不准没卖完火柴的小小的她回家。

多么无助、无奈、无望啊！多么可怜、可悲、可叹啊！

充满"大"的世界里,哪有"小"女孩的容身之处啊！

一个"小"便将其悲剧的命运暗示出来,令人心生怜意。

2. 冷与热

自然环境的冰冷寒冷、社会环境的冷漠冷酷、家庭环境的冷清冷淡,怎不让一个小女孩心灰意冷,可以说从外冷到内、从身冷到心。

大年夜,本该是火热的时刻,热烈的气氛,热闹的场景,热情地相拥,热腾腾的美食,热烘烘的家,然而在小女孩的世界里,一个热字都没有。

形单影只的小女孩,饥寒交迫的小女孩,每个窗子里暖暖的灯光与街上热热的香气,让她感到更加冷不可支。

3. 虚与实

残酷的现实激起心中的渴望,只有火柴能够让她的身体与心灵获得虚幻的满足——

于是随着一根根火柴的燃起,温暖的火炉、喷香的烤鹅、美丽的圣诞树、慈爱的奶奶都一一出现了,她不再寒冷、不再饥饿、不再孤独、不再痛苦了,幸福离她不远了。

可是这一切俱是幻象,是小女孩的自我慰藉。随着火柴瞬间的熄灭——
一根烧过的火柴梗,
一堵又厚又冷的墙,
一颗黯然坠落的星。
美好的幻境被冰冷的现实击碎,小女孩多么希望能留住美好,留住亲情,留住她生命中最爱她的人啊。
这扎心的巨大冲突让人情不自禁洒下同情之泪。
小女孩在虚幻的世界中走了,带着微笑走了,远离了寒冷饥饿痛苦,让死亡也染上了梦幻的色彩。

4. 生与死

巴金曾写道"寒冷的、寂寞的生,却不如轰轰烈烈的死"。卖火柴的小女孩生不如死。她这个年纪的生,应如春花烂漫,可却似秋叶飘零;应如夏花盛放,可却似冬枝枯萎;没有大人的怜悯,没有栖身的温暖,没有快乐的影子,没有幸福的陪伴。

生无可恋啊,最幸福的事是与奶奶在一起,投进奶奶的怀抱,在光明中飞向没有痛苦的地方。

卖火柴的小女孩啊,对她而言,死是一种解脱,是一种脱离苦海的幸福,是另一重意义的新生。

安徒生的这篇童话告诉我们,应该怎样爱,爱谁;怎样生活,怎样活出自己想要的生活;怎样关爱别人,怎样拥有一颗善心,别让美好的事物寂灭在我们的世界里。

最后,我和学生置换角色,以卖火柴的小女孩的心理思考其所处境遇,深度交流她的精神世界,赋诗一首,以表心怀——

凄美的未来
——卖火柴的小女孩的心灵独白
胡涛

多么需要温暖的慰藉
可冬夜却冰冷如铁
多么需要充饥的食物
可眼前却食不果腹
多么需要亲人的疼爱
可最爱我的人已不在

多么需要快乐相随
可痛苦,却没有边际
只有,只有擦着一根又一根的火柴啊
幻梦的世界才会温暖我小小的心扉
纵然只是片刻的欢娱
朝着那奇异的光亮飞翔
飞向幸福的殿堂
微笑着,投入奶奶的怀里
拥抱那属于我的凄美的未来

(十一)潜移默化

文以载道,教师在教学时应该以诗意的语言润物无声地浸润学生的心灵,让文字的力量透过历史的烟云,穿过时空的阻隔,在学生的心灵深处烙上鲜明的印记,让课堂化作智慧与思想交汇的圣地。

非学无以广才
——我教《孙权劝学》

与学生共同学习《孙权劝学》,探究孙权的劝说艺术。

初劝吕蒙,以责谕之。责任在肩,"当涂掌事,不可不学",可见孙权对吕蒙提出严格要求,也是满含着期望,希望他能有担当。而吕蒙对学习持排斥态度,以军中多务推辞不学,可见吕蒙并未意识到主公所言学习的必要性。

再劝吕蒙,委婉批评。孙权一劝被拒,自有火气,因此再劝中含着委婉的批评,但批评中还是充满着关切。俗话说,响鼓也要重锤敲。孙权循循善诱,指出并没有让吕蒙去钻研儒家经典,不求甚解地阅读即可,并现身说法,身为君王更是事务繁忙,尚常读书以为大有裨益,潜台词即是——我比你忙,我还不断阅读,你怎么能不读书呢?吕蒙此时已没有拒绝的理由,估计面有惭色,于是开始学习。孙权劝学成功不难看出,作为君王给下属提要求,严中有爱,不以权势压人,而是以理服人、以情感人,耐心说服让对方领悟你的关心,慢慢体会读书的好处,这样才能化被动为主动,积极求学,增长才略。

学生亦是如此,教师提要求,既要严格,又要不失关切,既要明确目标、分出层次,又要以身作则、率先垂范,使学生发自心底地学习,才能提升素养,提高成绩。文以载道,古文字里行间渗透出的德育因素,教师要善于挖掘,不失时机地撒播到学生的心田,使他们得到无声的浸润。

吕蒙怎么学习的?文章略过,因为文章重点写劝学及劝后的结果。

这里有个值得称道的侧面描写。学生想象吕蒙的学习过程,不外乎废寝忘食、夜以继日等。鲁肃与吕蒙论议时,其大惊,"卿今者才略,非复吴下阿蒙!"鲁肃的感叹,看出吕蒙的才学进步,谈吐非凡,这个赞学的侧面描写,将吕蒙的才略变化之大表现得淋漓尽致。被人赞叹,一般人会谦逊地说"哪里哪里",或"不行不行"。吕蒙被赞后,很是自豪骄傲,"士别三日,即更刮目相待",言外之意,你鲁肃不要用老眼光看人啦,你还是原来的你,我已不是从前的我啦,我已经用知识武装头脑了。"大兄何见事之晚乎!"有得意之态,有自豪之情,有潇洒之姿,这一切,都源于孙权的善劝。可见,学习能改变一个人的精神面貌,增长一个人的才干。当然学习也要耐得住寂寞,忍得住孤独,像孙权一样日理万机的主公,尚且忙里偷闲、手不释卷,其他人又怎么能找各种理由不学习呢?

当今社会,学习的渠道有很多,向书本学习,向网络学习,向他人学习,向实践学习……不断学习,才能与时俱进,才能不被时代所淘汰,不能等待,不能被动,要积极地寻找、创造各种学习的机会,这样,才能成为时代的弄潮儿!

关于学习,我有很多感悟,学生也深有体会。我与他们同步作文,共同分享我关于读书的感受——

读 书 之 美
胡涛

在通幽的曲径
慢慢嗅到青草味在弥漫

像一条漂泊的小船
寻找安放的彼岸
在苍苍的芦苇中
依稀可见归航的清湾

像一位忧郁的王子
寻找快乐的真谛
在澄澈的湖水里
渐渐发现微笑的源泉

像一个寂寞的旅人

寻找神秘的圣地
在峻拔的山巅
静静享受星辰的陪伴

(十二)现身说法

经典文本中的人物常常以动人的事迹、高尚的品行感染着学生,让他们以此为楷模,努力求学。然而由于年代久远,不能切身感受,于是我常现身说法,把自己的教学言行化为诗意的语言,借助深情朗读升华文本的主旨,唤醒和激励学生,让他们知道平民英雄就在身边。

榜样的力量
——我教《说和做——记闻一多先生言行片段》

总有一个人拨动你的心弦,总有一种情怀荡涤你的灵魂,总有一种敬仰让你无法自已,面对诗人、学者、民主战士的闻一多先生,我和学生肃然起敬。

打开课本,走进《说和做——记闻一多先生言行片段》,他那孜孜以求的背影,他那长须飘飘的形象跃然纸上。

闻一多先生作为学者与民主战士,说与做有什么不同呢?带着这样的问题,学生深入文本,仔细研读。

作为学者,闻一多先生潜心学术,做了再说,做了不说。作为民主战士,他敢于为人民说话,对敌人无所畏惧,说了就做。

任何人物的传记或回忆性文字,都离不开细节的刻画,人物的精神风貌往往从这些精细的描写中凸显出来。学生细致地在字里行间搜寻着,专注地品味着,心与心的距离逐渐拉近,进行思想的对话,在交流碰撞中提升自我的素养。

作为学者,闻一多先生具体做了什么?怎么做的?

目不窥园,足不下楼。八个字将其潜心治学的刻苦精神刻画得淋漓尽致。正因为用心之专,心会神凝,人称"何妨一下楼主人"。正因为先生惜寸阴、分阴,三本研究古典文学的书籍赫然而出。锲而不舍,沥尽心血,先生研究学问不辞辛苦,灯光漂白了四壁,为的是给衰微的民族开一剂救济的文化药方。先生爱国之心可映日月,先生做的是学问,更是做了一个文化名人不忘初心的执着。他废寝忘食,孜孜矻矻,做了令人惊叹的成就,他不说,他的身上闪耀着实干与谦虚交汇的光辉。

作为革命家,闻一多先生说了什么?怎么说的?

一反既往,他拍案而起,横眉怒对国民党的手枪,以最后一次讲演怒斥反动派,激励爱国青年,震撼了世人。他慷慨陈词,将生死置之度外,他用生命谱写的壮歌呼唤人民,动人心,鼓壮志,纵使危险重重,也无忧无惧,昂首挺胸,用一颗赤子之心点燃人民心中神圣的火炬。他说了,气冲斗牛,声震天地,他以口的巨人、行的高标为全国人民树立了榜样。

先生的言行激励着每个学生,他们睁大了眼睛,思考着自己该用什么样的说和做,来践行先生的精神呢?

我也在想,作为教师,该以怎样的说和做来实践我的教育理念和人生追求呢?我也要如先生,在课堂上说出促进学生素养提升的话语,做有利于他们健康成长的教学行为。我以一首《我的课堂》与他们共享——

我 的 课 堂
胡涛

行走江湖于课堂
指点江山笑语扬
鬓染霜花又何妨
师者聊发少年狂
说古论今放眼量
暗香浮动夜苍茫
凌波微步探学情
语重心长解疑风
以道御术寻至法
融会贯通潇洒行
舍我其谁胆气壮
笔惊风雨挟雷霆
剑指岁月试锋芒
摘星揽月耀四方

学生也纷纷拿起笔,书写自己的生活轨迹,以热情的"说"与高效的"做"来实现心中的梦想。

六、深情唱和诉衷肠:和谐对话　实现情智碰撞

语文课堂的教学对话可以分成生本、师生、生生对话。对话中要有倾听、

欣赏、质疑、评价等不同的形式参与，师生敞开心扉，尊重、鼓励、认可、引导，形成绿色对话场，在平等、民主的交流氛围中互动、畅谈、碰撞，实现智慧的闪光、灵感的凸显、思维的提升、认知的飞跃。

学生对文本的认识是多元化的，所以教师要允许学生对话交流并为其创设交流的机会与空间，课堂应该成为一个立体的学习场。学生应该在"学"中"生"，在和谐的氛围中学习、交流，彼此和而不同，进行智慧的碰撞、思维的延伸、认知的交往。

综上所述，我认为让学生学习实现的重要方式是和谐的对话环境，学生在与文本对话的基础上，通过师生、生生对话等合作方式，实现对语文知识、技能、情感态度价值观的认知与提升，让学习真正在绿色的对话场中实现。

写不尽的乡愁
——我教《乡愁》

古往今来，乡愁在文人墨客笔下是一个永恒的主题。李白的"举头望明月，低头思故乡"，小孩亦能倒背如流；马致远的"夕阳西下，断肠人在天涯"，令人垂泪不已；席慕蓉笔下的乡愁是一种模糊的惆怅；而余光中的乡愁，更是于回环往复的节奏中托出一片深挚的家国情怀。

学生对这首诗已不陌生，被四个新颖而深刻的意象深深吸引，为什么诗人会选择这样的意象来表现乡愁的主题呢？

"一枚小小的邮票"是诗人思念母亲的寄托。少小离家，最惦念的就是一封抵万金的家书，母亲的字是慰藉少年心灵的最好礼物。那盖着邮戳的邮票，承载了全部的思念之情，母亲在城市的那一头，我却回不到她的身边。

"一张窄窄的船票"是诗人思念妻子的载体。成年在外，与妻子聚少离多，手捻一张船票，何时何地不是相思撩人呢？生离使诗人睹物思人，乡愁陡生，无法排遣，思念成章。

"小时候，乡愁是——""长大后，乡愁是——""我在这头，母亲在那头"……

学生入境地吟诵着，反复地品味着，思亲人，思故乡，一缕缕，入心入魂。

"一方矮矮的坟墓"诗句突然从生离进入死别，令人心生悲伤之情。坟墓内外，阴阳两隔，遥远的距离，刻骨的思念，多少哀愁蕴于诗句当中。再也无法见到至亲，再也无法尽孝心，再也无法相见，世界上最遥远的距离就是生与死的距离——我在外头，母亲在里头。

生离死别，怎堪回首？乡愁如鲠在喉，使诗人欲哭无泪。然而诗人并非局限个人情感的离愁别绪,最后一节——

"一方浅浅的海峡"将诗人与大陆生生隔开,个人的乡愁升华为家国之思。余音绕梁,令人感叹。

学生吟诵着,品味着,沉浸在余光中营造的古典韵味中,如《诗经》中的《关雎》《蒹葭》一样复沓、叠词,如音乐一样回环,一唱三叹,令人读着诵着,不免思绪翻涌,进入诗歌的意境,愁绪,思念,百味杂陈。

心中对故乡的情感如炊烟袅袅升起,化作诗行诵读给学生。

故 乡

胡涛

两个触痛心灵的字
烙印在多少人的生命里
在异域
在他乡

在孤寂的夜晚
在灵魂的河上冉冉升起
如烟云缭绕
挥之不去

梦里花落弥散的
是她的清香
醒来枕畔打湿的
是她的模样

千万次的呼唤
没有回应
只见天边的星
悄悄眨了眨眼睛

学生沉浸在浓浓的乡情的体验中,彼此交流着对故乡的感受,吟诵着"举头望明月,低头思故乡"的古诗,吟诵着"故乡的歌是一支清远的笛,总在有月亮的晚上响起"这样隽永的现代诗。在和谐的师生对话、生生对话中,学生的诗情逐渐被点燃。

诗歌借助具体的意向表达了深刻的主题,我引导学生思考,意向来自生活,只有时时观察、处处留心,才能以具体可感的事物来表达深沉丰富的思想情感。

学生回忆着曾经的心路历程,亲情、友情、师生情,追梦、追风、追光的情景,寻找着寄托此情此景的载体,悄悄落笔,书写生活点滴感悟的诗行。选其一摘录如下——

友　谊

杨润玉

小时候
友谊是一朵大大的棉花糖
我咬这头
你咬那头

长大后
友谊是一起牵着的暖暖的手
我在前头
你在后头

后来啊
友谊变成了一条长长的路
我在西头
你在东头

而现在
友谊是一本厚厚的日记
我在外头
我们的故事在里头

我与学生的对话从诗内走向生活,在生活中体味真情,真情感悟交流后又将生活观察、思考的内容诉诸文字表达。学生的审美情操与情感体验在和谐的对话过程中得以提升,其阅读与写作能力也在师生共创、共赏、共评中得到有效提高。

胸襟开阔　气势非凡
——我教《沁园春·雪》

北国的雪是诗人钟爱的风光,岑参诗云"忽如一夜春风来,千树万树梨花开",写出边塞雪之奇丽;李白"燕山雪花大如席",足见雪之豪迈;而毛泽东同志的《沁园春·雪》,其气势及伟人胸襟震古烁今。

与学生共同走进这篇大气磅礴的诗作,设问有二:

1. 诗言志,此时何以情感如此充沛?

学生查阅资料得知这首词写于1936年2月。毛泽东同志率长征部队胜利到达陕北之后,领导全党展开抗击日本帝国主义侵略的伟大斗争。在陕北清涧,毛泽东同志于一场大雪之后,攀登到海拔千米、白雪覆盖的塬上视察地形,欣赏"北国风光",之后写下了这首词。可见欲写出大气之作,必须心有正气。登山则情满于山,观海则意溢于海,因此古人有"养气说","我善养吾浩然之气"。长征胜利,意气风发,心生豪气,自然笔下生风,志达千里。

2. 诗的上阕、下阕着一"望"、一"惜",何种意味?

学生大声诵读。上阕一"望",视通万里,东西交错,南北纵横。实是作者心中之视野,茫茫滔滔,俱入眼底。忽化静为动,山舞银蛇,原驰蜡象,欲与天公比高若飞,作者心中跃动的激情可以将静止的事物展现为跃动的速度与激情。可见,一切景语皆情语,心若有情,万物皆有生命。每一座山,每一条河,都可以成为生命的载体,或磅礴,或妖娆,展示无限的精彩。

下阕一"惜"含不尽之意味于字里行间,秦皇汉武、唐宗宋祖,皆为古代有成就的帝王,盖世功勋令人称羡。而毛泽东同志不用"赞",不用"赏",而用一"惜"字,实是褒中含贬,再称英雄也是短于文治、失于武功,彰显作者当时之豪迈自信。

毛泽东同志忆往昔,叹俱往矣,天下风流人物,唯有今朝人民群众!

长风破,直挂云帆,壮怀激烈,舍我其谁。眼前不禁浮现毛泽东同志站在白雪皑皑之上,面对茫茫雪野,满怀激情,慷慨诵诗。

前思古人,后望来者,念天地之悠悠,独壮怀而激烈。

全班学生齐读,气势非凡。

我曾仿写过数首《沁园春》,今与学生共享——

沁园春·四十九中运动会
胡涛

运动盛会,天朗气清,人杰地灵。

望赛道内外,竞技输赢;看台上下,锣鼓齐鸣。
乘奔御风,尽享激情,欲与夸父逐日升。
夕阳下,看英姿飒爽,谁与争锋。

活力如此无穷,引无数健儿逞英雄。
观开幕盛况,异彩纷呈;步履矫健,舞姿灵动。
收放和谐,动感充盈,风华正茂春意浓。
笑语喧,数风流人物,四九师生。

学生群情激昂,掀起仿写《沁园春》的浪潮,一学生将我写进诗句里——

沁园春·涛
金彦彤

风流倜傥,伏案舞文,讲台酣畅。
度三年时光,师恩难忘;浅春盛夏,满宇盈香。
凛冬秋凉,丰神俊朗,赏林花春红秋霜。
太匆匆,时光逝如梭,神采飞扬。

生性儒雅羁傲,群英荟萃独占风光。
看湖漾涟漪,字字珠玑;涛声遒劲,气宇轩昂。
随缘自适,曲水流觞,大德大智隐无响。
忆往昔,闻美名传扬,天下无双。

谬赞啊!学诗词感受诗情,仿写参悟生活,让《沁园春·雪》在师生心中焕发出永恒的活力。

七、举一反三春满园:拓展资源 开阔学生视野

"生活即语文",新课改理念提倡"大语文"教学观,语文教师要学会积累并有意识地运用与语文有关的素材资源,最大限度地拓展学生的学习领域,调动学生独特的情感体验,提升其语文素养。语文教学要高度重视课程资源的开发和利用,在研读文本的过程中,对于一些含义深刻的语句或内容,学生理解有困难,何谈情感体验?此时,教师要适当适时地引导学生从相关背景、素材中体验文本背后的深层意蕴。如《紫藤萝瀑布》一文教学,当学生读到"生死谜,手足情"时颇感困惑,教师要适时呈现相关背景,宗璞一家在"文化大革

命"中深受迫害,"焦虑和悲痛"一直压在作者的心头。这篇文章写于1982年5月,当时作者的小弟弟身患绝症,作者非常悲痛(1982年10月小弟病逝),徘徊于庭院中,见一树盛开的紫藤萝花,睹物释怀,由花儿自衰到盛,感悟到生的美好和生命的永恒,于是写成此文。学生研读拓展资料时就会深入理解作者面对不幸时的人生态度,理解那种痛苦后的释然与达观,透过文字洞见一个时代对作者的深刻影响,学生对文本的情感体验随着相关资料的拓展而不断加深。作者创作文学作品时都有一定的时代背景,其情感有时引而不发,或含蓄蕴藉,教师要善于借助相关背景资料进行适时的拓展延伸,帮助学生体会、感悟字里行间所表达的深沉感情。

除了解决阅读困惑式的资源拓展,还可以采用一篇带多篇,也就是我们经常提到的 1+X,即精读加略读。以一篇为精读内容,再拓展到其他几篇略读文本上,让学生在有内容关联的群文阅读中,通过梳理整合、拓展联系、比较异同等,调动情感体验,培养审美情操。如教读朱自清的《春》,可以精选文质兼美的写景抒情散文数篇,让学生浏览品鉴,在多文本阅读过程中关注不同文本的情感表达、作者的写作意图,从而使阅读由原有的读懂"一篇"走向读通"一类"。这种新型阅读方式不仅可以丰富阅读内容,拓宽阅读视野,提高阅读效率,而且还能极大地提升阅读品质,对调动学生的情感体验具有重要的意义。

"一文独阅不是春,百文共读春满园。"单文本阅读只是点,无法真正发散学生的思维,群文阅读才是面,可以提升学生的语文综合素养。人教版语文教材单元体系的编排就是按照群文阅读的原则,主题内容与语文知识双线组元,如七年级上第一单元学习主题是写景抒情,编者优选了《春》《济南的冬天》《古诗五首》等诗文,这些文本的内在关联是借助自然景物抒发作者的思想情感。从知识与技能的角度看,朗读能力的训练串联起整个单元,教师指导学生在有感情的琅琅书声中品词析句,提升语言感受能力。那么,怎样在语文教学中开展行之有效的群文阅读研究呢?我有以下几点思考。

(一)通过"举三反一"促进聚合思维的发展

"举三反一"的"三"即群文,"一"即共同的主题或写作方法。在同一个主题或写作方法的统帅下,建立阅读小单元,教师引导学生深入探究某一类写作方法的特点和实际应用,促进学生聚合思维的发展。

"举三反一"的群文阅读有两种探究方式:

一种是以一带多,即 1+X,精读一篇,略读几篇,一篇为主,其他为拓展内容,最后得出共性的结论。如以探究托物言志的写法为例,先指导学生精读茅盾的《白杨礼赞》,让学生于字里行间品词析句,从白杨树的形美悟到神美,进一步体会白杨树寄寓的象征意义。接着由此及彼,引导学生拓展到课外阅读中其他托物言志的篇目,探究这种写法的特点,如《行道树》《丁香赋》《丑石》等,通过一篇带多篇的赏析,体会托物言志写法的精妙之处。

当然,1+X 也可以通过如下方式进行拓展阅读实践:

1 个研读主题+研读同一主题不同体裁与风格的文章特点;

1 种写作方法+品读同一写法不同作者的思考方式及特色;

1 位著名作家+研读同一作家不同时期的作品思想及艺术特色;

1 种情感基调+研读同一基调不同作品的选材及表达特点;

……

另一种是群文共读,也就是先略读主题或写法有内在联系的一组文章,形成初步感知,再品读细节描写,最后得出共性结论。如品读汪曾祺作品淡泊洗练的语言风格,以其《昆明的雨》《端午的鸭蛋》《故乡的食物》《翠湖心影》为一组阅读小单元,通过初步略读,感知其字里行间流露的自由放逸的性灵之美,接着再以小组为单位,选择性地品读作品细节,比较分析得出汪曾祺作品行云流水、逸然散淡的语言基调。

以"舌尖上的味道"为主题,师生共读一组写美食、体人情的美文——《牛皮纸包的月饼》《小巷面条香》《橘皮》《味蕾上绽放的爱》,初步感知作品中的美食之味,接着品读细节描写,体会作者借美食抒发的幽幽深情,体会字里行间流溢的温情。

"举三反一"的群文阅读,重在求同存异,于多篇阅读品鉴中,体会文学作品的相同主题或语言艺术特色,深入感受文学作品的独特韵味。学生将广阔的阅读视野聚成一个焦点,通过多篇文章阅读体验,探索文本的风格与特色,在潜移默化中提升阅读的聚合思维能力。

(二)通过比较阅读提升审辩思维的高度

比较阅读适合的文本内容在某一方面有共通之处,也存在不同点,没有任何文章是一模一样的,但寻求出的这个"异"是有意义、有价值、值得鉴赏的,它是人为刻意要去寻求的,更是本身就存在于文本之中的。教师要引导学生通过比较阅读,反复赏析,透过多个文本挖掘出其字面背后的或渗透于字里行间的独特之异,提升学生审辩思维的高度。

1. 探究同一主旨不同的情感基调

同一主题,由于作者的生活经历不同、体验不同,对生命的感悟也有所差别。即使同一作者,不同时期所写的同一主题的作品,情感基调也有不一样的地方。如探究关于表现亲情的文章,读朱自清的《背影》体会那种深沉的情感,作者感激父亲浦口送别的心细如发,于感伤的基调中带着些许愧疚,带着对父亲生命即逝的感喟;而比较阅读《拥你入睡》则感受作者细腻的笔触,于细节中体悟父亲的一颗拳拳爱子之心;《父爱昼夜无眠》中的父亲为了孩子的生活安康,选择远离家园,选择卑微隐忍,其情可鉴,其心可怜,让人心中涌动着一种酸楚,更会产生一种由衷的崇敬和赞美,灵魂不由得向这位伟大的父亲深深鞠躬。

读文可以求异,品诗也可以比较同一主题的诗词的不同风格。如围绕"以诗意语言书写人生感悟与思考"这一主题来探究一组古诗:《饮酒》《春望》《雁门太守行》《赤壁》《渔家傲》。

陶渊明的《饮酒》着一"闲"字,采菊东篱,悠然南山,怎样的物我两忘的闲情。

杜甫的《春望》落一"忧"字,国破家亡,白发渐生,怎样的忧国忧民的伤情。

李贺的《雁门太守行》显一"壮"字,黑云压城,一往无前,怎样的豪气干云的壮怀。

杜牧的《赤壁》书一"怀"字,折戟沉沙,怀古伤今,怎样的怀才不遇的无奈。

李清照《渔家傲》突一"奇"字,星河欲转,大鹏扶摇,怎样的奇丽浪漫的憧憬。

通过研读一组诗歌,都是借助诗语来表达感悟,却因诗人境遇与思想的不同,呈现出不同的甚至是迥异的风格。可见在不同体裁的文本探究中,教师要引导学生注重挖掘情感或基调的不同,进而在群文比较阅读中提升自己的审辩思维素养。

2. 探究同一种写法不同的思考方式

语文教材中的写作方法林林总总,学生体会的时候难免不够熟识,教师可以一种写作方法为研究主题,以一组同一写法的不同诗文为研究内容,明晰写作方法的特点及运用。

如研究侧面描写这一写法的特点及作用,可以为学生选编一组文章——

文言文:《愚公移山》《与朱元思书》《口技》;

小说:《社戏》《在烈日和暴雨下》;

散文:《春》。

首先,明确侧面描写即间接描写,是从侧面表现人物形象的一种手法。接着指导学生明晰这种手法的三种类型:以人衬人、以物衬人、以物衬物,都能收到正面描写所无法达到的艺术效果。

研读上述诗文,如《社戏》中,双喜驾船带迅哥去看社戏途中,"淡黑的起伏的连山,仿佛是踊跃的铁的兽脊似的,都远远地向船尾跑去了,但我却还以为船慢"。表面写孩子眼中的山水之景,其实是通过描写山脉如兽脊奔跑之状,侧面衬托船行之快,衬托"我"去赵庄看戏之急切心情。既以物衬物,又以物衬人,孩子的独特心理表现得淋漓尽致。

《愚公移山》中通过"寒暑易节,始一反焉"侧面烘托愚公带领众人移山之艰苦情形。通过"邻人京城氏之孀妻有遗男,始龀,跳往助之"侧面表现愚公的移山行动得到大家的支持。再如《口技》一文中"满座宾客无不伸颈、侧目、微笑、默叹、以为妙绝"看似写观众各具情态,实则通过观众的表现侧面烘托口技艺人表演技艺之高超。是以人衬人写法的精妙之处,不出"善"字,却处处可见艺人之"善",侧面描写手法的运用功不可没。

朱自清的散文《春》中描写春花的部分"花下成千成百的蜜蜂嗡嗡地闹着,大小的蝴蝶飞来飞去"表面写的是蜂围蝶阵,实则是侧面衬托春天百花盛开、芬芳满园的景象。这是典型的以物衬物的方式。以蜂围蝶阵来表现春花的多、艳、甜,效果奇佳。再如《与朱元思书》中"游鱼细石,直视无碍",以游鱼细石之明晰可见,从侧面突出富春江水之清澈见底,实在是神来之笔。

老舍的《在烈日和暴雨下》通过多种修辞方法,描写酷热天气下的景物和人物,侧面表现了天气的炎热之至。运用拟人修辞写出柳树无精打采的样子,老城比喻成"烧透了的砖窑",极写天气的闷热无比,恶毒的"灰沙阵"给人带来心灵的震慑,"铜牌好像也要晒化"运用夸张手法表明气温已趋白热化。通过严酷的环境描写来凸显祥子拉车生活的痛苦不易,这是典型的以物衬人的方式,令人读罢掩卷深思,对主人公深深掬一捧同情之泪。

通过对一组不同角度的关于侧面描写的文章的研读,学生对这种写作方法有了进一步认识,掌握了侧面描写的基本类型,明确了侧面描写的应用特点及效果作用。

从拓展阅读中,学生明晰侧面描写是对正面描写的有益补充,更能激发想象力,更有利于表现人物的性格。综上所述,学生通过比较阅读,反复品味,拓宽了视野,提升了读写能力,提升了审辩思维品质。

(三)通过以文解文促进发散思维的发展

学生在阅读课文时,由于人生经历不够丰富、知识面不够宽,对文本的内容与思想情感认识不透,会产生这样或那样的疑问。教师要引导学生带着问题从课内外的其他几篇相关内容的文章中寻找解答,多文本比较,拓宽思维领域,使认识得以调整、升华,解决疑惑,获得新知。

学生阅读《美丽的颜色》，透过文本细节体会到居里夫妇发现镭的艰辛，感受其醉心研究、热爱科学的赤子之心。学生可能对居里夫人的生平、思想境界认识得不透，教师可以引导学生研读一组从不同角度和侧面反映居里夫人的文章：艾芙·居里的《居里夫人传》、梁衡的《跨越百年的美丽》、爱因斯坦的《悼念玛丽·居里》等。

学生从艾芙·居里的传记《居里夫人传》中了解到居里夫人的人生、她的性格、她的为人、她生活和工作中的各种情形，对《美丽的颜色》中认识不深的内容深入研读，进一步探究居里夫人痴迷于镭那抹幽蓝的原因所在，心灵受到感染和震撼。

学生从梁衡的散文《跨越百年的美丽》中进一步细致了解居里夫人不顾个人身体遭受的辐射，坚持不懈地进行科研事业，其执着天地可鉴，其刚毅日月同辉，其精神令人膜拜。尤其是文章结尾"他们淡淡地生活，静静地思考，执着地进取，直进到智慧高地，自由地驾驭规律，而永葆一种理性的美丽"，让学生沉浸在对居里夫人精神境界的崇敬中。

学生从爱因斯坦的演讲《悼念玛丽·居里》中，感受到居里夫人的高贵品质，感受到居里夫人所具有的人格力量远胜于才智，感受到大科学家爱因斯坦的殷切希望，希望全欧洲乃至全世界的人都要学习居里夫人的品格和作风。

学生从几篇关于居里夫人不同体裁的文章中，充分了解、深入研读居里夫人的生平事迹，感悟她淡泊名利、不被盛名宠坏的情怀，感悟她热爱科学、醉心研究的精神境界，解开了课本《美丽的颜色》阅读所产生的疑问，发散思维在群文阅读中得以拓展。

可见，无论是文本的难懂，还是学生认知的浅薄，通过以文解文的群文阅读方式，可以拓宽学生的认知领域，开阔学生的视野，使学生通过广泛阅读寻求解决问题的途径，发散思维能力得以提升。

不积跬步，无以至千里。不读群文，无以提素养。教师要善于指导学生通过不同方式进行群文阅读，通过拓宽视野，比较鉴别，同中求异，提升语文核心素养。

《义务教育语文课程标准（2022年版）》指出，教师应创造性地理解和使用教材，积极开发课程资源，沟通与其他学科之间的联系，沟通与生活的联系，扩大学生语文学习的视野，提高学生学习运用语文的积极性，从而丰富语文课程的内涵。它要求语文教师教学时应该由课内向课外适当延伸，扩充课堂教学的容量，有助于开阔学生的视野，帮助他们借助背景资料进入文本情境，拉近与作品之间的距离，打开思维的空间，在比较研读中理解作品背后的意蕴，思有所得，学有所获。

紫色的河流
——我教《紫藤萝瀑布》

有一条紫色的瀑布,在宗璞的心头缓缓流过,带走忧伤,带来生机——

走进《紫藤萝瀑布》,与学生一起品读作品,品味作者文字里浅紫色的芳香,品悟病树前头万木春的豁达。

紫藤萝瀑布的美深深吸引了作者,也吸引了我和学生。那花瀑花穗花朵,绽放着、欢笑着、流动着,从壮观的场景到特写的镜头,整个课堂都变成了紫色的海洋。我与学生共同赏读着文字,陶醉在紫色的仙露琼浆中。

"我在开花!"它们在笑。

"我在开花!"它们嚷嚷。

我们在紫色的瀑布中缓缓穿行,享受着文字带给我们的极致喜悦。

学生渐渐发现,如此繁盛的紫色,字里行间为什么会感到一种莫名的忧伤,尤其那段十年前的回忆,那段被痛楚烫伤的过往,是什么曾经让作者久久无法释怀?

我与学生一同走进历史的长河,追溯文字背后的故事——

本文写于1982年5月。当时,宗璞家庭经受了重大变故,父亲冯友兰遭到迫害,作者心灵的创伤尚未平复,小弟又身患绝症,不久于人世,作者内心伤痛,无以化解,每念及此,泪水潸然。

那么多的伤痛累加于一身,又怎能一时淡忘?

是眼前的藤萝,这片深深浅浅的紫,让作者感觉到了生命的活力。于是生的喜悦平复着死的悲凉,活的生机取代了痛的凄楚。

"花和人都会遇到各种各样的不幸,但是生命的长河是无止境的。"作者由眼前之景想到过往,悟出了自然规律和生命哲理。于是,在浅紫色的光辉和浅紫色的芳香中,不觉加快了脚步。

拓展后的思考,学生懂得了作者的情感脉络,有着灵与肉的折磨,有着悲与喜的体验,有着痛与爱的彻悟,有着生与死的思索。一切景语皆情语,"感时花溅泪,恨别鸟惊心",花已经成为寄情的载体,紫色成为一条河流,带着浅紫色的芬芳,从作者的心中流过,从我们的心头流过,带走所有的烦忧,滤去心中的伤痛,向着美好,向着明天欢乐地奔流。

想起春日市区遍布的紫丁香,繁花盛开,像极了紫色的云雾,我赋诗一首,与学生共赏——

五月,丁香开了

胡涛(发表于《政府机关生活》)

> 轻风抖过你羞涩的花苞
> 细雨滋润你俏丽的花蕊
> 蜜一样的芬芳
> 酒一样的甘醇
>
> 你如绛紫色的云雾
> 装扮着高楼、街道
> 你似粉红色的流霞
> 辉映着白杨、绿草
>
> 清晨,人们从你身边掠过
> 带着幽香去追赶生活的美好
> 傍晚,恋人在花簇旁细语
> 和着淡雅的小夜曲随风轻飘
>
> 你敞开浓郁的花香
> 迎接四海宾朋的到来
> 你举起怒放的花束
> 展现冰城人的骄傲

同样是紫色,同样是盛开的花,不同的际遇,不同的心境。花相似,人不同,带给人们的感受自然也不同,或浓或淡,或悲或喜。读着品着,学生笼罩在一片浅紫色的光辉中。

八、不动笔墨不读书:学会批注　促进思维发展

"不动笔墨不读书",批注法古已有之,毛宗岗评三国,别开生面;金圣叹评水浒,入木三分。批注是传统的读书方法和文学鉴赏的重要形式,它直入文本,切中肯綮,是读者自身感受的笔录,是读者与作者心灵对话的体现,是阅读再创造的过程,体现着别样的眼光和情怀。人教版语文教材自读课为学生设计了多种批注形式,教师要善于引导学生学习利用,迁移发散,使读、品、思、悟熔于一炉,让语文核心素养于批注中得以提升。

(一)借教材批注自读,体验文本意蕴,提高阅读综合能力

我仅对人教版语文教材七年级下的自读课批注做了初步统计,发现共出现点评式批注 17 处、提问式批注 28 处、拓展式批注 1 处。如此设计体现了编者的良苦用心,教师要运用编者设计的多种批注形式指导学生自主阅读,提升学生的阅读理解和分析鉴赏能力。

教师不需提问,不用布置要求,让学生借着批注和提示的内容自主阅读,独立思考。他们完全可以发现作品中的亮点、美点,体验感悟语言的魅力。这个过程本身就是自求自得的过程,是一个发现思考的过程。自读课文的旁批首先指向文本内容的理解,语言的品味和写法的欣赏。学生通过回答旁批所提的问题、思考相关评点,培养质疑能力和不动笔墨不读书的阅读习惯。旁批作为自读辅助激发了学生的阅读兴趣,培养了学生的阅读品位,搭建了学生与文本交流探究的平台,促进了学生合作阅读探究能力的提升。如《台阶》一文,学生借助提问式批注"台阶的高低象征着地位的不同,所以父亲总说'我们家的台阶低'。你怎样理解这种心态?"在研读中可以发现,台阶既是父亲的物质期待,又是他的精神追求。在学生借批注阅读思考的过程中,教师可稍加组织引导即可,切不可越俎代庖。让学生自主体验,自我发现,结合批注品味作品的文学文化味道。

可见,巧妙运用自读课的批注作为阅读的引线,让学生自读自悟,于无声处感受文字的魅力,体验作品的意蕴,何乐而不为?

(二)围绕单元教学重点,借鉴自选批注角度,创设思维提升空间

教师要引导学生围绕单元教学要点,借鉴模仿教材设计的批注,认识批注的对象可以是词、句,也可以是段、篇,可以从语言特点及表达效果、思想内容、层次结构、艺术手法等多个角度进行理解感受、鉴赏评价或质疑问难。如《土地的誓言》中铺陈了许多富于东北生活气息的形象,学生批注时,教师可引导学生借鉴《回忆鲁迅先生》一文的评点式批注,如第五段旁批"举着象牙烟嘴儿沉思",多像一幅剪影。通过调动学生的想象力,认识鲁迅的思想者形象。教师进而引导学生学以致用,触类旁通,学习对《土地的誓言》中描写东北生活气息的内容做批注,既可以批注"呻吟、嗥鸣、奔流"等词语的表达效果,也可以从丰富的人物视听感官批注语段的抒情色彩,还可以从大量的排比修辞批注作者内在律动的炽热的情感基调。总之,批注的内容不必面面俱到,引导学生围绕单元教学重点、自选角度、自选词句加以体会并批注。教师要注意引导学

生充分地研讨交流,生生互动,思维相互碰撞,深入理解文本的思想艺术特色,提升学生的阅读感悟能力。

学生围绕单元教学重点,精心批注,既对文本的重难点有所突破,又提升了自我阅读鉴赏水平,发展形象思维与逻辑思维能力。

学生自学时围绕目标圈点、勾画,同时在教材旁边做批注。

圈点、勾画的符号由学生自定,只要清晰、一目了然即可,天长日久,就养成了"不动笔墨不读书"的好习惯。

做批注可由浅入深,由易而难地训练。起初,学生不会做批注,可先让他们用三言两语写出对一些有特色的语句的感悟,逐渐过渡到对全文思想艺术特色的评点。当然,批注的内容和形式随着教学的深入而扩展。我主要指导学生采用以下几种批注形式:

(1)感悟式——对课文的精彩语句及片段的真切感受。

(2)归纳式——提炼要点或概括段意。

(3)提问式——对课文的内容、语言、结构进行独立思考、质疑。

(4)点评式——通过对联或诗句,或个人的点滴哲思,品评课文的思想艺术特色。

(5)综合式——可评可疑可叹可思,凡有所悟,皆可下笔。

通过批注,学生的自学能力有很大程度的提高。而且我还将此经验引入作文教学中,学生每写一篇作文,我要求必须有自评,即对自己的文章做眉批和总批,对全文及重点语句做点评。自评之后,再进行互批,通过点评其他同学的文章提高阅读和写作能力。通过不同形式的批改,学生写作文的兴趣日益浓厚,作文水平也有大幅度提高。

(三)精选批注为主要探究问题,引导学生思考,提升发散思维素养

批注是对文本的个性化解读,所批注的内容也是文本的精髓所在,结合教材批注与学生自主批注中表现思想内容或语言特点的点评,教师可以设计教学主问题,引导学生深入思考,提升学生的审美鉴赏能力和发散思维素养。

《回忆鲁迅先生》中关于鲁迅的表情神态描写是亮点,结合多处相关批注,可设计问题——鲁迅的神态描写体现他的什么性格特点?引导学生深入品析:

最是难忘那表情——乐观、幽默、人情味的形象跃然纸上。

如果从鲁迅在不同环境下的不同角色入手做旁批,可以设计思考鲁迅都有哪些角色?你怎么看待?引导学生阅读,培养阅读发散思维能力:

他不止一个角色——丈夫、父亲、导师、长者形象——生活化、真实化,可亲可敬。

综上所述,旁批设计为教学主问题,可以构建语文课堂学习共同体,将教师、学生、教材和谐地整合在一起,培养学生的审美意识和发散思维素养,提升学生的综合读写能力。

(四)利用一个或几个旁批,设置课外探究题目,引导学生拓展延伸

教材无非是个例子,引导学生利用旁批进行延伸拓展,即以批注体现教材文本的某个特点为发散点,将视野拓展到课外,进行群文阅读,扩展知识面,提升学生的思维素养。

采用一点带多篇的方式,以一个或几个批注为拓展,让学生在有内容关联的群文阅读中,通过梳理整合、拓展联系、比较异同等,调动情感体验,进行课外探究,培养审美情操。如自读刘湛秋的《雨的四季》,第二段有一处旁批"作者没有直接描绘春雨,而是写万物经雨洗淋后的情态。这样写有什么好处?"教师可以引导学生思考春雨润泽万物的特点,进而引导学生寻找发现其他作家美文中,借其他事物烘托主体景物特点的地方,探究侧面烘托的妙处,如《荷塘月色》中借荷花像牛乳中洗过来侧面表现月光的皎洁;《夏感》中借麦浪的翻滚写出夏的火热,不出主体,却烘托得淋漓尽致。学生从多篇文章阅读、品鉴中体会烘云托月手法的表达效果,从而使阅读由原有的读懂"一篇"走向读通"一类",做到思接千载,视通万里。

这种借旁批引导学生拓宽阅读视野、提高阅读效率的新型阅读方式,极大地提升了阅读品质,对培养学生的发散思维能力具有重要的意义。

综上所述,教师通过批注法教自读课,可以实现教学方式的转变,教师由讲授者变为指导者、倾听者;实现学生学习方式的转变,学生由被动学习变为自主学习、独立思考、合作交流,完成课堂学习共同体的构建:愿景搭建—自主批注—共鸣争鸣—思维提升,真正成为学习的主人。

九曲黄河天上来
——我教《黄河颂》

《黄河大合唱》是诗人光未然的一首反映抗日救亡主题的抒情诗,充满了喷薄的爱国激情。经冼星海谱曲后,在抗日救亡运动中发挥了巨大的推动作用。学生朗诵第二乐章《黄河颂》时,情绪高昂,声震课堂。

从序诗开始,诗人酝酿着饱满的情绪,积蓄着全部的能量,向着母亲河唱出英雄赞歌。

接着望黄河,画面感极强。近望黄河波涛澎湃,万丈狂澜,诗人不禁心潮起伏,感慨丛生。俯望黄河浊流宛转,九曲连环,绵延不绝,中华儿女的报国之情也是永不止息的。纵看黄河从昆仑山下,奔向黄海之边,横看河水,将"中华大地劈成南北两面",气势何等壮观,令人情不自已。

尽望之后,诗人开始盛情歌颂黄河,黄河是中华民族的摇篮,古老的文明发源于此,英雄的故事发生于此,中华儿女生长于斯。她像一位含辛茹苦的母亲,哺育了无数中华儿女,她像一道屏障,护佑中华民族的安康。她又如巨人,伸出千万条铁的臂膀,团结所有的中国人坚强挺立,不屈不挠。

学习黄河的精神,以此作为前行的动力,走进火热的征程,吹响战斗的号角,不做亡国奴,像黄河一样伟大坚强,以百倍的信心、千倍的斗志奔向新时代。

我引导学生用批注的方法研读课文,从词语运用、修辞方法、艺术手法等方面进行鉴赏评价,不求面面俱到,只求言简意赅。学生批注之后,小组交流,智慧分享,课堂探究气氛一度掀起高潮。

充分交流后,男生女生分声部朗诵、齐诵,将黄河汹涌澎湃的气势烘托到极致。

伴着黄河咆哮的视频,学生齐声诵读着关于黄河的诗句:"君不见黄河之水天上来,奔流到海不复回""九曲黄河万里沙,浪淘风簸自天涯"……课堂成了吟诵的舞台,他们激情诵读,声音洪亮,让人感受到豪迈的气势。

想起曾经游历祖国许多江河湖海、悬泉飞瀑,心自澎湃,与学生分享我的原创诗作——

额尔古纳河抒怀

胡涛

蓝天　水鸟
格桑　漫滩
一条根河蜿蜒向前
润泽灌木
滋养水草
清澈的河水哺育了多少草原儿女

流过马蹄岛
成吉思汗征战沙场的雄姿浮现眼前
流经同心岛
草原情侣恩爱的画面蜜一样香甜

百转千回的根河
流出亚洲第一湿地的广袤无边
登顶俯瞰
曲水绕森林的风光尽收眼帘

情不自禁
心胸愿如原野一样延展
真想化作一只水鸟
以飞翔的姿态与湿地相伴到永远

九、因势利导巧点拨：运用机智　顺遂生命成长

为了取得良好的教学效果，教师在教学设计、教法运用、课堂应变等方面都会做精心的准备。但无论怎样精心设计，课堂上都不可避免地出现学生思维与教师的教学设计相悖的情形，有时会出现意想不到的情况。那么，出现这种情形时，教师如何有效地运用教学机智呢？我是这样尝试的：

[案例1]我教《一个这样的老师》初读课文后——

师：同学们，你们喜欢这样的老师吗？
生：(多数)不喜欢。
师：(颇感意外，微笑)为什么不喜欢呢？
生1：他教给学生错误的知识。
生2：他把学生不及格的成绩记在了档案上。
生3：他这样容易误人子弟。
师：有没有喜欢这位老师的？
生：我喜欢，因为他教给我们怀疑的精神。
师：同学们，你们看这样好不好——我把大家分成正、反两方，正方的观点是喜欢这样的老师，反方的观点是不喜欢，双方各派四名选手进行一场辩论要有理有据。(学生群情激昂，跃跃欲试)

[案例2]在《天上的街市》课堂教学中,我结合多媒体音画背景激情诵读,当读到最后一句"不信,请看那朵流星/是他们提着灯笼在走",全班掌声雷动。学生情不自禁地发出了赞叹:"这诗写得真美。"我正要让学生分组研讨诗的主旨时,一学生说:"嘿,真浪漫,牛郎织女提着灯笼压马路哩。"全班哗然,我面露愠色,正待发怒,可一瞬间我调整了自己的情绪:"这位同学听得入神了,他用俗语来解释牛郎织女爱情的浪漫。可是在古代,牛郎织女别说压马路,见面都极难,诗人为什么把它改写了呢?"全班同学笑了,并开始认真思索。我接着说:"下面,我们请这位同学谈谈自己对诗歌内容的理解吧。"那位同学不慌不忙,不仅说出了诗人对美好生活的向往与追求,而且融入了自己对这首诗的感悟,他说:"随着时代的发展、社会的进步,天上的街市就该发生变化。"他的一席话顿时激发了大家的学习兴趣,于是全班同学张开联想的翅膀,在"天上的街市"尽情遨游。

[案例3]在《咏雪》一课的教学中,我与学生交流谢公儿女谁的比喻更贴切。

生1:我认为"撒盐空中差可拟"用得妙,无论从形还是从色上看,雪与盐颇相似,而且雪与盐都是向下落的,而柳絮是上飘的。

生2:我觉得"未若柳絮因风起"说得好,有意境,有诗的味道,"撒盐"太生硬,"柳絮因风起"令人想到了雪莱的诗"如果冬天到了,春天还会远吗"。对比"撒盐",可谓妙不可言。

正在探讨时,窗外风起云涌,不一会儿大雪纷纷,学生立刻哗然,纷纷向窗外望去。

师:真是天公作美,为我们的课堂营造了一个浪漫场景。(同学笑)大家不要错过实地观赏之机,看看到底"白雪纷纷何所似"?你是否还有更好的比喻呢?(学生聚精会神地观察,并以小组形式进行探究)

上述案例说明,要想在课堂上有效地运用教学机智,关键是教师转变教学理念,以学生为本,教师成为学生学习的指导者、促进者,与学生建立平等的师生关系。我在教学实践中的感悟是:

1. 冷静面对,善于思考,寻找对策

教学机智是一种高超的教学应变艺术,是教师知识积累与教学风格的高度融合。如果教师在课堂教学中不能克制自己的情绪,面对偶发情况,不能让理智战胜情感,意气用事,便会错过创造性地培养学生语文核心素养的机会。案例1中,学生否定的回答出乎我的意料,我的处理很冷静,先听取学生的看法,然后因势利导,以辩论会的方式,激情引趣,加深学生对文本的理解。著名教育家马卡连柯说:"教育的技巧的必要特征之一就是要有随机应变的能力。"尽管我细致钻研教材,进行独特的教学设计,但在具体的课堂教学中,还要接受学生的检验而决定取舍。因此,教师要运用教学智慧,冷静思考,随时调控课堂,为学生提供创新发展的空间。

2. 真诚肯定,化解矛盾,因势利导

真诚是教师有效运用教学机智应当遵循的原则。在学生有意无意地干扰课堂秩序时,教师如果一味地训斥,便会使学生产生抵触情绪,长此以往,学生素质难以得到充分发展。案例2中学生所言有"捣乱"之嫌,且影响了班级纪律,我并没有粗暴地解决,而是发现他身上的闪光点,引导他正确地理解诗句的含义,矛盾于真诚、幽默的言语中化解。可见,教师面对课堂偶发事件,特别是学生言行失当时,勿操之过急,应以真诚之心发掘学生的闪光点,用爱心启发、感化学生,用发展的理念对待学生,让学生健康茁壮地成长。

3. 机智灵活,随机应变,柳暗花明

教学机智是教师才情与灵感的瞬间迸发,这来源于教师丰厚知识底蕴和独特的教学个性。优秀的教师经常能把课堂的偶发事件行云流水般地弥合在教学过程中,在"山重水复疑无路"之时,寥寥数语,巧妙地引导学生感受"柳暗花明又一村"的喜悦。苏霍姆林斯基说:"教育的技巧并不在于能预见到课的所有细节,而在于根据当时的具体情况,巧妙地在学生不知不觉中做出相应的变动。"案例3中由于突然的环境变化,学生注意力分散,而我并未制止学生的"溜号"行为,而是将教学内容与环境变化巧妙地结合起来,让学生的无意注意转化为有意注意,使学生身临其境地感知课文内容,收到良好的教学效果。由此可见,教学生机智实际是教师教学艺术的折射。教师只有不断地学习,理智地思考,才能让机智的灵光不断地闪烁于课堂,教师与学生的智慧得以相互提升。

综上所述,在课堂上有效地运用教学机智,可以化静态为动态,变"事故"为"故事",化腐朽为神奇,从真正意义上实现"素质教育课堂化,课堂教育素质化"的理念。教师应不断提升自己的教育理念,丰富自己的教学方式,在偶发事件面前以理智驾驭情感,以真诚肯定学生,因势利导,随机应变,让智慧迸发出火花,让课堂教学始终充满生机与活力。

雪 之 颂
——我教《咏雪》

北风呼啸,雪花纷飞,壮观的风景入了多少人的眼,醉了多少人的心,《世说新语》中的一则小文《咏雪》自是别有韵味。

谢太傅在大雪飘舞的日子里,举行家庭聚会,给子侄辈讲解诗文,真是其乐融融。屋外冰天雪地,屋内谈笑风生,一冷一热,动静相合,烘托出暖意盈盈的温馨家庭氛围。

太傅何许人?谢安也,东晋名士,少以清谈知名,与王羲之、许珣等人游山玩水,并教育谢家子弟。面对室外风狂雪骤之壮景,自不会错过欣赏之机。诚然,也会以此为契机,引导子侄辈,以雪为观赏对象,提升他们的文学创作能力。

"白雪纷纷何所似?"谢安欣欣然这么一问,激起了小辈心中美好的想象。谢安脑海中其实已翻腾出多少恰切的比喻,他为何不直接咏出?这就是以问领想,不愤不启,不悱不发,深得启发小辈文思之精髓。

"撒盐空中差可拟。"兄子胡儿将白雪纷纷比作空中撒盐,自有妙处,先是色泽相仿,且雪骤即为雪密,不是若飘若舞,而是由上而下直落,撒盐与现实的雪景相合,可见胡儿是认真观察后吟出的恰切比喻,但谢安不置可否。

"未若柳絮因风起。"兄女谢道韫将大雪纷纷比作柳絮纷飞,亦是妙不可言。先描写出雪花飘舞之轻盈,有如天使降临之美妙,又因柳絮为春之使者,暗含冬尽春来之憧憬,足见其比喻形神兼备,更有韵味,无怪乎公大笑乐,于祥和之气中表明其赞许之态。

其实从诗之意境而言,兄女谢道韫自是更胜一筹,但若从观察之细致而言,兄子胡儿亦不输风骚。一种雪舞风光,推进了谢安与子侄辈亲密的情感与玩味诗文的兴致,也装饰了学生心中美好的想象与梦境。当此时,师生交流正酣。窗外风云突变,俄顷雪骤。学生被雪景吸引,目光纷纷透过窗,投向半空。我没有批评他们的溜号行为,而是微笑着对他们说:"真是天公作美,为我们的课堂营造了一个浪漫场景。大家不要错过实地观赏之机,看看到底'白雪纷纷何所似'?你是否还有更好的比喻呢?"学生化无意注意为聚精会神的观察,文本中的白雪纷飞在窗外的天空,阅读品味与自然感悟融为一体,学生尽兴观察后低头沉思,沙沙落笔,我亦将自己的原创《雪花赋》朗诵给他们听。

雪 花 赋

胡涛(发表于《哈尔滨日报》)

花的名册上没有你的芳名,
是因为春日里寻不见你的倩影。
不与群芳争艳,
百花凋零时却怒放在无边的长空。

你是最洁净的花呀,
六个花瓣六片透明的水晶,
六个花瓣六片神奇的羽翼,
六个花瓣六片纯真的笑容。

你是最神奇的花呀,
江河孕育你的生命,
星空磨炼你的骨骼,
大地拥抱你的深情。

莫说花的名册没有你的名字,
你却有短暂而银亮的一生,
春风里第一瓣生机勃发的嫩芽,
就是你不死的精灵。

我的诗句将雪花比作水晶、羽翼、笑容、精灵,取其形之轻盈、状之剔透、春之预兆,让学生在文本的赏读中体会风景之美,感悟文字的魅力。

十、以情激情促成长:关照个体　激赏学生心灵

三十年的教育教学之旅,让我更深地体会了人文精神的内涵,感受到教师的人格魅力对学生产生的深远影响,领悟了生命课堂真正的精髓——生命在场,关爱、激励每一颗幼小的心灵。

(一)让激情点燃课堂

我认为,生命课堂必须充满激情。特级教师韩军在教学中充满激情,声音洪亮,表情丰富,讲到兴奋时手舞足蹈,妙语连珠,思维敏捷,课堂气氛活跃,学生积极响应。

每次上课都能保持同样的激情是很难的,由于教师连续在不同的班级,按

部就班地重复相同的内容,甚至一天重复好几遍,一些教师对此感到很厌倦,探索研究试验阶段的激情已荡然无存。因此,要设法保持对上课的新鲜感,不能墨守成规、老调重弹,而是不断给自己充电,完善和创新教学方法,使自己处在一种不断探索的过程中,永不满足于现状,每天都是新的尝试、新的开始、新的感受,如不同的班级,选择不同的材料和上课方式。其实,学无止境,教学领域没有一成不变的教学模式和理念,总会有新的事物取代旧的事物,新的成功的经验同样面临僵化、错误、过时和失败的考验,不能浅尝辄止、贪图安逸、吃老本和现成饭,要不断挑战自我、超越自我,寻求新的突破。

(二)让激发开启潜能

我认为,和而不同是教师、学生与教材间最佳的对话状态。

特级教师王君所倡导的由共鸣到争鸣的对话,就是对和而不同的阐释。

王开东老师认为阅读是作者与读者的对抗,这就是同中求异。

一方面,教师要科学地提供开放的话题,引发学生多维度思考,展示其个性观点,使对话产生思想的碰撞。另一方面,教师应该创设对话的情境,提供宽松的平台、均等的机会、自由的空间。在这样的"对话场"中,学生才能够情思飞扬,对话才会变得丰富。

和而不同需要让不同的学生得到不同的发展。教学的最终目的是促进每个学生健康和谐的发展。

对话的过程是一个异中求同、同中求异的双向运动过程。对话是真诚的、坦率的、自由的。阅读教学中的对话意味着对学生生命的唤醒与欣赏,是以石击石的火花迸射,是以情激情的心潮相逐,是以思引思的丝丝联结。它意味着交流之后的认可,肯定之中的引导。它意味着用心灵感动心灵,用生命点燃生命,用灵魂塑造灵魂,用智慧开启智慧的相互成全。

这里的"对话"强调的正是主体性、差异性、平等性、交流性、开放性。这是对"和而不同"的具体阐释与发展,即尊重差别、彼此平等、多元开放、和谐共处。

(三)让激赏贮满心房

1. 情感激励法

"感人心者,莫先乎情。"特级教师程红兵认为教师是面带微笑的知识,因此教师必须像对待自己的兄弟姐妹,像对待自己的子女一样去爱自己的学生。洒向学生都是爱,洒向学生都是情。课堂上教师一个欣赏的眼神、一个满意的点头、一个会意的微笑、一个亲切的手势,都犹如一场春雨,滋润着学生的心田,激励他们敞开思维的大门,插上想象的翅膀,去探索知识的奥秘。教师从内心深处热爱学生,饱含激情的语言、眼神、动作不时显露出来,用丰富的情感带动学生的情感。学生也会产生对教师的爱戴,进而努力学习,向阳生长。

2. 语言激励法

课堂教学离不开语言,课堂激励评价也离不开语言。教师要力求使自己的评价语言真实、准确、精彩。这不仅需要教师的真诚,还需要教师丰厚的文化底蕴。特级教师王君的课堂激励语言俯拾即是,教师要学会开一个帽子工厂,每天上课都要带一些帽子去,看哪个学生适合戴哪顶帽子,就把哪一顶送给他。课堂评价中的同一句话,教师可以说得平淡如水,让学生感到勉强;也可以说得激情四射,让学生感到温暖和幸福。教师不要吝啬自己赞美、赏识的语言,多给学生表扬、激励,其课堂将魅力无边。

长路漫漫,教海无涯,其修远兮。上下求索,创新思考,执着研究。

少一点倦怠,多一点激情;少一点牵引,多一点争鸣;少一点指责,多一点欣赏,让课堂充满活力,让教师拥有迷人的人格魅力,让所有鲜活的生命在课堂上绽放出特有的光彩。

鼓声中激荡的生命
——我教《安塞腰鼓》

一群茂腾腾的后生,在黄土高原上爆出一场火烈、豪放的安塞腰鼓。这是原始生命的勃发,是激情的宣泄,是热烈的张扬。

学生在激情四射的视频中感受着舞蹈喷薄的力量,在波澜起伏的文字中体会着昂扬的气势。

好一个安塞腰鼓!气吞天地,声震课堂。

安塞腰鼓是具有什么特点的腰鼓?

投影打出句式"好一个_____的安塞腰鼓!你看(听)_____"

学生忘情地朗读着,品味着,想象着,燃烧着。

"好一个豪放的安塞腰鼓!你看,高原的汉子们打起鼓来,忘情了,没命了,特有一股豪放劲。"

"好一个有力的安塞腰鼓!你看,容不得束缚,容不得羁绊,容不得闭塞。这是一种粗犷的力,一种排山倒海的力,一种不可抗拒的力。"

"好一个惊人的安塞腰鼓!你看,每个舞姿都使人战栗在浓烈的艺术享受中,使人叹为观止。你听,当它戛然而止的时候,世界出奇地寂静。"

"好一个大气的安塞腰鼓！你看,使人想起:落日照大旗,马鸣风萧萧。使人想起:千里的雷声万里的闪。使人想起:晦暗了又明晰、明晰了又晦暗,后最终永远明晰了的大彻大悟。还有什么舞蹈能有这样的大气?"

"好一个充满生命力的安塞腰鼓！你看,交织！旋转！凝聚！奔突！辐射！翻飞！升华！这些语句铿锵有力,气势强劲逼人,凸显了安塞腰鼓的豪放美,也展示后生们的顽强生命力。"

学生的感知与朗读,在课堂上掀起了生命激荡的热流。我趁热打铁,让他们继续用心品读,说出那些震撼灵魂的句子及理由。

"我喜欢'隆隆隆隆的豪壮的抒情,隆隆隆隆的严峻的思索,隆隆隆隆的犁间翻起的杂着草根的土浪,隆隆隆隆的阵痛的发生和排解……'因为读起来很有气势,好似雷霆万钧,让人感受到生命的存在与强盛。"

"我喜欢'使人想起:落日照大旗,马鸣风萧萧！使人想起:千里的雷声万里的闪！使人想起:晦暗了又明晰、明晰了又晦暗、尔后最终永远明晰了的大彻大悟！'因为它使人产生了丰富的联想和想象,好像眼前呈现出这群用生命在狂舞的后生们。"

"我喜欢'愈捶愈烈！形成了沉重而又纷飞的思绪！愈捶愈烈！思绪中不存在任何隐秘！愈捶愈烈！痛苦和欢乐,生活和梦幻,摆脱和追求,都在这舞姿和鼓点中,交织！旋转！凝聚！奔突！辐射！翻飞！升华！人,成了茫茫一片;声,成了茫茫一片……'因为读起来如山洪暴发,如江河一泻千里。

"我喜欢'每一个舞姿都充满了力量。……火花一样,是闪射的瞳仁;斗虎一样,是强健的风姿。'感觉读起来语调铿锵,特别有感染力。"

在自由地诵读与品味中,学生体会到只有黄土高原才是承载粗犷、原始生命的厚土。这强悍威猛的腰鼓犹如黄河之水天上来,那汹涌澎湃的生命力震撼着所有人内心的最深处。我即兴感悟,生命就像那急促的鼓点,催促我们激流勇进。我启发学生仿写我所用的句式,用一句话抒写对生命的独特感悟:

"生命就像那明亮的灯光,指引我们勇往直前。"
"生命就像那奔流的大河,启发我们搏击风浪。"
"生命就像那响亮的号角,激励我们继往开来。"
"生命就像那蹦跳的脚步,告诉我们坚持不懈。"

他们极富激情的表达,把对腰鼓的品味融入了对生命的感悟与体验。

在课堂接近尾声时,我将在云南观赏的大型原生态舞蹈《云南映象》的感受分享给他们,让原始文明不息地动荡在学生的心灵深处。

云 南 映 象

胡涛

天地鸿蒙混沌初开
激越的鼓声惊醒沉睡的巨人
开天辟地红日初升
心潮澎湃的彝族人鼓槌敲开幸福的大门

各族少女轻舞霓裳
明亮的眼睛闪烁着自由的光芒
富于变化的击掌与踢踏融入对土地的眷恋
让人沉醉于原生态的脚步声中

藏袍飞舞雪花飘扬
朝圣的道路朝圣者用身体丈量
高山激流风吹雨打
挡不住心中神圣的信仰

圣洁之光中飞来一只白孔雀
翩翩起舞袅袅婷婷
所有灵魂瞬间被震颤
世界顿时消逝于那闪烁的白色翎羽中

一声声鼓点敲打在心房
一段段舞蹈充满了力量与灵性
一种种色彩令人炫目
一阵阵掌声与心声不时共鸣

眼中的云南映象啊
是离天堂最近的地方

《安塞腰鼓》教学实录及评析

(原动力区首届"卓越杯"教师专业素质大赛总结表彰大会示范课，
发表于2007年《黑龙江教育》)

2006年，在原动力区首届"卓越杯"教师专业素质大赛总结表彰大会上，我做了一节《安塞腰鼓》的观摩课，教学设计如下：

1. 教材分析

《安塞腰鼓》是人教版语文七年级下册第四单元的一篇课文。本单元主要是通过体味作者对艺术的独特体验,使学生在阅读中对人生进一步思考,认识生命的力量和人生的价值,提高学生的人文素养和审美鉴赏能力。

《安塞腰鼓》是一篇用激越的鼓点敲出的豪放诗章,是一曲旺盛的生命和磅礴力量的热情赞歌。作者通过一群朴实得像红高粱一样的茂腾腾的陕北后生在黄土高原上展现的雄浑豪放的腰鼓场面的描写,展现了中华民族古老的民间文艺风情,显示了生命的活跃和强盛,抒发了中华民族挣脱了束缚与羁绊、闭塞与保守后的欢乐和痛快、思索和追求。文章语言颇有气势,短句铿锵激昂,极富音乐美,在内容和形式上达到了完美和谐的统一。交错出现的大量排比句,使情感表达得热烈、淋漓、酣畅,充分体现了生命和力量喷薄而出的神韵。

2. 教学目标

(1)知识与技能。

①通过反复朗读感受安塞腰鼓的雄浑气势。

②品味文中富有内涵的语句的深刻含义。

③培养学生的阅读、欣赏、感悟能力。

(2)过程与方法。

自主、探究、合作。

(3)情感态度价值观。

通过体验感受生命与力量的美,激发对民族艺术的热爱,进而达到对生命的热爱。

3. 教学方法

情境教学法。

4. 教学过程

(1)创设情境。

通过播放多媒体片断"黄土高坡",给学生以形象的感受,并调动昂扬的情绪。

【导语】莽苍的高原,雄浑的黄土,养育了一群茂腾腾的后生,他们用激昂的鼓点,表达一种发自心底的渴望与激情。今天,让我们共同来学习陕北作家刘成章写的《安塞腰鼓》,去欣赏、去感悟安塞腰鼓雄浑的气势和独特的魅力吧!

(2)探求新知。

①朗读课文,感知腰鼓。

大声激情朗读课文,试用"_____的安塞腰鼓"对安塞腰鼓进行评价,并说说你的理解。

学生畅所欲言,可能会有如下一些答案:"壮阔""豪放""火烈""有力""元气淋漓""惊心动魄""奇伟磅礴""一捶起来就发狠了,忘情了,没命了""容不得束缚,容不得羁绊,容不得闭塞""每一个舞姿都使人战栗在浓烈的艺术享受中,使人叹为观止""好一个痛快了山河、蓬勃了想象力"等等。我引导学生初步感受腰鼓的震撼力和蓬勃的生命力。

②品读课文,品味腰鼓。

用情、用心品读你认为最富激情的段落或语句,说说喜欢的理由。

学生各抒己见,可能会从以下几方面发言:

从句式上说:

a."一捶起来就发狠了,忘情了,没命了!"语意层层递进,语势步步增强。

b."交织!旋转!凝聚!奔突!辐射!翻飞!升华!"语句铿锵有力,气势强劲逼人,凸显了安塞腰鼓的豪放美。

从修辞上说:

a."骤雨一样,是急促的鼓点;旋风一样,是飞扬的流苏;乱蛙一样,是蹦跳的脚步;火花一样,是闪射的瞳仁;斗虎一样,是强健的风姿。"运用比喻使对象更加形象具体,人与生命此时合而为一,成了单纯的生命的载体。

b.文中的反复用得好,好在使语言节奏明快,形象深刻清晰。

从写法上说:

a."使人想起:落日照大旗,马鸣风萧萧!使人想起:千里的雷声万里的闪!使人想起:晦暗了又明晰、明晰了又晦暗、尔后最终永远明晰了的大彻大悟!"使人产生了丰富的联想和想象,增加了文本的深刻内涵。

b."耳畔是一声渺远的鸡啼"写得好,好在"以声写静",更加突出了鼓声止后的寂静。

在学生品味过程中,我注重进行朗读指导,注意语句的抑扬顿挫、轻重缓急,读出诗意美、画面美、气势美。

如品读"骤雨一样,是急促的鼓点;旋风一样,是飞扬的流苏;乱蛙一样,是蹦跳的脚步;火花一样,是闪射的瞳仁;斗虎一样,是强健的风姿",可采用以下几种方式:学生激情朗读—多媒体配乐朗读—配乐朗读—集体诵读(重在体验情感)(重在指导学生感受气韵)(加强体验)(增强气势)

(3)拓展应用。

播放多媒体安塞腰鼓视频,我激情引导学生感悟:这强悍威猛的腰鼓有如黄河之水天上来,那澎湃汹涌的生命力震撼着我们内心的最深处。此时,我对生命有了新的体验——

"生命就像那急促的鼓点,催促我们激流勇进。"

把你对生命的独特感悟用一句话抒写出来,可以仿写老师所用的句式:

生命就像＿＿＿＿＿＿＿＿＿＿＿＿＿＿＿＿

学生群情激昂,跃跃欲试,如"生命就像那蹦跳的脚步,充满无限活力"。

(4)归纳提升。

师结语:我想只要我们热爱生命,笑对人生,将永远生如夏花之绚烂,生如腰鼓之激昂!

【教学实录】

师:请同学们先来欣赏一段音乐电视。

(播放多媒体片断"黄土高坡",学生聚精会神欣赏)

师:哪位同学谈谈观后的感受?

生1:我感受到一种纯朴的气息。

生2:我感觉到黄土高原的汉子非常豪放。

生3:我感受到一种磅礴的气势。

生4:我觉得场面火爆,有激情。

师:同学们说得很好。正是这样莽苍的高原,雄浑的黄土,养育了一群茂腾腾的后生,他们用激昂的鼓点,表达一种发自心底的渴望与激情,今天,让我们共同来学习陕北作家刘成章写的《安塞腰鼓》,去欣赏、去感悟安塞腰鼓雄浑的气势和独特的魅力吧!

(板书课题)

师:首先,请同学们明确本节课的学习目标。

(媒体展示学习目标:1.通过反复朗读感受安塞腰鼓的雄浑气势。2.品味文中富有内涵的语句的深刻含义。)

师:接下来请大家大声激情朗读课文,试用"＿＿＿＿＿＿＿的安塞腰鼓"对安塞腰鼓进行评价,并说说你们的理解。

(学生大声激情朗读课文)

师:(学生读书声渐弱)同学们读得很投入,很富有感情。谁先说说对安塞腰鼓的感知?

生:豪放的安塞腰鼓。我感觉黄土高原的汉子们打起鼓来,忘情了,没命了,特有一股豪放劲。

师:好,你能结合文章的具体语句谈感受,让我们听听其他同学的体会。

生:有力的安塞腰鼓,因为文中有这样的语句"容不得束缚,容不得羁绊,容不得闭塞",这是一种粗犷的力,一种排山倒海的力,一种不可抗拒的力。

师：你用排比句来陈述理由，有一种"理从排比出，气势贯长虹"之感。

生：惊人的安塞腰鼓，因为"每一个舞姿都使人战栗在浓烈的艺术享受中，使人叹为观止""当它戛然而止的时候，世界出奇的寂静"。

师：安塞腰鼓不仅让中国震惊，更令世界为之一震。

生：大气的安塞腰鼓，你看（有感情朗读）"使人想起：落日照大旗，马鸣风萧萧！使人想起：千里的雷声万里的闪！使人想起：晦暗了又明晰、明晰了又晦暗、尔后最终永远明晰了的大彻大悟！"还有什么舞蹈能有这样的大气？

（学生鼓掌）

师：你用激情的朗读诠释了独特的理解。

生：充满生命力的安塞腰鼓，看，"交织！旋转！凝聚！奔突！辐射！翻飞！升华！"这些语句铿锵有力，气势强劲逼人，凸显了安塞腰鼓的豪放美，也展示后生们的顽强生命力。

师：你的体会很深刻。同学们，刚才我们初步感知了腰鼓的震撼力和蓬勃的生命力。下面让我们用情、用心品读最富激情的段落或语句，并说说喜欢的理由！

（学生用心品读，教师巡视）

师：哪位同学想先来试试？

生：我喜欢"隆隆隆隆的豪壮的抒情，隆隆隆隆的严峻的思索，隆隆隆隆的犁尖翻起的杂着草根的土浪，隆隆隆隆的阵痛的发生和排解……"因为读起来大气，铿锵激越，好似雷霆万钧。（掌声）

生：我也喜欢这段（激情朗读，学生热烈鼓掌），这段文字写出了安塞腰鼓沉重的响声，让人感受到生命的存在与强盛。

师：是啊，这种活跃强悍的生命力使一切都变得渺小了，天地间唯有生命呼啸不已，眼前好像浮现出西北汉子狂舞的激情场面。

（多媒体播放安塞腰鼓舞蹈场面，群情激昂）

师：带着对勃发生命力的崇拜，让我们继续品味自己喜欢的语句。

生：我喜欢"使人想起：落日照大旗，马鸣风萧萧！使人想起：千里的雷声万里的闪！使人想起：晦暗了又明晰、明晰了又晦暗、尔后最终永远明晰了的大彻大悟！"因为它使人产生了丰富的联想和想象，好像眼前呈现出这群用生命在狂舞的后生们。

师：大气、力量、燃烧的激情震撼着我们在座的每个人。

生：我喜欢"愈捶愈烈！形成了沉重而又纷飞的思绪！愈捶愈烈！思绪中不存任何隐秘！愈捶愈烈！痛苦和欢乐，生活和梦幻，摆脱和追求，都在这舞姿和鼓点中，交织！旋转！凝聚！奔突！辐射！翻飞！升华！人，成了茫茫一

片;声,成了茫茫一片……"因为读起来如山洪暴发,如江河一泻千里。(掌声)

师:的确如此,这是火热的激情,这是生命的舞蹈与狂欢。

生:我喜欢"每一个舞姿都充满了力量。每一个舞姿都是光和影的匆匆变幻。每一个舞姿都使人战栗在浓烈的艺术享受中,使人叹为观止"。我感受到安塞腰鼓所显示出的独特魅力。

师:你的朗读很出色,让大家身临其境。

生:我喜欢"骤雨一样,是急促的鼓点;旋风一样,是飞扬的流苏;乱蛙一样,是蹦跳的脚步;火花一样,是闪射的瞳仁;斗虎一样,是强健的风姿"。感觉读起来语调铿锵,特别有感染力。(掌声)

师:你读出了安塞腰鼓的雄浑气势。谁喜欢的也是这一部分?老师为你配一段音乐。

生:(配乐朗读,掌声)这部分气势恢宏,令人为之震撼,震撼于生命中奔腾不已的力量。

师:这两名同学读得很有气势。有一句话叫"情动于中,发之于外",想读出境界,必须发乎情,不止于技。下面,请大家欣赏一段喷发于内心深处的诵读。

(多媒体播放 Flash 朗诵,学生被深深吸引)

师:欣赏了这充满原始力量的诵读,大家一定情不自禁地被原始狂野的生命力所折服,有的学生又跃跃欲试了。请大家自由诵读这部分,力争读出激情来!

(学生自由诵读)

师:哪位同学想再来试试?

(几名学生激情诵读,掌声不绝)

师:同学们越来越能把握好此文的感情基调了。老师为你们成功的朗读体验深感幸福,我现在特别想把课堂变成黄土高原,大家可以合作一下,展现雄浑的气势与磅礴的力量。

(我指导学生以拳为棰,以桌为鼓,分组朗诵,边捶边诵,教室气氛异常活跃)

师:人与生命合一,与力量合一,真是"声震天地,气壮课堂"。(掌声,笑声)

师:在我们忘情品读的时候,有没有遇到不懂的地方,小组讨论一下。

(小组讨论)

师:谁先说说自己的困惑。

生:我不明白"耳畔是一声渺远的鸡啼"这句话的含义。

师：哪位同学谈谈自己的理解？

生：鸡声是天亮的标志，是新的一天的开始，是希望的象征。

生：中国版图像一只雄鸡，渺远的鸡啼预示中国的腾飞就在不远的将来。

师：雄鸡一唱天下白，有了安塞腰鼓所喷发出来的力量，定会带动生命的奔腾升华，创造出一个崭新的世界，这正是希望所在。请大家接着说说不明白的句子。

生："多水的江南是易碎的玻璃，在那儿，打不得这样的腰鼓。"为什么多水的江南打不得这样的腰鼓？

生：多水的江南太柔媚，不适合打这样粗犷的腰鼓。

生：江南水乡更适合丝竹小调，只有黄土高原才能敲起这样强悍的鼓点。

师：同学们说得有道理，"一方水土养一方人"，只有黄土高原才是承载粗犷、原始生命的厚土啊。

（播放安塞腰鼓舞蹈视频，穿插黄河滚滚的画面）

师：这强悍威猛的腰鼓犹如黄河之水天上来，那汹涌澎湃的生命力震撼着我们内心的最深处。此时，我觉得我对生命有了新的体验，"生命就像那急促的鼓点，催促我们激流勇进"。同学们，把你对生命的独特感悟用一句话抒写出来，可以仿写老师所用的句式。

生：生命就像那明亮的灯光，指引我们勇往直前。

生：生命就像那奔流的大河，启发我们搏击风浪。

生：生命就像那响亮的号角，激励我们继往开来。

生：生命就像那蹦跳的脚步，告诉我们坚持不懈。

生：生命就像那即逝的流星，启发我们珍爱生命。

生：生命就像那闪亮的火把，点燃我们激情岁月。

师：同学们的表达极富激情，对腰鼓的品味中融入了对生命的感悟与体验。我想只要我们热爱生命，笑对人生，将永远生如夏花之绚烂，生如腰鼓之激昂！

【课例评析】

胡涛老师的《安塞腰鼓》充分体现了新课程背景下一种崭新的课堂教学探索，表现了教者对新的教学理念的追求。

（1）设置开放性的问题，体现生本理念。如用"_____的安塞腰鼓"对安塞腰鼓进行评价这一环节，构建了一种开放、和谐、愉快的学习情境，使教学内容问题化，问题答案多元化，语文教学情境化；使学生的主体意识得到真正凸显，为学生创造一个感悟体验的平台，唤起学生学习的动机，激起学生学习的欲望。

（2）朗读贯穿始终,高潮迭起。《安塞腰鼓》是一篇诗化的散文,有着雄浑伟奇的画面,更有着与画面风格一致的气势磅礴的语言。教者在整个教学过程中以"朗读"一线贯穿,通过多种形式的读、说、析、品、评,不知不觉让学生受到熏陶和感染,自觉进入文章情境,感受生命搏击的力量。

（3）媒体运用造势,激情体验。安塞腰鼓的内涵是生命的激昂和宣泄,是羁绊不住的力量,是原始力量的勃发。教者通过气势磅礴的视频展示后生们的阳刚之美,给学生以形象直观的感受,通过音画结合的 Flash 朗读带给学生心灵上的震撼,并调动学生的昂扬情绪,加深他们对文本的理解。

（4）通过质疑探究,激活思维。学生通过反复诵读,发现难理解的问题,小组研读中思维不断产生碰撞,进一步体会文章语言的意蕴美,感悟生命的真谛。总之,胡老师这节课张弛有度,收放自如,教学相长,是一次成功的教学实践。

（评课人:香坊区教师进修学校　孙红）

《一个这样的老师》教学设计与反思

1. 教材分析

《一个这样的老师》是人教版语文教材六年级下第五单元的一篇文章,本单元以"科学精神"为主题。本文写了一位与众不同的老师——怀特森先生,这位老师用"故弄玄虚"的方法教会了学生治学要有"怀疑精神"。文章在内容安排上层层设悬,引人入胜;写作方法上,正侧面描写相结合,尤以细腻的人物心理描写见长。

2. 学情分析

六年级学生有一定的学习习惯,比较活跃,好奇心强,喜讨论,我通过趣味导入、多角度研读、开放式情境等方式极大程度地调动学生的积极性,使他们主动进入课堂情境,水到渠成地提升科学精神及语文素养。

3. 设计思路

（1）教学目标。

①知识与技能:通过重点语句理解本文的主旨;培养学生朗读、概括、感悟、理解、想象的综合语文能力。

②过程与方法:自主、合作、探究。

③情感态度与价值观:培养学生不唯上、不唯书的怀疑精神。

（2）教学重点、难点。

重点:通过重点语句理解本文的主旨。

难点:培养学生的概括、感悟、质疑、想象综合语文能力。

(3)教学方法。

质疑法、发现法、讨论法、探究法。

(4)学法指导。

①边读边思,不动笔墨不读书。

②会独立思考,不迷信书本,不迷信教师。

③学会体验式阅读,对教材进行二度创造,如变式复述。

4. 教学内容

(1)趣味导入(活动目的:激情引趣)。

教师:首先让我们进行一个智力小测试。

上面四个图形符号中,哪一个与其他三个类型不同?

无论学生说第几个图形,我都说这是正确答案,以善意的欺骗方式引导学生怀疑,培养他们不唯书、不唯上的怀疑精神,进而引入正课,共同认识一下——一个这样的老师。

(2)教学板块

①朗读,说理解的话(活动目的:整体感知)。

让学生大声、有感情地朗读课文,并积累重要字词。

用一个词语替换标题中的"这样",并简要陈述理由。

学生结合文中关键语句发言,做到有理有据、言简意赅。既锻炼学生的概括能力,又提高他们的口头表达能力。我根据学生异彩纷呈的发言,顺时针方向生成颇具创意的问号形板书。(附板书设计)

②评读,说发现的话(活动目的:细读评点)。

学生四人为一小组,合作评读,慧眼发现文章描写精彩或不精彩之处。

参照句式:我发现_____用得好(不好),好(不好)在_____。

(请结合相关描写语句)

学生评读的过程是与文本直接对话的过程,是独立思考与合作交流相碰撞的过程,更是批判认知的过程。对于学生的发言我以激励为主,鼓励学生质疑、发现、品评,注重课堂生成性资源的开发,即使是对立的看法,只要言之成理即可。

③研读,说创造的话(活动目的:变式复述)。

让学生试以怀特森先生的口吻来复述这件事,体会他的心理活动。

参照句式:我是怀特森先生,我教六年级的科学课……

这种复述方式能够使学生学会换位思考,深入体察人物丰富的内心活动和情感世界,通过有感情的复述及角色朗读,培养学生的创造能力与表达能力。我主要关注学生复述的角度与人称转换等问题,因势利导,适时点拨。

④体验,实话实说(活动目的:感悟体验)。

怀特森先生的教学方式与众不同,你喜欢吗?

学生实话实说时,可能会触及应试教育的问题,我则客观地加以引导,在渗透怀疑精神时,给予学生一定的自由度。

⑤拓展,说积累的话(活动目的:拓宽视野)。

教师:你知道哪些关于怀疑精神的格言、故事,说出来与同学们共享。

这一环节重在调动学生的积累,拓宽课堂的容量,加深对文章主旨的理解。

(3)对联作结。

古往今来,许多成大学问者无不深知怀疑精神的重要。怀疑是一把打开知识宝库的金钥匙。最后送给同学们一副对联:书山有路疑为径,学海无涯问作舟。横批:学则须疑。

【板书设计】

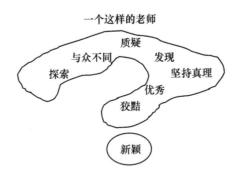

【教学反思】

本节课教学通过多种形式的读、品、悟、疑、思,营造宽松平等的教学环境,因势利导,创造性地组织适合学生参与、自主创新的教学活动,既让学生学到新的知识,更保护学生的自尊心,培养学生敢于提问的精神,使语文课堂焕发出勃勃生机。构建一种开放、和谐、愉快的学习情境,使学生的主体意识得到真正凸现。

(1)通过设置开放性的问题及实践活动,体现生本理念。如用"怀特森先生是_____的老师"说句话,并简要陈述理由;试以怀特森先生的口吻来复述这件事,体会他的心理活动等,构建了一种开放、和谐、愉快的学习情境,使教学内容问题化、问题答案多元化、语文教学情境化,使学生的主体意识得到真正凸现,为学生创造一个学习知识的平台,唤起学生学习的动机,激起学生学习的欲望,从而让学生不断生成促进课堂发展的教学资源。

(2)通过学生多角度品读、质疑,潜移默化地培养学生不唯上、不唯书的怀疑精神。如"品读,说发现的话"环节中引导小组合作,慧眼发现文章描写精彩或不精彩之处。学生不迷信教材,对教材从语言到思想内容上充分质疑,说真话,吐真言。在"体验,说句心里话"中,让学生畅谈"是否喜欢怀特森先生的教学方式",最大限度地调动学生的积极性,还学生一个真实、生成的课堂。

【点评】

胡老师这节课上得很成功,听者如沐春风。新的教学理念渗透到整个课堂教学过程中,真正体现了以学生为本的思想。具体特点如下:

(1)创设适于学生学习、探究的教学情境。兴趣是一切成功的前提,只有在极大兴趣的驱使下才能迅速有效地了解课文并掌握知识。胡老师根据教材特点,以"读出自己,读出问题"的态度来引导学生品味、感悟,设计了"怀特森先生的教学方式与众不同,你喜欢吗"这样的开放性问题,既给学生展示个性的机会,锻炼其口头表达能力,又使学生带着极大兴趣走进语文活动的殿堂,在亲切自然的气氛中去探索求知,形成一种利于激发学生浓厚兴趣的情境,从而达到很好的教学效果。

(2)加强研读和内容品味,探究与合作学习兼备。多种形式阅读不仅可以传达内心独特感受,还可以帮学生理解文章内容,体会其中蕴含的情感。胡老师执教过程中,通过让学生朗读、品读、评读、研读等多角度、多层次训练,引导学生根据自己的生活经验和知识积累对文章语言进行感知和品味,提高自己对语言的理解和感受。

在本节课教学中,胡老师设计了让学生自由言论、自由质疑的教学环节,学生在质疑、研讨、交流中不断生成新的思考与感悟,胡老师以智启智,关注课堂的"生成",对来自学生中的课程资源利用加以整合,促进师生、生生之间的资源共享。

(3)拓展延伸知识,提高学生的语文素养。语文的外延与生活的外延相等。开放的语文课程以学生的语文生活经验和成才需要为依归把教材与生活融为一体。胡老师在教学中通过"拓展,说积累的话",给学生的思维一个可以自由驰骋的广阔空间,让学生在知识积累与情感体验中感受学习的快乐,不仅体现了学生学习的自主性、创造性,同时体现了老师教学中的创新精神。且把语文课延伸到课本以外的生活,使学生在语文实践中培养了想象能力、创新能力。

总之,胡老师的课体现了新的教学理念,给人耳目一新的之感,使情境、自主,探究多种学习方式于一炉,"三维目标"的完成水到渠成。

(评课人:香坊区教师进修学校　孙红)

十一、横看成岭侧成峰:开放包容　尊重个性差异

生命化教育是个性化教育,正如孔子主张的因材施教。每个学生都有个性、差异性、独特性,教师要学会尊重他们的个体差异,善于因生而异,灵活调整教学策略,分层布置教学作业。课堂具有开放性,才能真正包容、理解每个学生,进而善待、成全每个鲜活的个体生命。

语文课堂的开放与学生思想的活跃相得益彰。教育是尊重人的艺术,语文课堂的开放可以释放每个学生生命的能量,使个体精神更为自由。

我经常让学生以自己喜欢的方式进行阅读,可以大声吟诵,可以默默涵泳,可以小组合作,可以同桌互读。总之,只要他们喜欢,课堂无论是书声琅琅,还是寂静无声,都是他们生命成长最美的姿态。我也乐于进行开放性的教学设计,让他们细读文本,畅所欲言。没有统一的答案,没有一呼百应的效果,每个学生的发言都是不同思想的凝结,每个学生的对话都是不同思考的聚焦,这样的语文课堂才是真正的生命化课堂,才是生生互动、和而不同的学习共同体。

以教读课《变色龙》为例,我设计了这样四个开放性问题:

(1)请你为课文重新拟定一个题目,并说出理由。
(2)请以"……的奥楚蔑洛夫"评价主人公。
(3)假设你是小说中的人物,应该用怎样的语气朗读?
(4)对小说的主题及艺术特色有何理解?不妨做批注。

在学生充分阅读研讨的基础上,我引导他们从不同角度,多层次地探索开放性的问题。此时,重点不是结论,而是发散思维的训练过程,听说读写能力的培养及引导学生如何快乐学习、学会学习。

1. 学生的拟题及理由

拟题	缘由
《两面人》	一面媚上,一面压下
《镜子》	影射俄国丑恶现实
《红场上的草》	"红场"代表俄国典型环境;"草"取立场不坚定之意

《狗》　　　　　　　一语双关,既指咬人的狗,也指见风使舵之走狗

2. 学生关于人物的评价

见风使舵,媚上压下,反复无常,不知羞耻,趋炎附势……学生均能够自圆其说,可见读书、讨论之深入。

3. 学生的朗读训练

主要以课本剧的形式展现。几个学生分别担任作品中的人物表演小说的片断,充分体现了人物各自的性格特点,尤其主人公的性格体现得尤为出色。只有在自学、讨论的过程中对人物个性有着深入的认识,才能通过朗读、表演表现得淋漓尽致。学生的个性得以充分发挥,学生的阅读素养得以全面提升。

4. 学生关于作品的评价

我适时引导,学生评价方式别具一格。有的一语中的,有的洋洋洒洒,有的引用名言,有的引用诗句,有的采用对联,不一而足,可见开放的问题对开启学生发散思维起到了关键作用。摘录两条对联评价如下:

(1)上联:对话中见忠实走狗之本色
　　下联:对比中显沙皇统治之虚伪
　　横批:入木三分

(2)上联:见风使航　警官嘴脸丑恶
　　下联:无人做主　百姓命运凄苦
　　横批:世道不公

综上所述,我执教时采用开放性问题,激发了学生浓厚的学习兴趣,为学生创设了生命张扬外显的机会,搭建了学生创造展示的平台,培养了他们的听说读写综合语文素养,尤其是关注每个学生和而不同的思考,注重课堂教学的生成性,注重创新能力的开发和培养,使学生自主学习、主动探究,成全不同生命的情智发展与个性成长。

我执教《安塞腰鼓》时,同样设置了多个开放性的问题,体现了"以学生为本"的理念。如用"_____的安塞腰鼓"对安塞腰鼓进行评价这一环节,构建了一种开放、和谐、愉快的学习情境。

可见,课堂的开放植根于教师心中对每一个生命的尊重与信任,植根于和而不同的教学理性的思考,是践行生命化教育的顺遂生命自然的行为,更是个体精神解放的过程。

有一种散步叫责任
——我教《散步》

三代人走在乡间小路上,一位善解人意的慈祥老者,一个活泼机灵的男孩,一个体贴孝顺的中年男人和他的妻子,在初春的田野,在万物复苏的时节,演奏着生命的和谐乐章。

课堂上,我让学生细读文本,思考标题的含义。如果换个角度另拟一个题目,你会以什么为题?

学生认真地阅读,有的口中念念有词,有的笔下沙沙有声,时而目光透露着专注,时而咬着笔尖凝神思考,几分钟后,他们纷纷举手发言——

生1:我拟的题目是《春天》,文章叙述的是春天发生的故事,描写了冬去春来的生机盎然,表达了春从心来的憧憬与快乐。

生2:我拟的题目是《母与子》,文章叙述母亲和儿子之间的故事,"前面也是妈妈和儿子,后面也是妈妈和儿子",从文中小男孩的话语中,可以感受一家三代人其乐融融、扶老携幼的暖暖亲情。

生3:我拟的题目是《责任》,文章中的"我"和妻子,上有老下有小,肩负着承上启下的责任。有责任,家庭才会和睦。正像文章所说"我背上的同她背上的加起来,就是整个世界",这是文章要表达的主旨。

生4:我拟的题目是《孝心无价》,文章中的"我",对母亲很有孝心。冬天过去领母亲在田野散步,发生分歧时决定委屈儿子,可以看出我孝心的可贵。

生5:我拟的题目是《路》,文章散步重点是那段分歧,就是走大路还是小路,而一切都取决于"我","我"的选择是使一家人走上幸福之路的关键所在,所以路有双关之意。

生6:我拟的题目是《我们的世界》,三代人散步在春天的世界里,稳稳地走在互敬互爱的氛围中,没有争执,没有不快,儿子是妈妈的世界,母亲是爸爸的世界,彼此间洋溢着温馨与幸福。

一个简单的拟题,唤起了学生对文章情节、人物、语言的感知、品味、思考,师生共同体会充满了生命与生活的纯净滋味。我也思绪翩翩,想起前日在市场目睹一对盲人夫妇十指相扣买菜的温暖画面,心有所动,下笔成章——

盲人夫妇的牵手

胡涛

看不见百花烂漫
却听得见鸟鸣幽幽
春日里牵手
漫步于十字街头

看不见骤雨如注
却听得见雷声轰鸣
夏日里牵手
跋涉风雨历程

看不见枫叶如火
却嗅得到四野稻香
秋日里牵手
浪漫于田园村庄

看不见雪花飞舞
却感觉到寒风刺骨
冬日里牵手
温存着走着走着就白了头

无论是生活中的散步,还是生命中的牵手,都是责任与情感交织的幸福,是人生最动听的音乐,是最温情的画面,是爱的世界里永恒的回响。

参 考 文 献

[1] 陶行知. 创造的儿童教育[M]. 南京:江苏人民出版社,1981.
[2] 亚米契斯. 爱的教育[M]. 夏丏尊,译. 南京:译林出版社,2017.
[3] 黄克剑. 黄克剑论教育·学术·人生[M]. 上海:华东师范大学出版社,2013.
[4] 夏丏尊,叶圣陶,丰子恺. 阅读与写作[M]. 北京:天天出版社,2016.
[5] 中华人民共和国教育部. 义务教育语文课程标准(2022年版)[M]. 北京:北京师范大学出版社,2022.
[6] 王君. 听王君讲经典名篇(上下)[M]. 北京:人民出版社,2014.
[7] 王开东. 王开东与深度语文[M]. 北京:北京师范大学出版社,2016.
[8] 程红兵. 做一个自由的教师[M]. 上海:华东师范大学出版社,2013.
[9] 张志公. 张志公语文教育论集[M]. 北京:人民教育出版社,1994.
[10] 汪曾祺. 蒲桥集[M]. 北京:作家出版社,2000.

黑龙江省教育科学"十四五"规划2022年度教研专项课题"基于学科核心素养的语文教学活动创新设计与实践研究"（JYC14222006）研究成果

诗味语文教学艺术探索与实践
——语文名师中考示范作文

胡　涛　著

哈尔滨工业大学出版社

图书在版编目（CIP）数据

诗味语文教学艺术探索与实践. 语文名师中考示范作文 / 胡涛著. — 哈尔滨：哈尔滨工业大学出版社，2024.5

ISBN 978-7-5767-1408-1

Ⅰ.①诗… Ⅱ.①胡… Ⅲ.①作文课-教学研究-初中 Ⅳ.①G633.302

中国国家版本馆 CIP 数据核字（2024）第 097315 号

策划编辑	闻　竹
责任编辑	张羲琰
装帧设计	博鑫设计
出版发行	哈尔滨工业大学出版社
社　　址	哈尔滨市南岗区复华四道街 10 号　邮编 150006
传　　真	0451-86414749
网　　址	http://hitpress.hit.edu.cn
印　　刷	黑龙江艺德印刷有限责任公司
开　　本	787mm×1092mm　1/16　印张 7.75　字数 143 千字
版　　次	2024 年 5 月第 1 版　2024 年 5 月第 1 次印刷
书　　号	ISBN 978-7-5767-1408-1
定　　价	139.00 元（全两册）

（如因印装质量问题影响阅读,我社负责调换）

前　　言

　　三十年的执着与探索,源于热爱——热爱生活,热爱教育事业,热爱每一个学生。

　　从教以来,我一直致力于探索语文教学艺术,经过三十年的语文探索实践,我创建了独特鲜明的"诗味语文"教学风格。我的"诗味语文"教学是从生活实际出发,将文本中的内容还原到生活中去,把学生的视野引向广阔的生活领域,通过语文与生活的密切结合,创设诗化情境,用诗意的语言,用我创作的诗歌和下水作文,引领、点拨、唤醒学生,让他们在体悟丰富多彩的诗画生活中,在与生命和谐对话的进程中,学会运用语言,发展思维,提高审美能力,进而促进阅读与写作的高效融合,极大地激发对语文学习的热情,使他们热爱生活、热爱生命,从而更好地促进语文核心素养的提升和可持续发展。

　　教育路上的不断探索实践,迸射出不尽的思维火花,促使我将实践的感悟提升为理论的思索。日积月累,真情与智慧凝聚成《诗味语文教学艺术探索与实践》一书。本书分为《语文名师教学叙事集》《语文名师中考示范作文》两册。

　　《语文名师教学叙事集》以立德树人为根本任务,充分发挥语文教育独特的育人功能和奠基作用,以社会生活为基础,以语文创新实践活动为主线,以高效读写策略为引领,整合教材内容、教学情境、教学方法、教学资源等诸多要素,60余篇教学叙事具有如下几个特点:

　　(1)囊括了人教版语文教材散文、诗歌、小说、戏剧等多种文学体裁。

　　(2)融新课程理念、教材分析、教学创新设计、学生素养提升于一炉。

　　(3)在阅读教学创新设计上,随文赋法,不拘一格。

　　(4)在文章创作笔法上,随文赋文,灵动多姿;语言诗意,骈散结合,长短错落,浓淡相宜。

　　《语文名师中考示范作文》通过示范作文,引导学生学会观察生活,做生活的有心人、有情人、有思人,唤醒学生的写作激情。指导学生掌握各种类型作文的写作方法,学会选材构思,让所见所闻成为笔下感人的篇章,学会运用美言雅句,让作文富有文采,最终使学生的语文素养得以潜移默化地提升。书中所附学生佳作均是我所教过的历届学生考场佳作、作文比赛获奖作品或报刊发表作品,文质兼美,可供中考考生写作借鉴。

我探索"诗味语文"教学以来创作的各类下水作文具有如下几个特点:

(1)类型丰富。涵盖中考作文多种类型,如命题作文、给材料作文、话题作文等。

(2)体裁多样。如记叙文(写人、叙事、写景、状物)、议论文(材料作文、杂文、读后感)等。

(3)题材广泛。涵盖个人、家庭、校园、社会、自然等诸多方面,表达亲情、友情、师生情等多重情感,以及自我成长、成功、成熟的心路历程。

(4)手法娴熟。或娓娓道来,或纵横捭阖,或浓墨重彩,或惜墨如金。

(5)语言生动。优美诗意,活泼灵动,意味隽永。

(6)师生共创。师生同题,师生共赏,师生共评。

岁月荏苒,即使时光斑白了我的两鬓,我依然要蘸着清晨的露水,披着落日的余晖,用爱在讲台上写下充满热情、诗味浓郁的教育诗篇。一腔赤诚凝聚成《诗味语文教学艺术探索与实践》,期望得到同行的批评指正,如能给予一线教师启迪,帮助莘莘学子提升语文素养和学习成绩,我倍感欣慰。

感谢三十年来,在我从教路上给予我鼓励、支持的领导、专家、同事、朋友,感谢哈尔滨工业大学出版社的编辑付出的心血,同时感谢我的妻子对我的鼎力支持。

作 者

2023 年 11 月

目　录

第一部分　身体力行勤下水　妙笔生花激潜能 ………………………………… 1

第二部分　我的下水作文 …………………………………………………………… 2

一、命题作文下水示范 …………………………………………………………… 2

(一)哈尔滨市中考命题作文示范 …………………………………………… 2

2023 年哈尔滨市语文中考命题作文 ……………………………………… 2

歌唱 ……………………………………………………………………… 2

2022 年哈尔滨市语文中考命题作文 ……………………………………… 3

这也是收获 ……………………………………………………………… 3

2021 年哈尔滨市语文中考命题作文 ……………………………………… 4

约定 ……………………………………………………………………… 5

2019 年哈尔滨市语文中考命题作文 ……………………………………… 6

彼岸并不遥远 …………………………………………………………… 6

2017 年哈尔滨市语文中考(外县)命题作文 ……………………………… 8

几分甜蜜在心头 ………………………………………………………… 8

2016 年哈尔滨市语文中考命题作文 ……………………………………… 9

入门 ……………………………………………………………………… 9

2014 年哈尔滨市语文中考命题作文 ……………………………………… 10

六月情深深(一) ………………………………………………………… 11

六月情深深(二) ………………………………………………………… 12

2011 年哈尔滨市语文中考模拟作文 ……………………………………… 12

我与作文 ………………………………………………………………… 13

(二)哈尔滨市各区模拟考试作文示范 ……………………………………… 14

2018 年哈尔滨市香坊区一模命题作文 …………………………………… 14

转身 ……………………………………………………………………… 14

2018 年哈尔滨市道外区一模命题作文 …………………………… 15
　　原来如此 …………………………………………………………… 15
2017 年哈尔滨市香坊区一模命题作文 …………………………… 16
　　传递 ………………………………………………………………… 17
2016 年哈尔滨市道外区一模命题作文 …………………………… 18
　　不一样的闲暇时光 ………………………………………………… 18
2015 年哈尔滨市香坊区模拟考试命题作文 ……………………… 19
　　另一种灿烂生活 …………………………………………………… 19

(三)哈尔滨市第四十九中学校考场模拟作文示范 …………………… 20
2023 年哈尔滨市第四十九中学校考场模拟作文练习 …………… 20
　　开在心中的花 ……………………………………………………… 21
2022 年哈尔滨市第四十九中学校考场模拟作文练习 …………… 23
　　思念 ………………………………………………………………… 23
2021 年哈尔滨市第四十九中学校考场模拟作文训练 …………… 24
　　乐此不疲 …………………………………………………………… 24
2020 年哈尔滨市第四十九中学校考场模拟作文示范 …………… 25
　　请给我点赞 ………………………………………………………… 26
2019 年哈尔滨市第四十九中学校考场模拟作文示范 …………… 26
　　闻香知味 …………………………………………………………… 27
2018 年哈尔滨市第四十九中学校考场模拟作文示范 …………… 28
　　从未走远 …………………………………………………………… 28
2015 年哈尔滨市第四十九中学校考场模拟作文练习 …………… 29
　　那一课,深深触动了我 …………………………………………… 30
2014 年哈尔滨市第四十九中学校考场模拟作文练习 …………… 31
　　难忘那一幕 ………………………………………………………… 31
2008 年哈尔滨市第四十九中学校考场模拟作文练习 …………… 32
　　美丽的绽放 ………………………………………………………… 32
2007 年哈尔滨市第四十九中学校考场模拟作文练习 …………… 33
　　有你,真好 ………………………………………………………… 33

二、给材料作文下水示范

2023年哈尔滨市香坊区初中毕业学年调研测试（一） ……………… 35
    勇于担当成大业 …………………………………………………… 35
2018年哈尔滨市香坊区一模作文 ………………………………… 36
    另辟蹊径，收获成功 ……………………………………………… 37
哈尔滨市香坊区2019—2020学年度上学期教育质量综合评价
学业发展水平监测语文试卷（九年级）期末 …………………… 38
    耐住清贫守高洁 …………………………………………………… 39
2020年毕业学年阶段性复习与测试（一） …………………………… 39
    奋斗人生　莫忘品味 ……………………………………………… 40
2020年毕业学年阶段性复习与测试（二） …………………………… 41
    做自己，方有为 …………………………………………………… 42

三、话题作文下水示范 …………………………………………………… 42

2009年哈尔滨市语文中考模拟作文 ………………………………… 42
    特立独行任我行 …………………………………………………… 43
2010年哈尔滨市第四十九中学校期中考试作文 …………………… 44
    松花江——我的母亲河 …………………………………………… 44
2009年哈尔滨市第四十九中学校期中考试作文 …………………… 45
    果树的诱惑 ………………………………………………………… 46
2009年哈尔滨市第四十九中学校阶段测试作文 …………………… 46
    用欣赏打开学生的心灵之门 ……………………………………… 47
2008年哈尔滨市第四十九中学校期中考试作文 …………………… 48
    不老的爸爸 ………………………………………………………… 48
2007年哈尔滨市第四十九中学校期中考试作文 …………………… 49
    逝水流年，此情不待 ……………………………………………… 50

四、读后感下水示范 ……………………………………………………… 51
    俗中见奇，奇领风骚——《俗世奇人》读后感 …………………… 51

五、师生同题作文 ………………………………………………………… 54

2014年哈尔滨市语文中考命题作文 ………………………………… 54
    有一种色彩属于我 ………………………………………………… 55

有一种色彩属于我 ·································· 56

2017年哈尔滨市道外区语文中考模拟作文 ·············· 57
　　任性 ·· 57
　　任性 ·· 58

2013年哈尔滨市香坊区模拟考试命题作文 ·············· 59
　　永远也不会忘记 ·································· 59
　　永远也不会忘记 ·································· 60

2023年哈尔滨市第四十九中学校期末考试作文 ·········· 61
　　他是我的一盏明灯 ································ 61
　　他是我的一盏明灯 ································ 64

2020年哈尔滨市第四十九中学校期中测试语文命题作文 ·· 65
　　这一次,我是主角 ································· 65
　　这一次,我是主角 ································· 66

2019年哈尔滨市第四十九中学校阶段测试作文示范 ······ 67
　　一棵大树的自述 ·································· 68
　　我的自述 ·· 68

2018年哈尔滨市第四十九中学校语文期中考试作文 ······ 69
　　书香伴我成长 ···································· 69
　　书香伴我成长 ···································· 71

2007年哈尔滨市第四十九中学校语文中考模拟作文示范 ·· 72
　　唤醒 ·· 73
　　唤醒 ·· 74

2007年哈尔滨市第四十九中学校语文中考模拟作文 ······ 74
　　与生命对话 ······································ 75
　　生命价值的表达 ·································· 76
　　聆听生命的活力 ·································· 77

2002年哈尔滨市第四十九中学校语文日常练笔作文 ······ 77
　　音乐,我的乐土 ··································· 78
　　音乐太平洋 ······································ 79

第三部分　学生优秀作文示范

一、哈尔滨市中考优秀作文
2012 年哈尔滨市中考作文
让我心存感激的人

二、哈尔滨市中考模拟考试优秀作文
2007 年哈尔滨市语文中考模拟作文
傲骨难忘
2011 年哈尔滨市香坊区二模命题作文
最爱这里的风景

三、学校考场优秀作文
（一）命题作文
2023 年哈尔滨市第四十九中学校阶段测试
记忆的角落
2022 年哈尔滨市第四十九中学校阶段测试
你是我最爱的人
2022 年哈尔滨市第四十九中学校阶段测试
我也是一束阳光
2022 年哈尔滨市第四十九中学校阶段测试
最爱是那微笑时
2022 年哈尔滨市第四十九中学校阶段测试
面对
2020 年哈尔滨市第四十九中学校日常练笔
珍贵的收藏
2020 年哈尔滨市第四十九中学校日常练笔
简单的幸福
2018 年哈尔滨市第四十九中学校阶段测试
那一抹微笑最美

（二）给材料作文
2021 年哈尔滨市第四十九中学校材料作文训练
诚信乃收获之道

2017年哈尔滨市第四十九中学校材料作文训练 ·········· 96
  莫守己见,应纳良谏 ······································· 97
  脚踏实地,走向成功 ······································· 98
2007年哈尔滨市第四十九中学校材料作文训练 ·········· 99
  沉默若为金,沟通则为钻 ···································· 99
(三)话题作文 ··· 100
 2007年哈尔滨市第四十九中学校阶段测试 ················ 100
  先驱之力 ·· 100
 2007年哈尔滨市第四十九中学校阶段测试 ················ 101
  望向光明 ·· 101
 2007年哈尔滨市第四十九中学校阶段测试 ················ 102
  生命绵延无尽头 ·· 102
(四)征文比赛获奖作文 ·· 103
 2011年"校园花开杯征"文比赛学生获奖作文 ············ 103
  与将军对话 ··· 103
  带着信念出发 ·· 104
  带着微笑出发 ·· 105
  给我一双翅膀 ·· 106
(五)报刊发表优秀作文 ·· 107
  生活的启示 ··· 107

第四部分　学生笔下的胡老师 ································ 108
 胡涛先生 ·· 108
 我的胡涛老师 ··· 109
 我心中的胡老师 ·· 111
 师生情,点亮人生之光 ······································· 111

第一部分
身体力行勤下水　妙笔生花激潜能

《义务教育语文课程标准（2022年版）》（以下简称新课标）总目标对学生的书面表达提出以下要求："积极观察、感知生活，发展联想和想象，激发创造潜能，丰富语言经验，培养语言直觉，提高语言表现力和创造力，提高形象思维能力。"由此可见，新课标对写作教学的建议归根到底还是观察能力、思维能力、想象能力及表达能力的培养和训练。

如何提升学生的语文核心素养，进而培养他们的写作能力？我除了通过多种创新性语文实践活动提高他们的思维能力和创造能力，在布置作文时常与学生同题创作，身体力行，做学生的引领者，与学生共同遨游于文学创作的海洋，时而描人之神形，时而状物之特质，时而品情之真挚，时而思理之深邃，或惜墨如金，或洋洋洒洒，课堂聚集着灵感的火花、闪耀着智慧的光芒，余光中，见学生与我一样奋笔疾书，喜不自胜。

写作活动结束后，学生迫不及待地想看看我的下水文，我常常稍事修改，并快速批阅他们的习作，了解他们写作的优势与问题。翌日，我将下水文与他们的习作共同讲评。学生每每倾听我朗读下水文时，目光中充满了期待与兴奋，通过不断的笑声与掌声表达着对我的创作的赞赏。读罢，我顺势分享我创作时的体会，如何推陈出新地选材，如何张弛有度地构思，如何妙笔生花地渲染，如何画龙点睛地扣题。学生津津有味地聆听，不时露出会心的微笑。我也会将写作时的困惑及破解的途径娓娓道来，让学生今后写作时，能够少走弯路，尽快地进入创作的最佳状态，将所观察、感知的生活，以流畅、形象的文字鲜活于笔下，提升形象思维，丰富言语体验。

学而不厌的教师才能教出学而不厌的学生。下水作文的示范，不仅促使我笔耕不辍、与时俱进，更以此激发学生的创作热情，唤起他们的写作潜能，指导他们的创作思路和方法，让他们把对生活、对生命的情感态度，通过文字生动地传达出来。由此观之，下水示范实乃促进教学相长的双赢之举，何乐而不为？

教学之路漫漫其修远兮，吾将生命不息，写作不止，以笔点亮学生的盏盏心灯，以墨滋育一生钟爱的片片桃李。

第二部分　我的下水作文

一、命题作文下水示范

(一)哈尔滨市中考命题作文示范

2023 年哈尔滨市语文中考命题作文

我们生活在一个伟大的时代,我们的祖国繁荣富强,我们的社会和谐美好,我们的生活充实幸福,我们的青春昂扬向上。我要纵情歌唱,赞美青春的风采,赞美人间的真情,赞美可贵的品质,赞美崇高的精神……

请以"歌唱"为题,写一篇作文。

要求:

①将题目抄写在答题卡作文纸的第一行(题目前空四格);

②文体自选(诗歌、戏剧除外);

③不得抄袭,不要套作;

④不少于 600 字;

⑤文中不得出现真实的人名、校名。

歌　　唱

胡　涛

人生路上,触动心弦者众多,可歌可泣者不胜枚举。国之昌盛,民之幸福,天地之大美,人间之至善……幸甚至哉,撷取身边小善,歌以咏之。

当你迎着第一缕晨曦走进校园,那不辞辛苦的保洁阿姨的身影便映入你的眼帘。她们素衣素颜,俯身擦拭着长长的走廊,好像用拖布书写着人人都能读懂的诗行。看似简单的动作,凝聚着敬业的精神,额头的汗水无声地滴到光亮如镜的瓷砖上。你踮起脚轻轻地靠边走过去,生怕留下带着尘土的脚印,保洁阿姨偶尔抬起头,与你对视的一瞬间,一种被尊重和理解的感激悄然流淌,然后低下头,更有力地劳作着,校园因为有她们而更加洁净美丽。

我要为保洁阿姨歌唱,歌唱她们用勤劳的汗水擦亮了校园的每个角落。

当你忆起那一个个核酸检测的日子,那无怨无悔的护士姐姐让你感动不已。经常是烈日当空,经常是队伍如长蛇蜒蜒,她们穿着厚厚的防护服,很难想象一天十几个小时如何忍受。护目镜下,一双美丽的眼睛温柔而专注,虽然是几秒钟相遇,却能感受到医护人员的用心。刹那的定格,健康的守护,她们以无私的奉献成全了全民的安康,男女老幼注视她们熟练而轻柔的动作,心中充满感激与敬佩。长长的队伍渐渐缩短,疲惫的她们在一片暑热的蒸腾下依然坚守,整个社会因为有她们而更加安定和谐。

我要为护士姐姐歌唱,歌唱她们用点滴的奉献守护着社会的每个公民。

当你饥肠辘辘的时候,那风雨无阻的外卖小哥是你最期待的风景。他们骑着电动车穿行在大街小巷,不畏风霜雨雪,不畏道路泥泞,那一个个明黄色的身影像是一朵朵蒲公英,顽强地盛开在城市的每个地方,散发着清新的芬芳。当你接过外卖时,心里是否有一种感动在激荡,一声"谢谢"让外卖小哥有点羞赧,他又快速骑上电动车,驶往下一个地方。因为有他们,午后的阳光更加温暖。

我要为外卖小哥歌唱,歌唱他们用速度与热情描绘着一幅幅温馨的画面。

歌者,肺腑之音也。小善大爱,无处不在。他们用爱为我们搭建了一个个美好温馨的平台,我们用歌唱对他们致以最高形式的礼赞!

2022 年哈尔滨市语文中考命题作文

拥抱自然,锻炼身体,社会实践,家务劳动……这些多姿多彩的生活体验能开阔视野,磨炼意志,净化心灵……只要你积极投入生活,用心品味,常常会有收获。

请以"这也是收获"为题写一篇文章。

要求:

①将题目抄写在答题卡作文纸的第一行(题目前空四格);

②文体自选(诗歌、戏剧除外);

③不得抄袭,不要套作;

④不少于 600 字;

⑤文中不得出现真实的人名、校名。

这也是收获

胡　涛

似乎习惯了每天开车来去匆匆的日子,渐渐忽略了头上的星空与身旁的花丛。

某日要去外地出差,不用开车了,步行去约定地点集合吧。

走在路上,空气中久违的芬芳让我放慢脚步,嗅着、赏着、品着,一种前所未有的舒适涤荡着我纷乱的心绪。

春天的阳光照在身上暖洋洋的,有一种被呵护的幸福,有一种被烘焙的甜香。走着走着,居然忘记了自己的方向,痴迷在万物复苏的氛围中,收获着心灵的富足。

路边的桃花虽未盛,但已是一片嫣红,那些急于向春天告白的朵儿早已绽放大大的笑容,一簇簇,一团团,争先恐后地挤上枝头,将粉红色的梦与期待张扬给路人,张扬给这座城市。

还有一些羞赧的骨朵缀在枝头,她们并不着急,只等待一场春雨的润泽,她们就会如饮佳酿般醉红了脸,将最美的风景展示给懂得欣赏的人。

走过这片粉红的海洋,眼里收获的是色彩的美丽,心里收获的是春天寄给我的温暖的信笺,满满的春的印迹。

继续在融融春日里徜徉,走进一条绿色塑胶铺成的通道,风轻悄悄的,脚下软绵绵的。栈道下清澈的小河缓缓流淌,温暖的阳光洒落一池碎金,碧波粼粼,美好的景致吸引着附近的居民,也吸引着喳喳的长尾喜鹊、双双对对的鸳鸯。鸟语花香入心田,人间最美四月天。

就这样在春天漫步,欣赏着一路风景,蓝天流云,像一首首轻音乐环绕在耳畔,没有了往日赶路的匆忙,没有了案牍劳形的倦怠,浑身散发着春的活力,与其说是踏春赏春,不如说是春从心出。你看,每个人的嘴角上扬,满面的春风不正是来自心底吗?

目的地近在咫尺,今日的步行真是一种莫大的收获——我锻炼了身体,净化了心灵,在大自然的怀抱里尽情享受。

走得最慢的,有时也是最美的时光。

2021 年哈尔滨市语文中考命题作文

《现代汉语词典》对"约定"一词的解释是:经过商量而确定。

世界上,生活中,有大大小小形形色色的约定。约定可能是双方草率的决定,也可能是相互庄严的承诺,可能是私下的协定,也可能是公开的协议。有的约定不合规则,有的约定受法律保护。约定可以与时俱进变更调整,也可以始终如一丝毫不变。

约定因何产生,约定如何遵守,约定用何种方式才能实现……其背后有故事,有情感,也有哲理……

重信守诺是中华民族的传统美德。作为社会主义新时代的青少年,从小就应有契约精神。

请以"约定"为题写一篇文章。

要求:

①将题目抄写在答题卡作文纸的第一行(题目前空四格);

②文体自选(诗歌、戏剧除外);

③不要套作,不得抄袭;

④不少于600字;

⑤文中不得出现真实的人名、校名。

约　定

胡　涛

人生会有许多次约定,有一种约定,也许等不到彼此相见。

记得那是一个秋天的午后,阳光温暖地照进病房,您躺在病床上,慈祥地跟我说:"把你的教学感悟写成书吧,我为你作序。"我注视着您霜染的鬓发,真诚的眼神,心中瞬间充满了感动。岳父,您放心,我一定不负您的厚望,用爱与智慧谱写最美的教育诗行。

许是因为这份约定,生命里充盈着新鲜的活力。

迎着清晨的第一缕阳光,走进课堂,双双眼睛看着我,期待着我演奏一曲文学审美与幽默诙谐兼备的精彩乐章。我端详着一颗颗闪亮的"小星星",用动情的语言引领他们穿越历史的隧道,品味古代圣贤的思想,用机智的话语让他们在阵阵笑声中感受语文的魅力。看着他们可爱的笑脸,我沉浸在无尽的幸福中。他们是我教育的源泉,是我灵感的来源,没有他们,哪有我的激情四射,哪有我丰富的情感体验,我又怎么能写出教育的诗篇,去实现与岳父的约定呢?

每节课都像一个不老的传说,在故事中,大手牵小手,我引领学生快乐地成长,在快乐中体验幸福,在快乐中丰富内涵,在快乐中实现生命的价值。

每每下课,在众星捧月般的簇拥下回到办公室,心中的幸福无以言传。打开平板电脑开始我的创作之旅。回忆是一件无限美好并让人心灵雀跃的事,与学生共同成长的片段像小电影一样历历在目:课堂上如何通过巧妙的问题调动他们的情感体验,让他们尽情畅游在文学的海洋里;我怎样激情澎湃地诵读原创的诗作,将对文本的解读融在诗意的氛围中,热烈的掌声让我体会着教者无比的幸福;我的爱如何通过微妙的眼神、细致的动作传递给他们。于是,电脑屏幕上,一行行文字真实、真情地记录着过往的点滴,记录着教学时的感悟,记录着我和学生关于彼此真挚的爱的故事,记录着我们携手漫游文化花园的幸福。日复一日,望着数以万计的文字,我微笑着,我和岳父的承诺就要兑现了,那份约定让我不知疲倦地耕耘着、收获着。

我的教学书稿日益丰厚,有出版社联系我,打算出版我的书稿。一切都那么如意,向着美好的方向发展,我期待着,给岳父一个大大的惊喜。

当我兀自陶醉在教学的兴奋与幸福中的时候,还未来得及把与出版社签订的合同交给岳父看,医院那边却传来了令人无法接受的消息,岳父因病医治无效,不幸去世了。我的心陡然一沉,悲伤瞬间弥漫了心胸。怎么可能?前几天您还微笑着与我们交流关于党的二十大的感悟,您还送给我们"不忘初心,方得始终"的箴言。难道您忘记了与我的约定吗?怎么就这样悄悄地走了?痛苦的泪水模糊了窗外飘零的落叶。

来到岳父的遗体前,哽咽着做最后的告别,看着您那安详的面容,万般不舍化为我心底的承诺,我们的约定没有变,我会记住您的谆谆教诲,做一个正直善良的人,写一本充溢教育情怀的书。

等到我的书出版的那一天,我会捧着它来到松花江畔,来到您栖息的地方,我把它读给您听。您若在天有灵,就托梦给我吧,或者,您托浪花一朵朵拍打堤岸回应我们曾经的约定,我会在梦里等您,等您归来……

2019年哈尔滨市语文中考命题作文

彼岸,江河湖海的那一边,即对岸;借指所追求和向往的一种境界。新时代的现实生活中,个人的进步,集体的发展,国家的富强……都源于有所追求,都体现为通过行动,去努力达到所向往的境界。

请以"彼岸并不遥远"为题写一篇文章。

要求:

①将题目抄写在答题卡作文纸的第一行(题目前空四格);

②文体自选(诗歌、戏剧除外);

③不要套作,不得抄袭;

④不少于600字;

⑤文中不得出现真实的人名、校名。

彼岸并不遥远

胡 涛

当耳畔响起"他说风雨中这点痛算什么,擦干泪不要怕,至少我们还有梦……"《水手》之歌让我想起自学霹雳舞的日子,那时我从心底坚信,只要有梦,彼岸就不会遥远。

我的少年时代,正盛行太空步、霹雳舞。我没有机会看电影《霹雳舞》,更没有机会参加舞蹈培训班,因为当时在父母看来,那是不务正业,是坚决不允许的。我经常看同学们三五成群聚在一起,各自展示绝活:失重状态下的肢体动作,双臂过电一般的感觉,大鹏展翅,马达旋转……我看得如醉如痴,体内涌动着不可遏制的激情,我也要像他们一样舞出精彩。

我不好意思向同学请教舞蹈技法,只好每天放学回家照着镜子模仿他们的动作,镜子成了我最好的老师。放电影一样回忆同学的曼妙动作,四肢关节模仿同学的舞姿,没有过电的流畅感,只有触电般的痛苦,关节如同木头一样,扭一扭,抽筋剥骨般地难受。妈妈不经意看了我的举止,一种异样的目光,好像发现了一个无脊椎怪兽,关切地问:"小涛,你身体哪里不舒服吗?"我尴尬地冲她笑了笑,吞吞吐吐道:"没,没有。活动一下,呵呵。"心里不禁叫苦,想要自由炫舞的梦有点遥远。

每天一放学,写完作业,趁妈妈在厨房忙碌时,借活动之由开始了漫长的自我训练。一个关节一个关节的起伏,反复,练到手臂酸痛,骨节嘎嘎作响,窥镜自视,突然发现,从左手指尖到双肩,再到右手指尖,过电的舞蹈动作有点感觉了,我又尝试了几遍,颇有点霹雳舞的味道,心中窃喜。原来,梦想的彼岸并不遥远啊。

"过电"初具形态后,我开始练习滑步、擦玻璃等动作,一只脚脚尖用力,另一只脚向后平滑移动,两脚交替进行。由于穿的是拖鞋,不跟脚不说,多次脚尖发力,让拖鞋不堪重负,断为几节。妈妈发现后,面露不悦之色:"儿子,你的脚长牙了,这是穿鞋还是啃鞋啊?"我低下头,红着脸不知所措。还是爸爸过来打圆场:"哎,不就是一双拖鞋嘛,孩子脚大,撑的,多买几双不就行了。"我赶紧回到卧室,心里虽然还在琢磨着滑步的舞蹈动作,手中却捧起了课本,免得拖鞋惹的祸继续发酵。

功夫不负有心人。多少次的对镜模仿,多少次的反复实践,弄疼了多少个关节,扭坏了多少双拖鞋,终于,镜子前的我,双臂抖出过电一般的起伏,双脚转出水上漂似的丝滑,擦玻璃、拽绳子、登高山,都如临其境。我心狂喜,终于,不懈努力使我无师自通,我离彼岸仅有一步之遥了。

有一次,学校组织联欢活动,我们班要派代表出个节目,唱歌太普通,班长犯难了,我悄悄递给他一张纸条,上面写着"我想表演舞蹈",班长一脸惊诧。

联欢活动那天,我从同学那里淘来一身行头,头巾、墨镜、霹雳手套,俨然一个霹雳小王子。当《荷东》强劲的富有节奏感的鼓点响起时,我旋转着舞步上台,游龙一般舒展,台下掌声雷动。我陶醉在炫舞的狂欢中。

无论前路有多么曲折艰难,只要梦还在,汗水与激情就会扬起远航的帆,心的彼岸就并不遥远!

2017年哈尔滨市语文中考(外县)命题作文

纷繁的生活中,只要我们用心体会,总是不乏或幸福,或愉快,或舒适的甜蜜感受。

请以"几分甜蜜在心头"为题写一篇文章。

要求:

①将题目抄写在答题卡作文纸的第一行(题目前空四格);

②文体自选(诗歌、戏剧除外);

③不要套作,不得抄袭;

④不少于600字;

⑤文中不得出现真实的人名、校名。

几分甜蜜在心头
胡 涛

做一名教师真的很幸福,每天当一群"小星星"在你面前倾听、微笑、环绕,总有几分甜蜜在心头。

像两只可爱的小鸟,守在我的门口,想张望里面的动静,又有点羞涩。就这样,拎着饭盒,捧着水果,守在门口,等着我的归来。

我踏上台阶,你们好生欢喜,却又不知所措,忽然面向墙壁。我唤你们进来,你们羞红着脸,将美味藏于身后。我问:"你们吃饭了吗?"对视,轻轻摇头。我急:"快点去吃饭,别饿着。"这时,你们把手中的美食捧到我面前,"老师,你尝尝,我姥姥的手艺。"一股烤鱿鱼的香味蔓延开来,我食欲大增,心中充满感动:"你们还没吃呢!""老师,我们想让你先吃。"我象征性地夹了两块鱿鱼,细细地品尝着,啧啧称赞,那两只"小鸟"笑眯眯地看着。我说:"你们也吃啊,别凉了。"她们咯咯地笑着,说:"不急,就想看着您吃。"

心瞬间软软的,暖暖的。在这样的孩儿面前,在这样的爱意面前,什么职业倦怠,什么身心疲惫,都飞到了九霄云外,心灵享受着甘泉流淌的舒畅,沐浴着春雨淋漓的欢愉,我成为世界上最幸福的人。

感谢你们,一株株透着油油新绿的小苗,散发着青春的活力。我知道,你们在,欢乐就在!美好就在!

守着你们,默默不语,任岁月流转。这一刻,眼前浮现了一幅幅醉人的画面——他捧着一盒特制的粉笔,悄悄送到我手中,说:"不伤手,不扬尘,书写舒畅。"眼眶霎时潮湿。他提着一杯新榨果汁站在我的门口,"老师,我特别要了大杯的,暑天解解渴,败败火。"那一刻感动不已。端午节,她们来到我身边,拿出精致漂亮的五彩绳,为我系在手腕上,一根根,那是彩虹的色泽……

你们对我的关心,我会加倍珍惜并默默珍藏,然后不断施以阳光、雨露,再孕育出一大片一大片的太阳花,那点点芬芳与丝丝甜蜜在我的世界里,永不消散!

2016年哈尔滨市语文中考命题作文

《现代汉语词典》对"入门"一词的解释是:"得到门径;初步学会。"找不到路径,不得其门而入,只能永远做门外汉。只有先初步学会,才能再精钻深研,成为行家里手。

请以"入门"为题写一篇文章。

要求:

①将题目抄写在答题卡作文纸的第一行(题目前空四格);

②文体自选(诗歌、戏剧除外);

③不要套作,不得抄袭;

④不少于600字;

⑤文中不得出现真实的人名、校名。

入 门

胡 涛

最初吸引我的,并不是技艺本身,而是匠师的拂面春风。

巡视烘焙、茶艺、彩陶等实践教室,忽然听到木艺那个教室里传出充满磁性的声音,我立刻走了进去。

一个满面春风的老师正兴致勃勃地向学生传授着木艺浮雕的技法,老师话不多,但讲解清晰到位,且不失幽默诙谐,学生不时发出阵阵笑声。教室因了老师的平和而春意融融。

看四壁,挂满老师的各色作品,百家福洋溢着满满的福气,十二属相栩栩如生,仙女图飘飘欲飞,天蝎座充满神秘气息……件件作品都是创意与智慧的结晶,是力与美的融合,是色彩铺张的立体时空,是张力与活力交织的精彩纷呈。此时,我心中除了羡慕与敬佩,还有的就是跃跃欲试的激动与兴奋。

老师发给我一块四方木板,我找了一张白羊座的图拓在板面,然后迫不及待地开始了阳刻创作。先用角刀沿白羊的边缘纵深下去,左手指尖轻扶刀身,右手掌心推动刀柄的时候,我感到了一股阻力和不可控的艰难,一下一下,好像用铁锹抡厚厚的冰,稍不留神,刀就歪向一边,破坏了不该碰到的地方。费了九牛二虎之力,刻得边缘增添了许多毛刺,凹处深浅不一,完全没有老师握刀时的气定神闲,没有老师落刀时的丝滑流畅,真是"看花容易绣花难"啊!

老师单独为我做了一次示范,轻松走刀,边缘齐整的刻痕像是咧嘴的笑,我不禁佩服得五体投地。待到我学着老师的样子下刀,刻的深浅度稍微好些,丝滑度也差强人意,但跟老师比,还是差太多了。哎,木艺看似简单,入门不易啊!

待到边缘刻罢,角刀换作圆刀,铲掉白羊周围所有的部分,这可真是力气活,每一下掌心发力,凿刻声声入耳,木屑纷飞,不一会儿桌子上重重小丘累成,掌心也变得通红,痛并快乐着!

这不只是力气活,还有审美渗透在里面,圆刀刻的纹路可纵可横,纵如流苏,横似发丝,亦可自由蜿蜒,美在一刀刀不停地推动中悄悄诞生。

入门的木刻作品即将完成,虽稍显粗糙,心底还是升腾起巨大的成就感。接下来,提升品位的关键就是为它着色了。

初入此道,不懂者,乱涂乱抹,滴答淋漓,难晾不说,凸凹不平,缺乏美感,干了还易剥落。老师传授此道:需轻蘸颜料,慢刮盆壁,转圈涂抹,均匀布色。金色红色,银白墨色,任由选择。心之所向,我想把白羊制成铜版画的风格,所以涂抹了墨色。待晾干后,老师教我大刷蘸金粉,那举止如蜻蜓点水,风舞荷塘,那动作极尽洒脱之美,顷刻之间,一幅惟妙惟肖的铜版画白羊座完成了,入门之作在老师的悉心指导下新鲜出炉。我心雀跃!

木艺浮雕的入门,让我明白凡事不可急于求成,待到熟能生巧,自然会有奇迹来敲门。

2014 年哈尔滨市语文中考命题作文

孩子们最快乐的节日在六月伊始必定会如约而至,吃粽子、赛龙舟的端午也最愿意在六月里来与我们相逢。六月充满了节日的情趣。

六月,骄阳似火;六月,夏雨缠绵;六月,万物葱茏。六月的大自然能触发我们诸多的情怀。

六月又是学子们最紧张忙碌的时候,老师的关怀、亲人的照顾、同学的帮助常常唤醒我们那快要睡去的情愫。

请以"六月情深深"为题,写一篇文章。

要求：
①将题目抄写在答题卡作文纸的第一行(题目前空四格)；
②文体自选(诗歌、戏剧除外)；
③不要套作，不得抄袭；
④不少于600字；
⑤文中不得出现真实的人名、校名。

六月情深深(一)

胡 涛

当六月迈着火热的步履如期而至,我的心抑制不住地激动,那一簇簇美艳绝伦的步步高,那一张张花一般的笑脸,那一句句发自心底的叮咛……

我的胸膛满溢着幸福的琼浆!

花红那一刻心醉神迷

不知不觉,街两旁的"步步高"绽放了笑靥。我驻足凝视,它们像绯红的云彩,像粉色的流霞,像玫瑰的梦境,我完全沉浸在梦幻一般的意境中,轻轻吮吸着大自然恩赐的芬芳,静静地欣赏喧闹的都市里这迷人的一隅,心中的爱不能自已。在这温馨的氛围里,我感觉身体慢慢融化,融入一片绯色中,"醉卧花丛君莫笑",与自然融为一体,消失了车水马龙的声音,消失了乌烟瘴气的味道。我知道此刻的憧憬便是化作一瓣,栖息于那枝头,享晨曦,沐雨露,诗意地栖居在大地上。

讲台那一刻生生不息

不知不觉,讲台下的学生绽放了笑脸,在这洒满汗水的讲台上,我深爱着每一个幼小的生命,每当他们研讨课文露出会心的微笑时,我便感到幸福。六月,紧张忙碌的时刻,我会带给他们什么？我会用自信坚定的目光鼓励他们走进考场,让勇气去检验每一次经历;我会用关爱呵护他们的心灵,让他们带着希望扬帆起航。是的,讲台和黑板分割的青春渐渐消逝,生命如同粉笔磨损,但是我一定不会忘记肩上的责任与使命。让他们在琅琅诵读中,在静静思考中,在快乐分享中,在愉悦的合作中,感到幸福与骄傲。

这个季节触发了心中如许情怀,这个季节是面朝大海春暖花开的时节。携着好友漫步于林荫路,让友情在天地间升腾;带着父母于江畔纳凉,让亲情在晚风中升华。这个季节是一首美妙的诗,每一行文字都刻满了心底无限的眷恋;这个季节是一幅动人的画,每一种色彩都唤起内心真挚的情愫。

多年以后,当我忆起六月,我会说为什么我的眼中充满期待,因为我爱这片土地上的一草一木,爱我爱的人和爱我的人,人间至情是如此深沉。

六月情深深(二)
胡 涛

平淡的岁月,因为这些纯真的孩子而增添了无限情味。

早上比较匆忙,没来得及带饭。上午上了两节课,临近中午,已是饥肠辘辘。一个学生问我吃什么,我说,没有带饭。他又问,出去吃吗?我说,自己动手,丰衣足食。他一脸疑惑。

于是我去水房接满一壶水,准备来碗泡面解饿。余光觉察到门口有小小的人影在晃动,于是轻唤,是谁啊,进来吧。只见一个腼腆的小男孩捧着一袋面包走向我,老师,你没带饭,别饿着。放下后就跑开了。望着他的背影,我浑身洋溢着暖暖的幸福。不一会儿,一个小女孩又钻进来,她蹦跳着来到我面前,伸出两只小手,一手攥着巧克力,一手托着法式小面包,开心地放到我手心。我打开巧克力,慢慢咀嚼着,一种甜蜜的战栗让我感受着教师生涯无以言传的美妙。

泡面好了,小可爱们源源不断地涌向我这里,他们揣着糖果、饼干、酸奶、粗粮棒……我被幸福的洪流裹挟着。一会儿,办公桌已堆满了,办公室里弥漫着甘之如饴的气息,让人沉醉。

下午上课时,我看着他们,心中充盈着欢喜与感动,不仅仅是因为孩子们送来果腹的小吃,那份纯真之情更是让我动容。我爱这些"小星星",闪着奇异的色彩,让我着迷。

我不禁感慨,如果有一天,你们离我远去。我该有怎样的不舍。我在心底会默默祝福——

愿你们都有更美好的前程,
愿你们永远散发着温暖的气息,
把甜美的味道传播到每一个角落!
美好的六月,愿我们师生的情谊深厚绵长!

2011年哈尔滨市语文中考模拟作文

亲爱的同学,你可能已记不清从小到大总共上过多少堂作文课,写过多少篇文章,但对于"作文"你肯定有很多独特的体验和感受。

请以"我与作文"为题写一篇文章。

要求：

①将题目抄写在答题卡作文纸的第一行(题目前空四格)；

②文体自选(诗歌、戏剧除外)；

③不要套作,不得抄袭；

④不少于600字；

⑤文中不得出现真实的人名、校名。

我 与 作 文

胡 涛

似乎是一种使命,我对作文这一"爬格子"的过程有着特殊的青睐。作文就是一次心灵的旅行,在山水草木、情感交织、思维纵横中体验一种特别的激动,一种怦然的感觉。

无限风光注笔端

心总是在春夏秋冬随风不息的流转时被牵动,于是我的日记本上便尽情蔓延着多彩的岁月:鹅黄的希望,嫩绿的眷恋,金灿灿的喜悦,白皑皑的思索。春的如诗如画,夏的如阳如丽,秋的如泣如诉,冬的如飘如舞,都走进了我的文字,走进了我的心灵。于是,每一天都不会寂寞孤单,因为有自然为伴,有文字相随。飞雪不再寒冷,于笔下变成神奇的六瓣花,江河孕育她的生命,星空磨炼她的骨骼,大地拥抱她的深情;高山也不再难攀,因为山登绝顶我为峰,"会当凌绝顶,一览众山小"。在欣赏与游历中,我不仅在情感上得到绝妙的体验,更是通过文字与自我交流,与自然交流,让作文成为另一片独特风景。

千思万情于行间

人非草木,孰能无情,情之所至,以笔为舟,荡漾最真的心声。

当"卓越杯"赛课喜获特等奖后,忆及赛前辛苦经历,灯火阑珊时伏案钻研,月夜不眠时凝眉思索,不禁感慨万千。于是,我展开纸笺,诉诸笔端,洋洋洒洒,千言一挥而就。敞开心扉,文字就是在与自己对话,真实地记录那段光辉岁月,让它激励自己不断前行。

伤感时,文字任我尽情倾诉,它不会拒绝,也不会欺骗。它会用无声的语言安抚我,慰藉我,于是当文字把伤感转化之后,心情豁然开朗。感谢作文,是你让我走进快乐与动情,走出失落与寂寞。

文字记录的内容远不止这些。喜欢音乐,让纷繁交织的感性与理性在音符中完成一次飞跃,于是《音乐,我的乐土》一夜诞生;喜欢舞蹈,一任脚步的轻帆荡出霹雳的旋律,于是《舞动我人生》跳跃而出;喜欢课堂,于是记载我廿年教学心路历程的《教海无涯乐作舟》芬芳出炉。我真的离不开作文,文字是我真实心灵的折射。如果没有文字,这个世界将是多么的荒凉,如果没有多彩的文字相伴,那么我的生活之舟将搁浅在岁月的荒漠。

就像风对于帆,就像阳光对于种子,让文字与我一生相伴吧。愿乘文字之一叶扁舟,于大江大河中击桨,驶向属于我的人生彼岸。

我爱作文!它是我生命中最亮的一抹颜色!

(二)哈尔滨市各区模拟考试作文示范

2018年哈尔滨市香坊区一模命题作文

生活中你一定看到过或经历过"转身"的情景,转身的原因各不相同,但只要转身,就一定有一个不一样的风景,使你感动,让你回味,给你启迪……以一颗敏感的心捕捉"转身"的瞬间,发掘"转身"之隽永深意,在珍爱生命与热爱生命中,走好人生的每一步。

请以"转身"为题目,写一篇文章。

要求:

①将题目抄写在答题卡作文纸的第一行(题目前空四格);

②文体自选(诗歌、戏剧除外);

③不少于600字;

④文中不得出现真实的校名、人名。

转　身

胡　涛

曾经痴迷网络世界,在虚拟的空间尽情驰骋,那次不经意的转身,让他明白生命中值得珍惜的是什么。

他曾是电子产品控。智能手机令他爱不释手,尤其是一款款令人眼花缭乱的网络游戏,让他操控得天昏地暗。朋友的忠告,妻子的苦劝,他都一笑置之,在筋疲力尽的左突右冲中,他于虚拟的世界获得了精神的愉悦。

忽有一日,单位派他去进行一次产品的研发工作,由于活动的保密性,他的手机要暂时上交。他忽然感到了无所适从,因为习惯了机不离手的日子,习惯了网络决战的时刻,突然离开手机,他好像一下子退回到远古洪荒,他有一点心慌。

研发产品的过程是运筹帷幄的过程,他渐渐从虚拟世界的兴奋,转为对现实世界的专注。他慢慢发现,殚精竭虑地思考,细密审慎地研究,柳暗花明的刹那,带给他无限惊喜。在研究产品特性过程中,他一点点实现了从虚到实的转身,让心灵沉静下来,让思想沉淀下来。离开手机的日子,也是离开浮躁的日子,一转身打开一扇通往新世界的窗,让自己的智慧闪烁于图纸与零件之间。一次次秉烛夜战,一次次磨砺交流,他咀嚼到成长的甘甜,也品味到成功的喜悦,眼前浮现出朋友真挚的笑容,妻子真心的期盼,他忽然明白了自己曾经的执念,未必真正愉悦了自己,却伤害了他人的善意与关爱。

研发产品的日日夜夜,他没有了最初的焦急,而是信心满怀,涂涂抹抹间,灵感不期而至,一触一摸间,水到渠成。探究所带来的成就感,让他的心灵世界充盈着喜悦与幸福。

当工作结束,手机重新拿到手,面对曾经痴迷过的它,他突然有种陌生的感觉,接着删去曾经挚爱的游戏,将手机放入口袋,转身走向熟悉的家。望一望街两旁初盛的春林、初生的春水,感受一下十里春风,阳光真好!

2018年哈尔滨市道外区一模命题作文

青春年少的我们,随着年龄的增长,阅历的增加,探索体验的增多,对自然,对人生,对社会的某些认识,会有所更新,有所改变。改变得更准确,更深刻,更全面。

请以"原来如此"为题,写一篇文章。

要求:
①将题目抄写在作文纸的第一行(题目前空四格);
②文体自选(诗歌、戏剧除外);
③不少于600字;
④文中不得出现真实的校名、班级、人名。

原来如此

胡 涛

冷漠好像是父亲的代名词。

很少看到他和蔼的笑容,每每回家他总是面无表情,也不打声招呼,瞄我一眼,转身慢慢踱进屋去。跟他说起一些工作上取得的成绩,他也没有什么赞许之词,相反,话锋很快转移到自己曾经的辉煌业绩上,好像我的成绩不值一提。渐渐地,我也很少说起自己的事,主要是不想听到他说过千遍的光辉岁月。

父亲的词典里难道没有关心这个词条吗?

于是多少个日子,就在我欲言又止的沉默与父亲的冷漠中度过,四季温暖的阳光,驱不散我心头的阴霾。

一日甲沟炎发作,走路一瘸一拐,回家后,蹒跚之状被父亲看到,他皱了皱眉,牙缝中挤出一句:"咋的了?"我以为他在敷衍我,轻描淡写地应了句:"甲沟炎犯了。"本以为对话至此,他该转移视线了,谁料想他一脸紧张兮兮,话语中多了一丝关切的温度:"把袜子脱下,让我看看。"我受宠若惊,仔细端详了一下他,眼神中似乎有些许不安。我脱下袜子,他戴上老花镜,慢慢蹲下身仔细地查看我的脚趾,不时用手轻轻地、小心翼翼地拨一拨指缝,问我疼不疼。其实是有点疼的,但是由于被突如其来的父爱带来的喜悦所填满,我竟忘了回答,只是享受着父亲的关心。我怀疑我曾经的感受是不是幻觉,父亲的关心犹如春日一样温暖啊,从前的冷漠只是一层薄薄的外衣,里面裹着的是一颗滚烫的爱心啊,原来——如此。

父亲慢慢站起来,走向卧室。一会儿取来了一整套专业修脚工具:锉刀、指甲刀、小剪子,抓住我的脚趾头,开始了工作。看着父亲一半花白的头发,感受着他颤抖的手在我的脚趾上巡行,突然抑制不住泪滴滚落,我赶紧拭去。父亲细心地为我修好指甲后说:"抹点儿碘酒,过几天就好了。"他艰难地站起身,长舒了一口气。我的脚趾明显舒服多了,望着父亲慢慢走进屋的背影,我发现他的背有一点驼了,我心中荡起层层涟漪。父亲,你披着冷漠的外衣,其实你的内心是很柔软的,你的关怀让我感受到了温暖。

父爱如山,山有冷峻的面孔,更有隐蔽的温情,原来如此!

父爱如海,海有幽深的形象,更有轻柔的波浪,原来如此啊!

2017年哈尔滨市香坊区一模命题作文

传递,是由一方交给另一方。我们的世界离不开传递,人与人之间每天都在进行着传递。一些事物在传递中延续,一些精神在传递中发扬。

请你以"传递"为题目,写一篇文章。

要求:

①将题目抄写在作文纸的第一行(题目前空四格);

②文体自选(诗歌、戏剧除外);

③不少于600字;

④文中不得出现真实的校名、班级、人名。

传　递
胡　涛

　　大街小巷的快递传递的是满满的期待和真心的幸福，奥林匹克的火炬传递的是体育的信念与竞技的精神，师生之间默契的眼神传递的是殷切的期望与诚挚的鼓励。每一份传递都缩短了心与心的距离，每一份传递都烙上了爱的印记。

三尺讲台，师者风范

　　我拿什么传递给你？我亲爱的学生。每每站上讲台，我总有一点忐忑。我怕我的情怀还未深深感染你，我的生命已如粉笔磨损。我怕我的知识还未深深吸引你，你已如慵懒的小猫发出疲惫的呓语。

　　于是啊，我唯有激情满怀，旁征博引，在妙趣横生的氛围中引领你们穿越一望无际的茫茫戈壁，感受先哲博大的思想精髓，熏染志士仁人的品德修养。从你们渴望的目光中，我读懂了我的课堂给你们的心灵注入了活水，从你们开心的笑容里，我欣慰地觉察到我的传递带给你们欢乐的音符。

　　这份轻松而又沉甸甸的传递啊，在眼神与心神的交汇中闪烁，在知识与修养的融合中升华，在掌声与笑声的激荡中拓展。每一天，你我在无形与有形的世界里徜徉，在爱与被爱的交流中升华。

　　我充满情感的传递啊，是爱意，是清泉，是甘霖，是雨露，滋润你们久渴的心田，助力你们在成长路上创造奇迹！

爱心接力，大爱无疆

　　宝贝身患重症，医疗费昂贵，父母无奈，求助朋友圈。一石激起千层浪，爱心人士接力转发，如无数微尘，虽小却渗入每个有良知人的心间。

　　于是素不相识者纷纷慷慨解囊。短短几天，数十万救助金如雪中送炭，汇给了受捐者。于是，孩子的世界里多了一抹爱心传递的亮色，父母的眼圈氤氲出感恩与希望的光彩。

　　这爱心的传递，守护的是一份良知，流露的是真诚善良。在温暖的人性爱抚里，在默默的善举中，传递着融化冰雪的滚滚热流，传递着嘘寒问暖、扶危济困的无疆大爱！

　　让传递成为师生之间情感沟通的桥梁，让传递成为爱心奉献的一叶扁舟，让我们打开心窗，让爱传递下去，永驻人间！

2016年哈尔滨市道外区一模命题作文

　　进入初四以后,繁重的学习压榨着我们的生活,让我们的空闲时光越来越少,因此在紧张的学习考试之余,若有一点点闲暇,实在有一种"偷得浮生半日闲"的庆幸。在这珍稀的闲暇时光中,我们是否会从卧榻中醒转,从游戏里抬头,从动漫里走出……去做一些自己喜欢的或有意义的事情,让自己拥有一段不一样的闲暇时光呢?

　　请以"不一样的闲暇时光"为题,写一篇文章。

要求:

①将题目抄写在答题卡作文纸的第一行(题目前空四格);

②文体自选(诗歌、戏剧除外);

③不要套作,不得抄袭;

④不少于600字;

⑤文中不得出现真实的人名、校名。

不一样的闲暇时光

胡　涛

一人一夜一阕歌,
一生一世不了情。
——题记

　　厌倦了电视里的风花雪月,腻烦了手机上的心灵鸡汤,一个闲暇的日子,一个宁静的夜晚,我悄悄开启了全民K歌,开始了我的个人演唱会。

　　在浩如烟海的歌单里,选取我的挚爱,插上耳麦,心随着节奏走,律动在这个属于我的夜。耳畔,回响着自己的声音,激动不已,居室好似变成了舞台,我沉浸在激情燃烧的氛围中。低音时缓慢而深沉,高音处响亮而有穿透力,伤心处声音略带嘶哑而哽咽,动情处情不能自已。

　　一首歌就是一个故事,我仿佛成了故事的主角,尽情演绎着那些情感。无论是《成都》中那淡淡的忧伤,还是《我们不一样》里一种历经沧桑的彻悟,在歌唱中,我寻到了自我,寻到自己需要的灵魂家园。歌,是我的精神归处。

　　每每一曲终了,好像完成了一桩重大的事情,内心深处升腾起一种巨大的喜悦感,回放时也许有一点瑕疵,但瑕不掩瑜。

　　当K他人的歌腻了的时候,也想K一下自己写的歌,于是夜深人静的时候,素笺一纸,书写自己的心情,以现成曲子谱之唱之,自己立刻化身音乐人,享受着创作与表演合二为一的极致惊喜,《四九版成都》《兴城之旅》皆是境由心生、灵感突袭、妙手偶得之作,演唱着自己创作的作品,享受着灵感与情感交织的美妙,这闲暇,何乐而不为?

年年岁岁花相似,岁岁年年歌不同。不一样的夜晚,不一样的闲暇,不一样的歌声,倾诉着我不一样的心境。

身在红尘觅闲情,心随风飘踏歌行。

2015年哈尔滨市香坊区模拟考试命题作文

有一段歌词这样唱道:"与生俱来的洒脱,从不会被削弱。点缀着梦的一刻,用快乐来激活。与幻想擦肩而过,却在现实中颠簸。试着用自信的态度,不会再陷入纠结的漩涡。有梦想的脉搏,完美地去感受,另外一种灿烂生活。"放眼望去,似乎失败与疲惫已黯淡了灿烂和光辉。可是,我们必须知道,在这些灰暗之上,在万米高空,其实太阳早已光芒万丈。

请以"另一种灿烂生活"为题,写一篇文章。

要求:

①将题目抄写在答题卡作文纸的第一行(题目前空四格);

②文体自选(诗歌、戏剧除外);

③不要套作,不得抄袭;

④不少于600字;

⑤文中不得出现真实的人名、校名。

另一种灿烂生活
胡 涛

满眼的题山卷海,满眼的鲜红分数,我的生活好像坠入了黑暗……

捧着苍白的试卷,一如我苍白的脸,看着两位数的分数发着呆,为什么废寝忘食的努力换来的却不是尽如人意。父母的期望,老师的付出,我……吧嗒,泪水落在试卷上,洇湿了那红红的分数,如鲜血刺眼……

"孩子,别灰心,下课到我办公室。"肩头感觉一阵暖意,慢慢抬起头,模糊的视线中,一双鼓励的眸,心里也注入了暖流。

下课后,我拿着试卷去老师办公室。老师温和地让我坐下,语重心长地说:"孩子,你的语文总体看还可以,主要问题是作文的文采,我们一起来研究下解决方法。"老师轻声细语,像春水汩汩,流进我干涸的心田,刚才的落寞与失意被冲荡干净,心里焕发出一丝生机。我静静地听着,老师耐心地帮我分析作文出现的问题，并为我计划怎样提升文采，我认真汲取着老师传授的方法，眼前变得豁亮，仿佛看见一叶理想的扁舟正向人生的彼岸驶去，不惧浪涛，不惧风雨。老师啊，该怎样感谢您，一席话，一次鼓励，让我体验到生活的美好。

那日起，我告别了泪水，告别了失意，埋头耕耘于学习的田园，在老师的指导下，我渐渐学会了抒写真情实感，运用精词妙句加强作文的文采，在一遍遍送给老师修改完善的过程中，体验感悟到行文之道。每一次面批都是一次美丽的相遇，与老师善意温和的目光相遇，与老师点石成金的话语相遇，与老师博爱的心灵相遇。每一次相遇都是一次成长，都是一次暖心的收获，离开时总是充满欣喜与感动。

终于一次大型模拟考试中，我的努力有了质的飞跃，113分的成绩，47分的一等文分数，让我欣喜若狂。我拿着试卷一路狂奔，到老师面前，抑制不住的欣喜。老师摸了摸我的头说："一分耕耘，一分收获，再接再厉，争取更佳。"我一阵激动，猛转身，我怕控制不住的泪水，再次打湿试卷。

中考前的生活可能缺少色彩，可能显得乏味，但是只要你用心体会，那浓得化不开的师恩会扬起你的理想之帆，会让你在失落中重新体会到奋斗的欣喜，会让你感受到，生活，原本是如此的美好灿烂。

(三)哈尔滨市第四十九中学校考场模拟作文示范

2023年哈尔滨市第四十九中学校考场模拟作文练习

花是有脚的，因为它们的足迹到处都是：有的开在山间崖畔，有的开在房前屋后，有的开在床头案上，有的开在胸前发梢……而有一些花(如：友善之花、诚信之花、谦虚之花、坚强之花、自信之花……)，一旦栖落于心灵的沃土上，就会生根发芽，抽枝展叶，开出美丽的花来。

请以"开在心中的花"为题写一篇文章。

要求：

①将题目抄写在答题卡作文纸的第一行(题目前空四格)；

②文体自选(诗歌、戏剧除外)；

③不要套作，不得抄袭；

④不少于600字；

⑤文中不得出现真实的人名、校名。

开在心中的花

胡 涛

沿着岁月的河堤漫溯，昔日的浪花里浮现一位可亲可敬的老师形象，她对幼小年纪的我的种种好，令我记忆犹新。她似一朵璀璨的菊花，带给我沁心的幸福，那一次次的感动也为我年少的时光镀上一层闪亮的金色。

月饼甜香

记得我在小学二年级时，一天早晨，由于起床晚了，没来得及吃早饭，便慌慌张张跑进学校，踩着铃声冲进教室。出早操的时候，楚老师见我无精打采、有气无力的样子，关切地问我："你吃早饭了吗？""起来晚了，没吃上……"我小声地回应。"那你别去操场了，来，到我办公室。"她拉起我的手，领我到她的办公室，安顿我坐在她的位置。接着，从抽屉里取出一块油纸包着的东西递给我，柔声说："孩子，吃吧。我去给你冲杯奶。"

我迫不及待地打开油纸，看见一块散发着香甜气息的月饼，口水竟不自觉地流出。这个时候能吃到一块月饼，是多么幸福的事情！我轻轻咬一小口，果仁的香顺着舌尖搅动我的味蕾，我细细地品尝着，一口一口让我欲罢不能。这时，楚老师端着冲好的一杯奶走向我，那微笑的眼睛像天上的月牙儿，那么好看！喝着热乎乎的奶，嚼着香喷喷的月饼，腹中满满的幸福荡漾开来。

"你慢慢吃，别烫着，我去看着同学们做早操。"望着楚老师匆匆离去的背影，我心里异常感动，妈妈一样的味道就这样如月饼之香弥散在空气中。

电影之约

那个年代，看场电影是我的渴望，也是奢望。家里一般不会拿出有限的余钱用在孩子的娱乐上。我在班级个头最小，年龄最小（比其他同学小两岁），学习成绩却一向突出，深得楚老师怜爱喜欢。一天下午，她把我叫到办公室，从抽屉里取出一张电影票递给我，微笑着说："这是给你努力学习的奖励。全班就一张，你可别弄丢喽。"并和我约好去电影院的时间。我接过电影票，紧紧攥着，小心地放进兜里，不时摸一摸，生怕掉了，幸运与幸福的感觉交织在一起！

周末，冰天雪地，路面如镜，楚老师拉着我的手，慢慢地走在去往电影院的路上，大手拉小手，只觉得温暖源源不断地传递到我的身上和心里，感觉不到凛冽的寒风。走着走着，一不小心，我滑倒了，楚老师一把将我抱起，倚在母亲般的怀里，惊慌与寒冷即刻化成了融融暖意，真希望时间定格在楚老师抱我的那一刻。楚老师轻轻地把我放下，温柔地拂去我身上的浮雪，拉起我的手，又慢慢地向前走，我紧紧地挨着老师，看电影似乎已不是我心中最急切的事了。小小的我何其幸运，得到老师的厚爱。即使年过半百，我依然时常想起那一幕，什么春风十里，什么春暖花开，都不如栖息在老师慈爱的怀抱。

仍记得，那场电影是《吉鸿昌》，坐在楚老师身边，被电影中主人公的爱国情怀深深感染着，也沉浸在有楚老师陪伴的幸福中。

作文竞逐

记得那是一次省级作文比赛，楚老师想让我参加，我虽然平时考场作文屡作范文，但是自信心不足，便推辞了比赛任务。第二天，楚老师上完课后，把我叫到办公室，微笑着说："孩子，我觉得你参加这次作文比赛还是很有实力的，相信你一定能获得佳绩。我已经替你报名了，你可要认真准备哦！"我望着楚老师慈祥且充满信任的眼神，心中不禁涌上感激之情。

从那以后，我便在楚老师悉心指导下，精心写作文，认真备战，在最短的时间内进一步提升写作能力。每每夕阳西下，金色的霞光铺在楚老师的办公桌上，映红她的面庞，看着她俯身批改我的作文，时而在本上勾画着优美的线条，时而停笔静静沉思，时而笑靥如花，时而眉头轻皱……渐渐地，夕阳在她的全身罩上了金色的光芒，她好像一朵金灿灿的菊花，那么美，而我也沐浴在这温暖的光辉里。

参加作文比赛的当天，风和日丽，楚老师亲自送我到比赛场地，她鼓励的目光赐予我无穷的力量。考场上，我执笔打开思维的闸门，任想象驰骋，与自然对话，与自己对话，娓娓讲述童年的趣事，作文一挥而就。走出考场，看见楚老师正在栅栏外焦急地张望，我疾走几步，老师一把拉住我的手，抚摸我的头，询问我的参赛情况，我开心地传达着自己创作的兴奋之情。

一个月后的一天，楚老师神采奕奕地走进班级，大声地宣布："今天，告诉大家一个好消息，胡同学在东三省作文比赛中荣获一等奖。"全班立刻响起了热烈的掌声。我望着楚老师，心里满是成功的喜悦。

楚老师，该怎样感谢您，我成长路上的点灯人！您那时一定不会想到，那个小不点的我，长大后也成了您，把光亮照进每一个孩子的心里，把无私的爱传递下去。

楚老师，我生命中的第一位恩师，您给予我的爱与关怀，让我永世不忘。纵然岁月随风不息地流转，那份母亲一样的情怀始终如灿烂的菊花，在我的灵魂深处散发着不尽的芬芳。

2022年哈尔滨市第四十九中学校考场模拟作文练习

思念犹如一线没有边缘的纸,写满了无数内心的誓言;思念犹如晴夜里皎洁的明月,寂静中充满着长长的期待;思念犹如大海里激起的浪花,短暂中沁出恒久绵长。一种挂牵是思念,一种寄托在心间。

请以"思念"为题写一篇作文。

要求:

①文体不限;

②不少于600字(若写诗歌,不少于20行);

③文中不得出现真实的人名、校名和地名;

④不得抄袭。

思　念
胡　涛

清明时节雨纷纷,我思岳父欲断魂。

您走的那一天,凌晨四点钟,我们还在沉睡之中,您没有打扰我们,永远地睡着了。

我被一阵急促的敲门声惊醒,惊诧地打开门,看见姐姐一脸凝重的样子,她只说了一句话:"快快快,穿上衣服,去医院。"一种不祥的预感袭来,岳父啊,莫非您……

急匆匆赶到医院,病床上的您已经安详地闭上了双眼。我心里千万次地呼唤,您没有任何反应。岳父,您选择世间最安静的时刻悄悄离开,宁愿最后一刻没有亲人的陪伴也不打扰孩子们吗?我的泪水不禁决堤,视线模糊了……

犹记得,您第一次出院后的那段日子。虽然您的下肢水肿得非常厉害,笑容却始终挂在脸上。在我的记忆中,生活中没有什么苦痛让您愁眉不展,您的口头禅是——那算得了什么呢?您坚强地从护理床上一次次自行翻身坐起,扶着椅子站立,一步步挪移,每一个动作都是那么艰难,但是您依然不愿麻烦孩子,总是以乐观的心态对待生活的一切。纵使因为手颤抖着没拿住饭碗,滚在桌上,扣在地下,您也没有焦躁沮丧,只是笑着自嘲——这是怎么一回事呢?哈哈。

犹记得,您走的前几日,想吃西瓜。我们觉得,十月份天凉,西瓜性寒,对您的身体不好。所以没能满足您的要求。您也没不高兴,微笑着说,不吃也罢。殊不知,几日之间,竟阴阳两隔,您永远地离开了,我的心里阵阵疼痛,遗憾满怀,为什么不在您健在的时候满足您小小的请求呢?

每逢周末的时候,您总是打来电话,充满期待地问:"过来吗?过来啊!"犹记得,每次回家的时候,您都会滔滔不绝地谈论国内国际时事,由衷地赞美国家的繁盛,感谢新时代,您的爱国热情感染着我们每一个人。您也会不厌其烦地叮嘱我们不要走歪门邪道,要行正途、蓄正气,做一个堂堂正正的人。您的一生光明磊落,您以身作则,告诉我们什么是道德的底线。

犹记得,您喜欢读书,遗憾的是,您没有一个像样的书房。您就把一些书捆成一摞摞,放在一个个纸箱子里,堆在屋子里的各个角落,视如珍宝。您曾对绿色痴迷,买了很多关于绿色的书籍,每一本上都有您的批注,我相信,如果您健在,一定会写出一本关于绿色的皇皇巨著。你还承诺,我若出书,必为我作序,可是遗憾的是书稿还没落成,您却悄悄离开了。

犹记得,送您离开的那一天。天朗气清,江天一色,松花江上鸥鸟齐鸣。也许冥冥之中,上天仿佛知道您生前喜欢旅游,喜欢看大自然的美好景色,所以阴雨绵绵的日子突然放晴,让您欢喜,让您的在天之灵伴着浩浩的江风,伴着悠悠的流水,伴着成群的江鸥安息吧!

今天是清明,让我和她为您献上一束花,还有我们对您无比深切的思念,愿您在彼岸永远安详。

2021年哈尔滨市第四十九中学校考场模拟作文训练

乐此不疲,《现代汉语词典》解释:因喜欢做某件事而不知厌烦。形容对某事特别爱好而沉浸其中。许多人都有因喜欢而乐此不疲的事,只要于人于己有益,就会产生积极的影响和效果。

请你以"乐此不疲"为题目,写一篇文章。

要求:

①将题目抄写在作文纸的第一行(题格);

②文体自选(诗歌、戏剧除外);

③不少于600字;

④文中不得出现真实的校名、班级、人名。

乐 此 不 疲
胡 涛

老妈喜欢做菜。

厨房是她施展厨艺的舞台,每每我和哥哥回家,她总是乐开了花。

她表达欢喜的方式就是烧一桌拿手的好菜,让我们细细品尝,而她也乐在其中。也许你会觉得做菜烦琐枯燥,可在老妈眼里好像是变魔术一样。那些食材无论长的短的,胖的瘦的,方的圆的,到了老妈的刀下,齐刷刷队列一样或段儿或片儿,或丝儿或块儿,如此刀工,令人叹为观止。老妈在迅速摆盘之时,嘴角一直是上扬的弧度,眼角也弯成两瓣月牙,她大概正想象着美味出锅时令人垂涎的模样吧。

　　最精彩的当属烹制的过程,油入锅,烟气腾,老妈立马化身武林宗师,凌波微步,乾坤挪移,咫尺方寸,辗转自如,仿佛哪吒三头六臂,爆香、翻炒、入料、颠勺,一气呵成,但闻火光跳跃处,烟雾缭绕处,噼啪爆响处,刀铲挥舞处,一股股无法抗拒的香气扑鼻而来,搅得你心神不安,只盼那佳肴出炉之时可以大快朵颐。

　　再看老妈此刻,如大将军从容地步出战场,微笑着,端详着我们,那欣欣然的表情,那红彤彤的脸庞,昭示着她刚才从厨房里收获的满满乐趣。其实这份快乐不仅是因为老妈自身厨艺的擅长,更是她把对孩子的爱融进了烟火刀铲之中。欢喜,自有真味,乐趣来自真爱。

　　人间有味,那是老妈的菜;家庭有味,那是老妈的爱。

　　当一盘盘色香味俱佳的美味摆上桌时,老妈轻快的步履何见做菜之劳顿,老妈满脸的欢欣何见做菜之枯燥。因为喜欢,喜欢各种食材化身美味佳肴的过程,喜欢孩子们津津有味风卷残云的享受时光,喜欢全家围坐推杯换盏其乐融融的场面,喜欢品尝美味咀嚼生活滋味的感觉。

　　喜欢,就会乐在其中;喜欢,就会乐此不疲;喜欢,让妈妈的味道飘逸我们的心灵深处,永不散去!

2020年哈尔滨市第四十九中学校考场模拟作文示范

　　"点赞"为一网络语言,后引申为表示赞同、喜爱。请以"请给我点赞"为题,写一篇文章。

　　要求:

　　①将题目抄写在答题卡作文纸的第一行(题目前空四格);

　　②文体自选(诗歌、戏剧除外);

　　③不要套作,不得抄袭;

　　④不少于600字;

　　⑤文中不得出现真实的人名、校名。

请给我点赞

胡 涛

我乃一凡人,却有热心肠,请你给我点赞。

如果有人恳请我为他做力所能及的事,我会放下眼前忙碌之事,因为我不愿辜负一双焦急的眼,更不愿拂逆一颗祈盼的心。瞧,霜染鬓发的她,求我为她女儿指点迷津,素不相识,但真情难拒,于是克服职业倦怠之心,出手相援,为她开一朵绚丽的花;看,秀而不媚的她,盼我为她主持一场雅致的答谢宴,虽交往不深,但诚意难违,于是搜肠刮肚备溢美之词,抑扬顿挫展才子之风,从来宾的笑声与掌声中,我收获了一种满足;望,蓝眼金发的她,捧着手机导航,一脸无助,蹩脚的中文道出她要去的地方,虽事务缠身,但依然为她细致地指明最佳路线,真诚的谢意从她长长的睫毛下流淌,我的心底升腾起一阵暖意。我性本善,几乎有求必应,即使偶有被骗记录,我亦无怨无悔,因为做一个热心之人,是我的一种本性,请你给我——点赞!

凡人亦有不凡处,多才多艺展芳华,请你给我点赞。

喜欢歌舞诗书,雅韵流芳。曾经主持数次大型文艺会演,以良好的应变能力担当重任;曾经在公众场合数次表演歌舞,以圆润歌喉及玄幻太空舞步令观众席响起经久不息的掌声;亦曾以笔的犁铧耕耘情感的原野,让心的彩帆漂越文字的长河,在不止一次的写作大赛中独领风骚;亦曾参加演讲比赛,在高手如云的讲台上激昂陈词,赢得满堂彩,斩获殊荣。每一次展示都是内心的充盈,每一次表现都是智慧的分享,在众人的欣赏中,我品尝到了幸福琼浆的甜美之味。如果你是我的粉丝,如果你看到了我的才艺,请不要吝啬,请给我——点赞!

其实,我不过想做一个最好的自己,有色彩,有温度,有责任,有情怀,在平凡的外表下烙印热爱生命的痕迹,在平凡的日子里镌刻助人为乐及自娱自乐的快乐精髓。生命不息,善行不止;生命不息,展示不止。请你给我——一个不甘寂寞的前行者点赞!

2019年哈尔滨市第四十九中学校考场模拟作文示范

香气,是令人感到愉快舒适的气息,生活中有许多香气值得我们留恋与珍惜,书之香、物之香、味之香、食之香、自然之香、亲情之香、生命之香、生活之香、人格之香……对香气的感知让我们体会到世间的百味与美好。

请以"闻香知味"为题,写一篇文章。

要求：
①将题目抄写在答题卡作文纸的第一行(题目前空四格)；
②文体自选(诗歌、戏剧除外)；
③不得抄袭,不要套作；
④不少于600字；
⑤文中不得出现真实的人名、校名。

闻香知味

胡 涛

那一片花海,那几块点心,那几粒喉宝,那回味悠长的香气芬芳了我的记忆……

花之香沁心脾

远远的你就被一种力量所牵引,不自觉地靠近,陶醉,无法自拔。

你很难不被一束束丁香吸引,那无边的花海一下子就把你淹没,你只有一件事可做——尽情地呼吸。弥漫你整个身心的是那独特的香气,像酽酽的酒,像洌洌的泉,像幽幽的茶,你贪婪地嗅着,只恨不能将这醉人的花香储存。色彩可以拍照,声音可以录制,这令人窒息的香,只能潜入记忆里,等待逢着丁香时节悄悄唤醒。

你专心地嗅着一簇的时候,无数的丁香都争先恐后地扑向你,让你目不暇接,没有最美,只有更美；没有最香,只有更香；没有最爱,只有更爱。

闻着丁香,感受自然的美,你找到了心灵的慰藉。

糕之香暖心房

夜深人静,那盏熟悉的灯映入眼帘。走进家门,一阵扑鼻的甜香扑面而来。厨房里,劳碌的她扭头道一句："回来啦! 有好吃的。"但见她穿梭于案板与烤箱之间,蛋糕的浓香阵阵搅动我的味蕾,灯光映在她的青丝上,似有银光闪动,深夜操劳的她正在为我准备美味的夜宵。当她从烤箱里端出新鲜出炉的蛋糕,那香气再一次令我浑身酥软,看着她满心期待的神情,轻轻一口,顿时陶醉于食之香中,伸出拇指为她点赞,她的脸上绽开一抹桃红。

蛋糕之香中,浸润着亲情的味道,我深觉幸福溢满心房。

爱之香动衷肠

那段日子课程繁忙,累至喉咙沙哑发声困难。课堂上尽量少说轻说,多让孩子们互动,却仍觉喉处发紧,苦不堪言。

一日晚自习,白炽灯下奋笔疾批,门锁轻动,忽觉门露出一条缝,一个小脑袋探了进来,原来是她——我的课代表。她从身后拿出一盒"金嗓子"递到我手中,亲切地说:"胡爸,你嗓子哑了,含几粒喉宝很快就会好的。"轻柔的声音,关切的话语似甘甜的雨露,滴滴润泽干涸的咽喉。望着她清澈如水的眼睛,刚要道一声谢,她却一甩马尾辫跑出去,那缕关爱的清香,如一阵温暖的春风拂过喉咙,顿觉清爽许多。含一粒入口,淡淡的苦涩中,清凉的慰藉直入心扉。

孩儿啊,你就是医生,温馨的话语就是一剂良药,浸润我的咽喉,感动我的心。这关爱,裹着一缕幽香,藏着浓浓的师生情,感恩的味道令我幸福。

生活中的种种香气值得我们留恋,值得我们珍惜,从自然中嗅到花草树木的芬芳,感悟到天地之间的况味;从家庭中闻到美味之香,品尝生活的美好;从校园中涵咏润喉之香,体味到师生间的真情。

闻香知味,晓生活百态,品人生百味。撷一束温暖的阳光,嗅一朵奇异的花香,感知世间美好!

2018年哈尔滨市第四十九中学校考场模拟作文示范

有的人,无论远近,仿佛总在身边;有些事,不管大小,始终浮现眼前;有份情,真挚浓烈,时时温暖我们的心田;有种理,意味深长,常常萦绕我们的脑畔……他们(它们)从未走远。

请以"从未走远"为题,写一篇文章。

要求:

①将题目抄写在答题卡作文纸第一行(题目前空四格);

②文体自选(诗歌、戏剧除外);

③不要套作,不得抄袭;

④不少于600字;

⑤文中不得出现真实的人名、校名。

从未走远

胡 涛

童年的记忆就是撒欢似的玩耍。

我家后院就是十一中,可以说学校的操场就是我儿时的百草园。几十年过去了,与伙伴们在一起的快乐时光,从未走远。

小学半天课时,我们一吃完午饭,便迫不及待地从墙头跳进操场,开始了最愉快的追逐嬉戏,不到太阳落山,决不回家。

记得那时男孩子最爱玩的游戏是"拔橛子",先是通过石头剪子布决出谁来捉人,然后其中一人手持一根小木棒,狠狠掷向远方,那个刚决出的捉人者迅速跑去捡木棒,其他人则四散开去,各自躲藏,越隐蔽越好。待那个捡拾者返回来找人时,操场已寂然无声。他若眼力光滑,发现蛛丝马迹,不费吹灰之力抓出隐藏者之一,就算成功了,被找出的伙伴就会成为捡棒人,如此往复。貌似单调,于我们而言,趣味无穷。可是若捉人者发现不了任何藏匿线索,便只有兜兜转转空耗时光。捉人者无限烦恼,却增了我们的无穷乐趣。躲在大树后,看他傻头傻脑地转来转去,明明就在眼前,偏偏发现不得,我们想笑却又憋在心里,那窃喜,那惬意——仿佛人生之乐,莫过于此。

春天的操场,生机盎然,绿意遍地。我只记得疯跑久了,顿感饥饿。饥不择食,竟然扯起地上一种不知名的绿色植物充饥,厚厚的凉凉的感觉,入口清爽,嚼之如薄荷,眨眼间,一小片绿地成了我的腹中之物。现在回想,真是福大命大,竟然毫发无损。

吃完野菜,我们的目光便瞄准了树上。有两种树是我们尤为喜欢的,榆树和山丁子树。树下仰望,榆树钱团团簇簇,令我们馋涎欲滴。攀爬,登高,那时候我当之无愧成为众伙伴们心目中的勇士,只为了唾手可得的天然绿色食品。

每每在伙伴的帮助下,顺利攀上树顶,一把撸下心仪已久的胖胖的榆树钱,满满地塞入口中,那滋味,那满足感,甘之如饴。这时,树下的馋虫早就急不可耐了,跳着脚,喊叫着:"快扔点,馋死了。"我当然不会美味独享,那个时代,少年的我,哪里有保护大自然的概念嘛,压根被吃货的心理完全占据,一个枝子一个枝子折断,扔下,下面一阵欢呼惊叫,然后就是大快朵颐,我则接着寻觅更肥更香的"绿色糕点",直吃到嘴巴黢黑。我们没有什么不干净的概念,只知道甜滋滋的美味不可浪费,在少不更事的岁月里,这片片绿意散发着春天的芬芳久久涤荡着一颗颗幼小的心灵。

如今,带学生参加中考时回过十一中,操场早就变了模样,童年的记忆却无法抹去。那游戏的快乐,那齿颊留芳的甘甜,还有那与伙伴在一起的美好时光……

从未走远啊,我的百草园,我记忆中的心灵家园。

2015年哈尔滨市第四十九中学校考场模拟作文练习

四年的初中时光转瞬即逝,多少篇脍炙人口的课文,多少节异彩纷呈的课堂,还有几多生活中深受教育的一课,都曾深深触动我们的心灵,让我们无法释怀。

请以"那一课,深深触动了我"为题,写一篇文章。

要求:

①将题目抄写在答题卡作文纸的第一行(题目前空四格);

②文体自选(诗歌、戏剧除外);

③不要套作,不得抄袭;

④不少于600字;

⑤文中不得出现真实的人名、校名。

那一课,深深触动了我
胡 涛

从小学到中学,学过的课文很多很多,有诗情画意的,有感人落泪的,有耐人寻味的……阅读每一篇文章都好像是经历一次奇妙的旅行,身心得到净化和陶冶,至今还记得那一课《唯一的听众》,老妇人那平静慈祥的眼神深深触动了我。

一个蹩脚的小提琴爱好者,得不到家人的认可,独自来到小树林,庄重地拉起那并不优美的旋律。一个头发花白的老妇人谎称自己是聋子,给予小伙子无尽的鼓励与关爱。其实,老妇人是音乐学院的资深教授,小伙子在老妇人关注的目光中拉响了一支支乐曲,在音乐道路上不断成长。终于有一天,他的曲子令专修音乐的妹妹大吃一惊,当妹妹告诉他真相时,他心中充满了对老妇人的感激之情。

课文情节在铺满落叶的小树林里展开,在老妇人平静又慈祥的目光中展开,在老妇人默默的鼓励与关爱中展开,我的心被触动了,我的心融化在老妇人那诗一样的语言和潭水一样深深的眼神中……

那是怎样的一份善良啊!

那是怎样的一份呵护啊!

没有惊讶,没有反感,没有伤人自尊的言语。善意的谎言,温暖的鼓励,像甘霖润泽到小伙子心底。平静的凝视,让他心中充满了幸福与甜蜜,如果没有遇见这个老妇人,他怎么能演奏出音乐的美丽?怎么能在忧郁无助的日子里增添勇气,并化作前行的动力?成功的惊喜里,一半是对这唯一的听众的深深谢意。我的心也被深深触动了。

当你落寞时,当你孤独无助时,一句赞赏的话语,一个慰藉的眼神,一抹会意的微笑,一个善意的谎言,一次真诚无私的帮助,一次心与心的交流,都可能改变一段人生、挽救一个灵魂。在人生的舞台上,相信我们都曾拥有过这样一个唯一的听众,也期盼自己能成为他人唯一的听众。

那一课,触动我心!

那一课,终生难忘!

2014年哈尔滨市第四十九中学校考场模拟作文练习

"一幕"词典解释为"一段情景或生活经历的一个片段"。四年的初中生活,教室、操场、食堂……处处都留下了你的印记;老师、同学、门卫师傅……多多少少你也有了一些了解。你的生活已经与学校、与他们密切地联系在一起。想一想,有什么情景或生活片段在你的心中留下了深刻的印象,令你难忘?

请以"难忘那一幕"为题,写一篇作文。

要求:

①将题目抄写在答题卡作文纸的第一行(题目前空四格);

②文体自选(诗歌、戏剧除外);

③不要套作,不得抄袭;

④不少于600字;

⑤文中不得出现真实的人名、校名。

难忘那一幕
胡 涛

每当听到《风雨同舟》这首动人心弦的歌曲时,眼前仿佛浮现一幅幅感人肺腑的抗洪画面。而我,怎么也忘不了那个早晨。

在学生前拥后挤中,不顾扑面的冷风,正想过道时,眼前的情景让我望而却步——齐膝深的水流像一条大蟒在街道上张牙舞爪,大小车辆已难穿梭往来,对面的行人焦急地徘徊着,我身边的学生更是心急火燎,还有个别年龄小的学生眼泪直在眼眶里打转。

此时,我,还有几名老师,只想与学生共同渡到"对岸"。不容多想,我们几乎同时跳入水中。冰凉的水一下子冲进裤腿、鞋里,我们顾不了这些,用手臂连起一座人桥,一个又一个学生在我们的共同努力下安全渡过去。张老师边细心护送学生,边耐心指挥我们;有些身强力壮的男同学在我们老师的感召下,也踏入河中,以血肉之躯组成又一座人桥。

"渡到岸"的一个个学生用感激的目光望着水中"人桥",不忍离开。

突然,一个浪头打来,张老师站立不稳,跟跄跌倒在水中,我们急忙去扶,可还没到他身边,他已经从急流中站起来,虽浑身湿透,却微笑着冲我们摆摆手:"别管我,快拉起手,还有学生等着我们呢。"说完,又把目光投向焦急万分的学生,我的眼眶蓦地一热,滚烫的液体瞬间滴在冰凉的手上——

当最后一名学生被顺利送到"对岸"时,两座人桥已摇摇欲坠,分不清是汗水还是河水,顺着脸颊流淌,双脚像灌满了铅,举步维艰。这时,我的耳边突然响起一首气势磅礴的歌曲《风雨同舟》:"当大浪扑来的时候——"顿时,勇气倍增,与其他人肩并肩向"对岸"走去——

当上课铃声响起的时候,我们站在讲台上望着学生,带着胜利的欣喜,笑了;学生感激地望着我们,也笑了,微笑中有一股看不见的暖流在恣意流淌……

无论何时何地,总有《风雨同舟》这样动人的歌曲在激励着我。忘不了那一幕感人的场景,它让我的心中总是装满浓得化不开的真情。

2008年哈尔滨市第四十九中学校考场模拟作文练习

花儿盛开是绽放,梦想实现是绽放,战胜自我是绽放……绽放,需要阳光和雨露;绽放,也需要努力与坚持。花朵不分大小,目标不论高低,绽放了,就是美丽的。

请以"美丽的绽放"为题写一篇作文。

要求:

①将题目抄写在答题卡作文纸的第一行(题目前空四格);

②文体自选(诗歌、戏剧除外);

③不要套作,不得抄袭;

④不少于600字;

⑤文中不得出现真实的人名、校名。

美丽的绽放
胡涛(发表于《新晚报》)

爸爸下班捧回了你,一盆虎刺梅,说真的,我一点儿都不喜欢。

这哪是花哟,铅灰色的枝干,布满密密麻麻的尖刺,令人望而生畏。要不是刺间还长着几片稀疏的椭圆形绿叶,谁能说你的体内还律动着生命呢?

春天来了,窗台上的石榴举起满枝火把,金钟垂钓一树灯笼,茉莉香气袭人,白兰赏心悦目,可你却静默地在花丛一隅。对你,我心中充满了莫名的情感,哀其孤怜,怨其不争。

物换星移,转眼呼啸的北风卷来漫天飞雪,万木萧疏,百花凋零。一切有生命的东西,都在寻找着自己的归宿。

一天清晨,偶然瞥见你铁青的躯干上,依稀跃动一点淡红,我不敢相信自己的眼睛,难道你真的开花了?

我揉了揉惺忪的睡眼,带着好奇,移到你的身边,那点红显得格外清晰了。你,不在百花争春之时展露风采,却在万物沉寂之刻悄悄露出迷人的笑意。

你开花的枝头,四只小花依偎在一起,像四个天真的少女拥抱嬉闹。每一朵都有两片粉红的略微发青的桃形花瓣构成,花中心是点点嫩黄的花蕊,不时散发着阵阵沁人心脾的幽香。我的心为之一颤,顿时燃起一簇簇火苗,我想我开始喜欢你了。

啊!虎刺梅,你绽开的笑容,是否经历了艰难的跋涉,抛弃了人们对你的偏见和疏远,无畏地冲破了刺的藩篱,不然,你的眼中怎会有斑斑泪痕?而你毕竟冲出来了,而且在这严寒的季节里,好像诚挚地托出了一片丹心。

你多像一个铮铮铁骨的强者,每根枝条都蕴藏着无穷的生机与活力。看吧,在所有枝干尽头,你都想绽出一派殷红,你嫩绿的小花蕾含苞待放。

我的心底驱除了对你往日的厌烦,油然而生一种敬意。

2007年哈尔滨市第四十九中学校考场模拟作文练习

"有你,真好"是一句让人感到温暖的话。凝视着它,那人、那物、那事、那场景……就会慢慢浮现在眼前。

请以"有你,真好"为题,写一篇作文。

要求:
①将题目抄写在答题卡作文纸的第一行(题目前空四格);
②文体自选(诗歌、戏剧除外);
③不要套作,不得抄袭;
④不少于600字;
⑤文中不得出现真实的人名、校名。

有你,真好

胡 涛

初见你——《语文教学通讯》,是在2000年。

在同事的案头无意间瞥见,初读就被你的风采吸引,无论是语文教育界前沿的理念,还是语文课堂独具匠心的课例,我如饥似渴地拜读。从那以后,你便成了我的教学伴侣,与我形影不离。

有你，真好！

你成了我每月心心念念的期盼，在一期期伴着油墨香的阅读中，体验感悟着语文博大精深的魅力。每一次翻开都是一次美丽的相遇，与名师相识，他们的哲思点石成金，令人茅塞顿开。每一次相遇都是一次成长，都是一次暖心的幸福收获。

2005年，哈尔滨市动力区（现香坊区）组织"卓越杯"教师个人专业素质大赛，我在理论笔试取得优异成绩后，进入教学实践大赛。初赛与复赛是在本校进行，决赛要进入封闭状态，无网络可参考，无人可与研究，于是在那段赛课前的准备期间，《语文教学通讯》成了我不离不弃的忠实朋友。

每天打开《语文教学通讯》，无论是哪一期，都会让我感觉在和一些语文界的同仁倾心交流，在向语文界的前辈讨教，尤其给予我心灵震撼和滋养的是余映潮先生的片言居要，或课例研究，他对语文教材的独特解读，他的板块式教学思路，让我耳目一新，同时打开了我通向语文教学春天的一扇大门。于是每个月明星稀的夜晚，我静静地读你——《语文教学通讯》，细细研读名师的思想精髓，字字句句，沁人心脾，如沐春风，如饮醇醪。偶有所感，我便记于笔端。周末我也会把自己锁在家里，弃绝一切娱乐，唯盼与那些令人心动的文字相约，用精神盛宴来丰盈自己的心灵世界。两周时间，居然做了三本厚厚的教学札记。《语文教学通讯》上的铅字都化成了我的深刻理解与感悟，化成了我语文教学智慧的火花。

一路过关斩将，顺利进入决赛。决赛前一天下午，我抽到了北师大版教材六年级下的课文《一个这样的老师》，备课时间仅有几个小时，第二天就要登台，没有任何参考资料，没有人可以交流研究，也没有网络可以冲浪，只有我自己的思考，只有一个人的战斗。我打开课本，走进去，深深地走进去，与怀特森先生倾情交流，快乐着他的快乐，思考着他的思考，体验着他的心情，感悟他的独特。在全身心与文本进行深入对话的过程中，《语文教学通讯》中品鉴过的课堂实录的亮点，语文名师们的思想精髓，一一闪现在我的脑海中，于是，静静地铺开一页页白纸："朗读，说理解的话；研读，说发现的话；评读，说创造的话；体验，实话实说；上网，说独特的话。"板块型教学思路渐渐浮出水面，这其中有百思而不得其解的困惑与彷徨，有"柳暗花明又一村"的惊喜，有思前想后的苦恼，也有茅塞顿开的豁然。每当思路阻塞时，《语文教学通讯》中的文字就如一泓清泉汩汩流过心田，语文名师们无声的话语不时启迪着我，因此整堂课设计呈现出开放的、生成的、争辩的、活跃的、独特的、多元的、感性的、碰撞的、活力的、有趣的、文学的等诸多亮点。

最后经过现场赛课，专家答辩，我获得全场比赛最高分，也是参赛选手中唯一的90分,摘取动力区"卓越杯"教师个人专业素质大赛特等奖的桂冠。在接受区教育局局长颁发的证书、奖杯和奖金时,我差点落下激动的泪水。

我深知,我的教育生涯中这无比璀璨的一页,离不开你——《语文教学通讯》,你的字字珠玑,让我受益匪浅。离不开那些语文名师的智慧与理念,是你们,让我窥见了语文教育的真谛所在。

现在,我已与你携手共度近二十个春秋。有你,真好!你是我教育生涯最最亲密的伙伴,希望有朝一日我的思想、我耕耘的印迹也走进你的视野,走进你的田园,与你共创语文教育事业辉煌的明天。

二、给材料作文下水示范

2023年哈尔滨市香坊区初中毕业学年调研测试(一)

钱七虎,我国防护工程学家。7岁那年,父亲临终前叮嘱他"要干一番事业",他铭刻在心。他历经十年,学习防护工程。倾心竭力六十余年,他为祖国"铸盾",参与了许多重大国防工程,创建了我国防护工程人才培养体系,解决了核武器和常规武器工程防护难题。

但他却说自己没有什么特殊的才能,只是完成了组织交给的任务。为提升自己,他自学了动力有限单元法和计算机编程方法;因为缺少计算机,他利用别人吃饭睡觉的空隙进行运算;为培养人才,他还捐出奖金、津贴,资助了584位困难学生,累计捐出1 800多万元。钱老说,"为国家和人民安全贡献心血,有价值"。

钱七虎的事迹至少带给我们这样一些启示:勇于担当方能成就大业;人只有不断学习,才能提升自己;人生的价值在于为国为民做出贡献。

请根据以上材料,自选角度,写一篇文章。

要求:

①所写文章的主旨必须从所给的材料中提炼,但不要对材料扩写、续写和改写;

②立意自定,题目自拟,文体自选(诗歌、戏剧除外);

③不少于600字;

④文中不得出现真实的校名、班级、人名。

勇于担当成大业

胡　涛

"天下兴亡,匹夫有责。"担当可以成就一个人,也能拯救一个团体,甚至改变整个社会。我国防护工程学家钱七虎谨记父亲教诲,责任在肩,勇于担当,不断提升自己,创建了我国防护工程人才培养体系,解决了核武器和常规武器工程防护难题。由此可见,勇于担当方能成就大业。

勇于担当者,因为胸怀宏志,故而临危不乱,处变不惊,绝望中寻找希望,大业终将辉煌。

勇于担当,能战胜任何险阻。

有担当者,勇担重任,身处逆境不退却;激流勇进,面对困难不畏缩。两弹元勋邓稼先,当大漠的风沙无情地侵袭,他用赤子之心缩短我们与大国间的距离;当身体无限透支,病榻上他依然思索如何谱写核事业的奇迹,责任在心,以身许国,用生命的火炬点燃了中华民族五千年的梦想,用惊天动地的爆炸声,向全世界宣告中国科技的伟大力量。毕生的心血为中国插上腾飞的羽翼,一辈子的担当与坚守告诉我们什么是顶天立地的中国脊梁!重重困境打不倒,险象迭生压不垮,邓稼先坚定地用责任与热血浇灌出"两弹"的耀眼之花。

勇于担当,能激发无穷能量。

或许你不够强大,或许你力量单薄,当你有了担当意识,你会成长为一个大写的人。袁隆平,一名农校老师,名不见经传,然而心怀大格局,人类的粮食问题常令他忧心忡忡,他毕生的梦想,就是让全世界的人远离饥饿。以悲悯情怀,以责任担当,躬耕于田畴,最终成为"杂交水稻之父"。担当可以使人充满激情,点燃能量,播撒智慧,让平凡者焕发出生命的异彩,谱写出精彩的人生乐章!

勇于担当,能造福天下百姓。

有担当者,心系苍生,为民造福。钟南山院士本该坐享天伦之乐,可他选择逆行,拯救国民于困境之中。他只身前行,用如磐的信念告诉人们勇士的内涵。钟南山,以及无数奋战一线的白衣天使,用全身心的奉献对全国人民做最真情的告白。

勇于担当,不是仅凭一腔豪情的壮举,而是发自心底的承诺;勇于担当,不是程咬金的三板斧,而是一生的执着与坚守,用担当成就大业,用责任筑梦成真。

做一个勇于担当的人!在人生的道路上向阳生长,扬责任之帆,劈波斩浪,一往无前,驶向光辉的彼岸!

2018年哈尔滨市香坊区一模作文

一个牧场主养了许多羊,他的猎户邻居养的凶猛的猎犬常常跳过栅栏袭击牧场里的小羊羔。牧场主几次让猎户把狗关好,但猎户都不以为然,猎狗咬伤了好几只羊羔。

忍无可忍的牧场主找到镇上的法官评理。法官说:"我可以处罚那个猎户,也可以发布法令让他把狗锁起来,但这么一来你就失去了一个朋友,多了一个敌人。我可以给你一个更好的主意。"

牧场主到家后,按法官说的,挑选了三只最可爱的小羊羔送给猎户的三个儿子,孩子们如获至宝,因为怕猎狗伤害到儿子的羊,猎户做了个大铁笼,把狗关了进去。从此两家相安无事,还成了好邻居。

这个故事至少给我们这样一些启示:利他才会利己;舍得付出,方能收获共赢;成功有时需要换一种方法。

请根据以上材料,自选角度,写一篇文章。

要求:

①所写文章的主旨必须从所给的材料中提炼,但不要对材料扩写、续写和改写;

②立意自定,题目自拟,文体自选(诗歌、戏剧除外);

③不少于600字;

④文中不得出现真实的班级、人名。

另辟蹊径,收获成功

胡 涛

条条大路通罗马。如果你选择的路径,没有使你品尝到成功的甘甜,那么明智的你是否考虑换一种办法。正如牧场主对猎户的告诫之法无效,听从法官安排,最终保全了羊羔。成功有时真的需要另辟蹊径,换一种方法。

换一种方法,其实是在屡屡碰壁之后,寻找新的解决问题的途径。换一种方法,是不甘心失败,尝试寻求走向成功的新思路。只有勇于思考,不断创新思维,才能转换方式,绝处逢生。

换一种方法,摘诺贝尔医学奖。屡次失败之时,若不潜心思考,改弦更张,只怕垂垂老矣,也未能叩开成功之门。屠呦呦提取青蒿素的过程异常艰辛,实验多达190次,未果,她没有继续失败的尝试,而是翻阅大量古代医药典籍思考败因,终于寻到了另一种提炼青蒿素的途径——绞取法。于是她一改传统的煎熬法,改用沸点较低的乙醚进行实验,在60℃下获得了青蒿提取物。如果她不尝试更换新的提炼方法,坚持采用传统方法,那么成功依然遥遥无期。正是因为她能够在思考中及时改变思维,才会用一株小草改变了世界,为全世界疟疾病人造福。可见,换一种方法是打开成功之门的金钥匙。

换一种方法,成三足鼎立之势。惶惶如丧家之犬之时,若不想新的对策,与敌人硬拼,只能屡战屡败。汉室之胄刘备与关、张结义后,虽有英武,但智谋不足,所以与诸侯作战,胜少败多,何以称王?换一种方法,三顾茅庐请诸葛亮下山,隆中对,终弃莽撞之举,出蜀汉兴复之计。若刘备囿于帝王尊严,不屑去茅庐请诸葛亮出山,他怎能打下蜀汉基业,恐怕会在失败的战役中枉自嗟叹吧!他明智地换一种方法,转而求贤,让自己走出失败的困扰,赢了江山,得了人心。

换一种办法,不是心血来潮的随性之举,亦非不假思索的率性而为,而是山重水复后的探索,是深思熟虑后的抉择,是权衡利弊后的尝试,是思考,更是实际行动。

当你愁肠百结,离成功有距离时,当你屡次失败,苦于前途无望时,请换一种思路和方法,另辟蹊径,或许前方等待你的正是春暖花开。

哈尔滨市香坊区2019—2020学年度上学期
教育质量综合评价学业发展水平监测
语文试卷(九年级)期末

2019年,马旭获评"感动中国2018年度人物"。马旭出生在黑龙江省哈尔滨市木兰县建国乡建国村,是中国首批女空降兵。马旭夫妇二人携手半个多世纪,为中国空降兵事业奉献了毕生精力。离休后二人退而不休,潜心医学科研,发表了100多篇学术论文和体会,填补了我国此方面研究空白,并有多项研制成果获国家发明专利。马旭和丈夫退休后,长期住在部队旁小院内的两间低矮的砖房里,用的是几十年前的老家具,他们从不买衣服,几乎不去商场,平时从节省一滴水、一粒米做起,有钱舍不得用,甚至被笑话成"最抠门的人"。然而,他们坚持用几十年时间,从牙缝里节约下一分一角,加上两人的科研成果奖励,凑成1 000万元巨款,全部用于家乡的教育事业。

上面材料中至少给我们以下一些启示:耐得住清贫,才能守得心灵的高贵;节俭是一种美德;人生的价值在于奉献;人的价值是社会价值与个人价值的统一。

请根据以上材料,自选角度,写一篇文章。
要求:
①所写文章主旨必须从所给材料中提炼,但不要对材料扩写、续写和改写,不得抄袭,不要套作;
②立意自定,题目自拟,文体自选(诗歌、戏剧除外);

③不少于600字；
④文中不得出现真实的人名、校名。

耐住清贫守高洁
胡 涛

"在陋巷,人不堪其忧,回也不改其乐。"孔子的学生颜回,甘守清贫,安贫乐道,七十二贤人,当之无愧；当代感动中国人物马旭,亦不为陋室所困,节衣缩食数十年,千万巨款献教育,令人感喟！耐得住清贫,才能守得心灵的高贵。

清贫乃节操、品行之试金石。穷不会改变志士仁人的高洁,正所谓"富贵不能淫,贫贱不能移",耐住清贫才会守住初心,才会有更高的心灵追求,"不戚戚于贫贱,不汲汲于富贵",守得心灵之高贵,实是圣明之举。

耐住清贫,心系一处为研学。不为物役则心无旁骛,专心致志。马旭夫妇于陋室中潜心钻研,不乱于心,不困于贫,多项研究成果获国家发明专利。居里夫人甘守清贫,家徒四壁,省去打扫及会客时间,全部精力投入科研事业中,八年两获诺贝尔奖,且不申请专利,对财富一无所求,其心灵高贵之光透过陋室照耀全世界。我国明代文学家、思想家宋濂缊袍敝衣,家贫无书,然通过借书抄书,历经手指不可屈伸之苦,执经叩问遭叱咄之难,隆冬大雪遇足肤皲裂之痛,仍能耐住贫困之苦痛,潜心求学,终有所成。此数子皆能安于贫困,一心向学,忍常人所不能忍,于贫贱生活中散发心灵高贵的灿烂光芒。

耐住清贫,淡泊名利守初心。贫不渝志,清可静心,淡泊名利,不忘初心。老一辈无产阶级革命家于清贫中砥砺前行,于困厄中探索开拓,创造辉煌后又淡泊名利,心系百姓,其高风亮节令人仰止。当代教育领域的许多园丁也是守得住清贫,专注于教育的田园。名利于我何加焉？甘为人梯,换来天下桃李争艳。耐住清贫,淡泊人生,守住情操,光耀杏坛。

耐住清贫,绝非号召你我去做乞丐,而是不过多追求物质享受,心思多用于研学领域,不执着于名利,让自己的心灵升华。

人生之路上,愿我们都能不为物惑,耐住清贫,守住初心,让心灵永放高贵之光！

2020年毕业学年阶段性复习与测试(一)

苏格拉底和拉克苏相约,到很远很远的地方去游览一座大山。据说,那里风景如画,人们到了那里,会产生一种恍若仙境的感觉。许多年以后,两人相遇了。他们都发现,那座山太遥远,他们就是走一辈子,也不可能到达那个令人神往的地方。拉克苏颓丧地说:"我用尽精力奔跑过来,结果什么都不能看到,真太叫人伤心了。"苏格拉底掉了掉长袍上的灰尘说:"这一路有许许多多美妙的风景,难道你都没有注意到?"拉克苏一脸尴尬的神色:"我只顾朝着遥远的目标奔跑,哪有心思欣赏沿途的风景啊!""那就太遗憾了。"苏格拉底说,"当我们追求一个遥远的目标时,切莫忘记,旅途处处有美景。"

这个材料至少给了我们这样一些启示:在追求理想的路上,我们也要留意身边的风景;人生不仅仅是奋斗,更是对生活的品味;人生处处有美景,没有必要为了不能实现的美景而使生活变得枯燥。

请根据以上材料,自选角度,写一篇文章。

要求:

①所写文章主旨必须从所给材料中提炼,但不要对材料扩写、续写和改写,不得抄袭,不要套作;

②立意自定,题目自拟,文体自选(诗歌、戏剧除外);

③不少于600字;

④文中不得出现真实的人名、校名。

奋斗人生　莫忘品味

胡　涛

人生之计在于奋斗,然奋斗之间隙,莫忘感受生活之况味,否则就会像拉克苏一样尽力奔向终点,却忽略了沿途的风景。当你朝着遥远的目标奔跑时,不要忘记欣赏旅途的美景。人生不仅仅是奋斗,还有对生活的品味。

奋斗定然是一件苦差事,若只一味拼搏,生活会缺少趣味,要学会在奔跑之余,用欣赏的眼光观察日月星辰,触碰花草树木,体味人情冷暖,不负良辰不负心。

品味生活,于困厄中寻求清欢。

人生并非一帆风顺,若不能于艰难中自我解脱,则生活无趣,人生无味。苏轼一生被贬数次,不为自我遭遇悲苦,仍踏实为官,一心为民,且找寻人生美好,体味"人间有味是清欢"。或与好友夜赏明月,或品茗,或自创东坡美食,正所谓"雪沫乳花浮午盏,蓼茸蒿笋试春盘"。

反观柳宗元,被贬永州,心中无法释怀,郁郁寡欢,失去了人生至多兴味,游小石潭也是凄神寒骨,悄怆幽邃。若柳河东能如苏子一样享清风明月,体世间美味,品多彩人生,而不是去留介意,宠辱惊心,或许他也能感受到生活的别样滋味。可见,人生境遇并非皆是坦途,既要奋斗拼搏,也要洒脱,要懂得享受沿途风光,用心品味,方人生无憾。

品味生活,于平凡中提升境界。

人生旅途不易,在平凡的生活中,若能有崇高的心灵追求,则人生定会绽放异彩。中国诗词大会第三季总冠军雷海为,外卖小哥也,虽每日送餐生活平淡、辛苦,然并不只为生存奔忙,怀中的唐诗三百首就是他闲时欣赏的风景。小憩之时,每每读之,甘之如饴,一日劳累,顿飞九霄云外。送外卖若是奋斗者的生存,那么读诗则是理想者的生活,雷海为活在现实与理想之间,活出平凡人生的不凡境界。奋斗于风雨无阻中,享受品味于诗词歌赋间。

若他仅是为果腹而日夜奔波,心无品诗品人生之意趣,又怎能于擂台上赢得冠军,进而从外卖小哥蜕变为小学教师。可见人生之奋斗,不能忘记品味生活,提升层次,提升境界。

品味生活不是淡忘了你追求的目标,而是不辜负生命的美好恩赐,不辜负一颗善感的心灵,不辜负良辰美景。为理想而执着奋斗固然可敬,而奋斗之余,不忘品味生活,人生才会真正圆满。

2020年毕业学年阶段性复习与测试(二)

花园里的小橡树愁容满面,看到别人在开花结果,它不知道自己该做什么。苹果树说:"你为什么不能结出一个美味的苹果呢?你太不努力了!"玫瑰也对它说:"你应该开出一朵玫瑰花,你看多容易!"小橡树非常努力,可是既未结出美味的苹果,也未开出漂亮的玫瑰花,它越来越迷茫。迷茫中,小橡树尝试让自己平静下来,去倾听自己内心的声音:我是一棵橡树啊,我永远结不出苹果,也开不出玫瑰花,我可以长得高大挺拔,我的使命应该是给鸟儿栖息,给游人遮阴。小橡树顿觉浑身充满力量,它快乐地生长着,很快就成为一棵大橡树。

这个故事至少给我们这样一些启示:人各有所长,学会做自己;有了目标,才会有所作为;迷茫的时候要静心反思;要理性地对待别人的建议。

请根据以上材料,自选角度,写一篇文章。

要求:

①所写文章主旨必须从所给材料中提炼,但不要对材料扩写、续写和改写,不得抄袭,不要套作;

②立意自定,题目自拟,文体自选(诗歌、戏剧除外);

③不少于600字;

④文中不得出现真实的人名、校名。

做自己，方有为

胡 涛

小橡树不能开出玫瑰花，未能结出苹果，那非己所长，只有平心静气，茁壮成长，才能有所作为。人也应如小橡树一样，不能失去心中的方向，要善于发掘自身的优势。避短扬长，学会做自己。

善于发掘自身的优势，激发潜能，才能不断积蓄力量，创造奇迹。

做自己，于理性选择中成就不凡人生。社会纷繁，诱惑多多，做自己，实属不易，冷静思考，理性选择，方能于纷乱中淬砺出真实的自己。庄子濮水垂钓，面对楚国使者的劝诱，不为所动。其之所长在思考，其之所愿在逍遥游，为官则失去自由天地，所以庄子持竿不顾，不做朝拜之官吏，终成一代哲学大师。物理学家爱因斯坦，面对以色列总理的位置，冷静观之，淡然以对，其优势在科学，两相权衡，舍官从研，以相对论震惊世界，成就了诺贝尔物理学奖。此二子仕途面前不动心，知己所长，倾听内心的声音，理性选择，终有所成。可见，大千世界，芸芸众生，不随波逐流，不利欲熏心，冷静沉稳，扬长避短，做最好的自己，终将步入成功的殿堂。

做自己，于砥砺奋进中登上事业巅峰。路漫漫其修远兮，奋勇拼搏，发挥特长，直抵成功彼岸。法国作家巴尔扎克经商数次失败，负债累累，著书还债时发现自己是写作天才，于是创作灵感源源不断，终创名著《人间喜剧》，遂成世界文学大师。若巴翁没有发掘自身创作潜能，扬长避短，那么世界上就少了一个文坛巨匠，多了一个庸庸碌碌的商人。不惧困境，迎难而上，发挥特长，做最好的自己，终见黎明的曙光。

做自己，并非故步自封，不汲取他人的合理建议，博采众长，可以助自己走得更远。扬长避短，集思广益，君子和而不同。学做不一样的自己，方能成就精彩人生。

"人生如逆旅，我亦是行人。"人生短暂，不要辜负美好年华，做最好的自己吧，睁开冷静的双眼，迈出奋进的脚步，演绎属于自己的璀璨华章。

三、话题作文下水示范

2009年哈尔滨市语文中考模拟作文

"独"很常见，也很复杂。"一枝独秀"固然动人，但似乎不及万紫千红美丽；"独当一面"诚然神勇，但似乎不如众志成城牢固。人们需要团结合作，却也离不开"独处";人们需要沟通交流,却也少不得"特立独行"。"花间一壶酒,独酌无相亲"是寂寞,也是自在;"举世皆浊而我独清,众人皆醉而我独醒"是高风亮节,又何尝不是悲怆……"独"有时不太完美,有时是一种需要,有时又是一种应该追求的境界。

请以"独"为话题,写一篇文章。

要求:

①所写内容必须在话题范围之内;

②立意自定,题目自拟,文体自选(诗歌、戏剧除外);

③不少于600字;

④文中不得出现真实的人名、校名。

特立独行任我行

胡 涛

"昨夜西风凋碧树,独上高楼,望尽天涯路",凭栏远眺,寻寻觅觅中,独自畅饮理想之甘露;"无意苦争春,一任群芳妒",笑傲霜雪,熙来攘往中,独自咀嚼生命之芬芳。独,非寂寞之闭塞,非孤单之冷清,它是个性之张扬,于无声处听惊雷。

特立独行,是一种至高境界。五柳先生种豆南山,采菊东篱,不为五斗米折腰,纵使箪瓢屡空又怎样?他以傲然的隐者形象,为中国田园诗派添上浓重的一笔;他以高洁的士风,为中国文人诠释了心灵的皈依。项羽抗击秦军,诸将皆作壁上观,唯有他破釜沉舟,绝地一战,其英勇气概,令人不敢仰视。纵使乌江自刎又怎样?他以无所畏惧、势如破竹之勇气,让历史的长河中永远激荡着震山动地的吼声;他以如火热情,如风独行,如电迅疾之霸气,让世人"至今思项羽"。独是来源于人性的一种风采,更是人们极力追求的一种无上境界。

特立独行,是一种内在气节。屈原于汨罗江畔,感喟"举世皆浊唯我独清,众人皆醉唯我独醒",其怀高风亮节,不愿受尘俗亵渎。悲怆一跳,让世人无限追念。闻一多先生昂首挺胸,拍案而起,横眉怒对国民党的手枪,正是"前脚踏进大门,后脚就不准备再跨出大门"的勇气和气节,其奋不顾身,主持正义。惊魂一响,先生虽去,气节永驻。他们用特立独行的风骨向世人诠释他们心中的真理正义。

特立独行,是贝多芬双耳失聪,不惧冷眼,用心灵弹奏命运交响曲的执着和坚毅;特立独行,是霍金被禁锢在轮椅上几十年,仍以微笑示人,以《时间简史》轰动世界;特立独行是姚明在NBA中打拼的勇气,是周杰伦在华语乐坛凭中国风创造的辉煌,是独特,是个性,更是一种精神。

"江山代有才人出,各领风骚数百年。"亮出你的特立独行,如山独当一面,如水柔中带刚,让它展示你人生的耀眼光芒!

2010年哈尔滨市第四十九中学校期中考试作文

故乡,总是给人无与伦比的亲切,那种感情是深入骨髓的。远了,思念,近了,怀念。故乡的情是一首优美的曲,总在甜蜜的梦境响起。

请以"故乡"为话题,写一篇作文。

要求:

①所写内容必须在话题范围之内;

②立意自定,题目自拟,文体自选(诗歌、戏剧除外);

③不少于600字;

④文中不得出现真实的人名、校名。

松花江——我的母亲河
胡 涛

小时候,你是我纯真的向往。爸爸领着我,蹦蹦跳跳地扑向你,欢喜你的奔流不息,欢喜你的江涛声声,投进你博大的胸怀,任江水恣情亲吻我的肌肤,儿时的惬意安放在跳跃的浪花里。

长大后,你是我深情的眷恋。领着心爱的她,江畔自由漫步,静静流淌的你,默默地陪伴着我们的足迹。徐徐江风送来丝丝清凉,乘上小船,在夕阳的余晖中,你是那样的端庄典雅,浪花里不时翻出欢乐的歌。

而今天,你是我心灵的归宿。走在微微润湿的堤岸,看江水悠悠,千年不变地流动,像是人生之河,循着岁月的走向。过往的游船,载着多少生命的希望;穿梭的游艇,掀起激情四射的浪花。江畔乐此不疲的钓者,守着一江秋水,守着心中的期冀,无关钓多少,钓翁之意不在鱼,而在江水涣涣而已。游人不减,熙熙攘攘,伛偻提携,情侣成双……这一江的秋水哟,承载多少人炽热的渴望。眼前似有你灌溉的万顷良田在飘香,似有你滋养的万千冰城人在欢唱,呵,我的母亲河!

那巍然屹立的防洪纪念塔,是哈尔滨人英勇智慧的象征,1957年,他们驯服了惊涛骇浪,母亲河哺育了英雄的冰城人。望塔基前喷泉四溢、塔下游人如织,心中莫忘曾经付出血汗的城市的守护者,是他们让今天的幸福如花一样绽放。

缓缓走上江桥,俯瞰奔腾的江水,颇为壮美,波光粼粼,交织着变幻的云影。南北两岸对望,相看两不厌。绿树环绕,鸥歌燕舞,实是太平盛世和谐安乐之写照。

不知不觉,走到江桥尽头,忘路之远近,遂至心心念念的太阳岛。因为有滔滔松江水的滋养,才有郑绪岚婉转歌声《太阳岛上》的万种风情。江南到江北,一样的繁盛,一样的葱郁,一样的人间天堂。记忆中的水阁云天,依然美不胜收,曲径通幽,小桥流水,游人三五成群,尽享天光云影,水如青罗带,岸似碧玉簪。花团锦簇,绿意盎然,细雨微风,不醉不归。

时光匆匆,夕阳西下。顺江桥返回,看钓者鱼线成排,岂钓鱼焉?莫非钓时光之悠悠,钓斜晖之脉脉。游人桥上漫游,发丝飞舞,潇洒骑行,为江面平添无数怡人景致。此时,江风爽极,夕阳映红了江面,似少女羞红了脸颊,云彩奇幻多变,如起伏之山峦,如翔舞之凤蝶,妙不可言。静静地欣赏,静静地聆听,生命就这样融入了安详的母亲河。

一步步走下江桥,已是傍晚时分,南岸公园煞是热闹——夕阳余晖中,年轻人踏滑板而行,一步两步,魔鬼的步伐吸引了游客的目光。中年人随风摇摆,姿态婀娜,裙袂如蝶,与江水共舞,生命之活力尽显。老年人执各种乐器,吹拉弹唱,演绎着哈尔滨之秋的风情。赏不厌的种种美好姿态,听不厌的声声和谐乐鸣。美,似江水流淌在每个人的眼里,更激荡在每个人的心中。

回望我的母亲河,夕阳中的美无法述尽;回望两岸的热闹场景,心中洋溢着无限的甜美与幸福。

深深地爱你,我的母亲河!我愿化作一朵浪花,跳跃在浪峰之上,读一抹斜阳,读城市风情,读今昔繁华,读你未来的绚丽荣光!

2009年哈尔滨市第四十九中学校期中考试作文

人不负青山,青山定不负人。我们每个人都要做生态文明建设的实践者、推动者,积极行动起来,促进人与自然双向奔赴、和谐共生,只有这样,才能让地球永远保持祥和、美好的状态。

请以"人与自然"为话题,写一篇文章。

要求:

①所写内容必须在话题范围之内;

②立意自定,题目自拟,文体自选(诗歌、戏剧除外);

③不少于600字;

④文中不得出现真实的人名、校名。

果树的诱惑

胡 涛

我家小区院里有两棵紧挨着生长的果树,一到夏天,果实累累,煞是惹人喜爱。

每每散步至树下,总要驻足仰望一阵子。看那一串串小苹果,青涩的,泛红的,像极了一个个羞涩的笑脸,攒在一起,微风过处,飘过一缕缕清香。

小孩子骑自行车玩耍的时候,路过果树也要停下来巴望一眼。他们可不是欣赏,那燃烧的眼窝,那分明流着涎水的嘴角,不难看出,他们急于品尝到果子的美味。看来,对于他们来说,果子无论成熟否,都是一种诱惑。

有一天,我远远地看见一个小孩站在一辆自行车上扬起手臂在摘果子,旁边一个成年男子扶着摇晃的孩子。我心里不觉一痛,想喊又喊不出。我的心为什么而痛呢?是我欣赏的风景被人为破坏,还是果子还未成熟到最甜香的时候就无端被摘而伤心?是我感慨果实长成了诱惑,还是为大人纵容的行为感到可悲?最后,我看到,大人小心翼翼地把孩子从车子上抱下来,孩子手里攥着几个青青的小苹果。味道一定是酸涩的,但父子俩的脸上都露出了开心的笑容。孩子还贪婪地望着果树,父亲看见了远处疾步走来的我,领着孩子悄悄走开了。

我喜欢默默地看那由青变红的果树,孩子的行为碰疼了果子,也触痛了我的心。我喜欢果树四季的风景,尤其喜欢夏天看麻雀把果树当作栖息的家园。每每看见夕阳下雀儿们叽叽喳喳落满树梢,就好像是果子旁边开满了会唱歌的花朵,甜蜜的感觉触电般传遍周身。

也许鸟儿们会啄食果子,那是大自然的赐予,是和谐的场景,我们还是少一点人为的干预吧。让生命与生命之间找到互相成全的默契,让彼此生成爱之序曲,在夏风中,在秋雨中,和谐地共鸣。

无论是遥望,还是细细地端详,那一树的果子,给予我无限的遐想。我甚至想化作一枚青里透红的果子,栖在枝头,伴着鸟鸣,沐着雨露,享自然之况味。

果树,诱惑着孩子,也诱惑着我的心。

2009年哈尔滨市第四十九中学校阶段测试作文

欣赏自己是一种自信,欣赏别人是一种姿态,被别人欣赏是一种幸福。在现实生活中,你一定有很多欣赏与被欣赏的经历,跟这种经历有关的人和事是怎样的？对于"欣赏"，你又有怎样的思考和认识？

请以"欣赏"为话题，写一篇作文。

要求：

①所写内容必须在话题范围之内；

②立意自定，题目自拟，文体自选（诗歌、戏剧除外）；

③不少于600字；

④文中不得出现真实的人名、校名。

用欣赏打开学生的心灵之门

胡涛（发表于《哈尔滨教育》）

二十个春秋的教育之路，二十个春秋的心路历程，我一直在思考什么能够打开学生的心扉，什么能架起一座通往学生心灵的桥梁，是激励，是欣赏，是发自内心的关怀。

时光追溯到五年前，学生小李有一段时间上课总是交头接耳，干扰课堂纪律。我不止一次提醒她注意听讲，她却嬉皮笑脸地跟我"贫嘴"。

她是个挺聪明的学生，为什么会这样呢？我百思不得其解。带着这样的疑问，我进行了家访。我发现她竟然在厨房的大理石台面上做作业，屋子里不时传出麻将声，还有呛人的烟气。她的母亲无奈地表示，她和丈夫离异后，孩子的情绪不太稳定，孩子的继父每天只知道打麻将，从不关心她的生活与学习。家里只有厨房算是块"净土"。我拖着沉重的脚步走出小李的家，心想，用什么方法改变她的现状呢？

我无法改变她所处的环境，但我可以改变她的心情。我可以通过激励、赏识这把"金钥匙"打开她尘封的心灵，使她认识到自身的价值，进而产生向上的精神力量。

我观察到课间小李比较愿意写点东西，还挺有灵性。正巧语文课代表小艾由于搬家转学了，此位空缺，从成绩上看小李还不够优秀，但是她有潜力，我决心试一试。当我宣布她做语文课代表时，全班发出一片唏嘘声，我郑重地说："大家一定要相信她，要给她一个展示自我的机会。"她对我给她的"优待"有些莫名惊诧。

课后她来到我的办公室怯怯地说："老师，恐怕我不行。"我微笑着鼓励她："你能行，老师相信你。"临走时我拍拍她的肩说："相信你不会让老师失望的。"

第二天起，教室里少了一个交头接耳的学生，多了一个专注听讲的学生；少了一个与老师顶嘴的学生，多了一个积极发言的学生。这大概就是欣赏的作用吧。从她课堂点滴的发言中,从她作业渐渐变得工整的字迹上,从她略有文采的作文中,我不时发现她的亮点,表扬她的进步,让她感受到被关注的幸福。

一次,我把她的作文推荐到《学生之友》。若干日子后,当我把印有她文章的杂志放到她面前时,她又一次惊讶了。

小李捧着那本杂志,如获至宝一般,望着我,充满了感激之情。

小李的纪律不再是问题了,课代表工作也干得很出色,期末考试语文成绩得了108分,让同学、家长刮目相看。

四年后她以优异的成绩考上了省重点高中。一天,我收到了她的一张贺卡,上面写着:"老师,你对我的鼓励是我成长的动力……"看到她的成长与成绩,我异常兴奋。兴奋之余,我认真地思考,老师的欣赏策略应当用于所有学生身上,尤其是那些很少得到关爱的学生身上。

欣赏是石,敲出学生兴趣之火;欣赏是火,点燃学生探索的灯;欣赏是灯,照亮学生进取的路;欣赏是路,引学生走向成功的黎明!

2008年哈尔滨市第四十九中学校期中考试作文

时光荏苒,成长之路上有多少人伴我们前行,他们的样子留在了我们的记忆深处。有的肩膀上落满乐观的阳光,有的眉宇间刻着坚毅的痕迹,有的足迹里浸透大爱的甘泉,有的挥手时饱含深情的眷恋,每一个难忘的样子都曾给予我们生命的呵护,每一个难忘的样子都让我们明白生活的真谛。

请以"样子"为话题,写一篇文章。

要求:

①所写内容必须在话题范围之内;

②立意自定,题目自拟,文体自选(诗歌、戏剧除外);

③不少于600字;

④文中不得出现真实的人名、校名。

不老的爸爸

胡涛(发表于《初中语文教师示范作文》)

皱纹悄悄爬上眼角,白发渐渐增多,已年过半百却还是整天笑呵呵的,就像金庸笔下的老顽童。

只要爸爸在家,屋里总是溢满笑声,即使偶有"乌云"掠过,不一会儿,欢乐的阳光又洒在每个人的心坎上。一次,爸爸妈妈因一点小事吵了几句,妈妈便赌气躲进里屋"绝食",爸爸傻乎乎地在走廊转来转去。突然,爸爸的眼神闪过一丝不易觉察的狡黠,只见他像个笨拙的企鹅蹑手蹑脚地向里屋探去,我悄悄地尾随其后……"夫人,小生这里向你赔罪了。"爸爸尖着嗓子拿腔作调,可这招失灵了——妈妈低着头不加理睬。爸爸真行,一计不成,又生一计,一抹脸,一个叫人忍俊不禁的老太太形象出现了:"下面给太太演唱一宿(首)小草,希望能够喜欢。""扑哧"妈妈抬头瞧见爸爸那副逗相,忍不住笑出声来。我也笑了。

爸爸总能轻而易举地化解家庭的矛盾,工作上也如此。哪怕再大的担子压在肩头,也看不出他忧愁。有一次我不知道爸爸要起草一份重要材料,晚饭后照旧缠着他讲故事,爸爸津津有味地讲着,我聚精会神地听着,不知不觉进入了梦乡。一觉醒来,发现里屋居然还亮着灯,我惊诧地走过去,灯光映出爸爸的侧影,他时而冥思苦想,时而奋笔疾书,沙沙沙沙,细细的声音打破了夜的静谧。早知爸爸有这样繁重的任务,我也不会……可是从他笑呵呵的脸上你又能看出什么?"爸爸,多保重身体!"儿子的话您听见了吗?

虽然爸爸从事的是枯燥的文字工作,可他的业余生活却丰富多彩,花鸟虫鱼、歌舞书画,没有他不涉猎的。有的连我都未曾觉察。前不久,我买了一盘盒式带《小芳》,怕爸爸不喜欢,便常常独自一人欣赏。一个周末,我正专注地读一本小说集,耳畔忽然传来优美的旋律"村里有个姑娘叫小芳……"咦,好熟悉的声音,难道是……我寻去,只见爸爸一人面对镜子,手握"钢笔麦克风",摇晃胖胖的身子,闭着眼,完全进入了一种境界……爸爸也喜欢流行歌曲?我瞪大了眼睛,爸爸感觉到有人在当观众,便向我一眨眼,潇洒地一鞠躬,幽默地道一声:"Thank you!"一刹那,我觉得爸爸真年轻!

生活里不能没笑声,没有笑声的世界该是多么寂寞。什么都无法改变爸爸对生活的热爱,爸爸总是微笑着走向生活。

2007年哈尔滨市第四十九中学校期中考试作文

我们的生活总伴随着逝去,随着科技的发展,书信在逝去;随着潮流的发展,民俗在逝去;随着经济的发展,自然在逝去……童年、玩具、身边的人、习俗、生活方式、时间等等都在悄悄逝去,但我们也在发现、接受或创造着许多新鲜的事物。

请以"逝去"为话题,写一篇作文。

要求:

①所写内容必须在话题范围之内;

②立意自定,题目自拟,文体自选(诗歌、戏剧除外);

③不少于600字;

④文中不得出现真实的人名、校名。

逝水流年,此情不待

胡 涛

子在川上曰:"逝者如斯夫,不舍昼夜。"

——题记

人们总是轻易地挥霍拥有的财富,或对拥有的东西置之不顾,使其丧失应有的价值。时光荏苒,曾经的绚丽化为黯淡,曾经的岁月蒙尘,心痛不已,悔之晚矣!

千万莫等失去才觉应当倍加珍惜。

逝水

当水龙头不断地滴滴答答时,当洗车行的高压水箱进行喷射时,当人们毫无节制地让自来水涌出时,人们从来没在思想的河流中激起珍惜的浪花。拥有何其多,取之不尽矣——你我都是这样想。于是面对拥有,奢侈浪费。哗哗的流水声,仿佛是它的哭泣声,仿佛是它从心里涌出的呼声——珍惜吧!

直到有一天,水资源消耗殆尽,你我恍然觉察它对我们来说何其重要。不亚于生命,不亚于空气,于是痛兮悔兮。"不要让地球上最后一滴水,是人们悔恨的眼泪。"广而告之的声音振聋发聩。与其失去后深觉遗憾,莫不如拥有时无比珍视。

流年

当时光的脚步匆匆滑过,或许你正沉醉于灯红酒绿;当时光的老人悄悄在你的脸上留下痕迹,浑然不觉的你或许正与友人闲聊。时光如水,转瞬即逝,而你似乎从未意识到它来去匆匆,你空虚地对待它,它也无情地把空洞交付你。或许你会笑言,时间有的是,我正年轻。于是,面对拥有,你恣意挥霍,不就是一分一秒吗?不就是一朝一夕吗?不就是一年两年吗?慢慢地,你渐渐老去;慢慢地,你发现那段岁月本可以过得更加精彩;慢慢地,你的心有一种莫名的忧伤;慢慢地,你觉得时间已不像你想象得那么多,似乎少得可怜。于是悔由心生,当初拥有时为何没有珍惜,游戏时间的人最终也会被时间玩弄。流年已逝,青春不再,想回到从前已是梦幻。只有握今后岁月之缰绳,乘勤奋之骏马,珍惜时光,驰骋在奋进之路上,让拥有的日子绽放异彩。

"莫等闲,白了少年头,空悲切。"

真情

当一声声叮咛如家常便饭般没了滋味,你是否已经漠然?当一顿顿丰盛的佳肴已无法唤起你的味蕾,你是否感到乏味?当一天天的日子,父母伴你出行,送你归航已成定律,你是否已没了感觉?面对拥你入怀的父母,你是否有回报的激动,还是对一切都无动于衷?或许,这份心情在你心灵的天平上没有沉甸甸的分量,或许你觉得一切都理所当然,衣来伸手饭来张口就这样容易,关心问候,太过平常,没什么惊天动地,没什么感人肺腑,反正,一切都顺其自然,你自然也不会去格外珍惜。

可是一旦父母因公远行,便会有一种孤独感袭上心头,你会发现那近似唠叨的嘱托何其温暖,那没有了胃口的饭菜何等诱人,那一天天相伴的日子何等温馨,甚至那一声呼唤、一个眼神都是那样的动人。于是你悔,未曾珍惜曾经的亲情,并在心底承诺,等他们回来一定……

唉,此情可待——此情不待!

珍惜你拥有的吧!在蓝天白云下尽情呼吸,不要等到空气污浊才痛心疾首;在浩渺书海中尽情畅游,不要等到年华已逝才痛悔不已。拥有机会时,不要让等待拖住你成功的脚步;拥有自信时,不要让彷徨迷失了你前进的方向;拥有宁静时,不要让喧嚣扰乱了你的思维;拥有激情时,不要让功利蒙蔽了你的进取心。

珍惜拥有,无怨无悔。珍惜拥有,一生无憾!

四、读后感下水示范

俗中见奇,奇领风骚
——《俗世奇人》读后感

胡 涛

《俗世奇人》是著名作家冯骥才的一部极具地方特色的小说集。作品的风格富有传奇色彩,取话本文学之意趣。书中讲述的十八个故事,个个精彩,连成津门风俗画卷,每个奇人独立成篇,性情跃然纸上,读罢令人拍案叫绝。奇书奇在何处,我深觉冯骥才在以下三方面突显奇功:

一、故事情节奇巧

1. 起伏蕴神奇

冯骥才叙事风格深得"三言二拍"精髓,草蛇灰线,不疾不徐,娓娓道来,吸引读者的阅读兴趣,吊足读者胃口,起伏有致,充满传奇色彩。《绝盗》在老人领着后生,气势汹汹地声讨不孝儿孙的情节中展开,读者的心情也随着作者的叙事线索起伏,忽而同情掬一把辛酸泪,忽而愤怒至拍案而起,忽而心痛,忽而心安,总之,心潮随情节起落。盗者搬砸新婚者值钱之物时,心中直觉痛快。待读到小两口归来,目瞪口呆,道出个中原委时,众人立刻惊觉盗亦有道,在众目睽睽之下上演一出好戏。于是深深体会到冯氏笔法,极致铺垫、布局,将读者引入故事的精彩叙述中,待你完全入境,不能自已时,笔锋一转,情节突变,恰似登上绝顶后忽而被人从背后轻轻一推,一个蹦极从高处坠下,惊险刺激又风光无限,令人既惊又喜。

再如《大回》铺排钓者技艺无人能及,读者艳羡,最后竟死于车轮之下,且车上装满了鱼,由惊羡变为惊悚,让人倒吸一口凉气,因果报应,世事轮回,令人掩卷深思:能耐人都死在能耐上。起伏跌宕的情节将小说的神奇展现得淋漓尽致,令人叹为观止。

2. 对比见离奇

小说中运用巧妙的对比让故事又多了一层离奇味道。本以为能人展示的能耐已到极致,佩服之至时,忽地又引出一奇人,强中更有强中手,令人咋舌不已。《蓝眼》中蓝眼那么牛的蓝光一闪,真假毕现,却被造假高手黄三爷蒙骗,到底谁是奇人,谁更奇?没有对比,就没有伤害。蓝眼一步步走进黄三爷设下的圈套,识得真画却高价买假画,个中套路,使蓝眼彻底现眼,卷铺盖走人了。《小达子》中小达子偷技一流,擦肩而过,东西入手,殊不知自己也被更厉害的角色顺手牵羊,谁的技术更高?人物手法之对比,骤显情节之曲折离奇,令读者深陷其中,深深佩服作者运笔之功力。

二、人物形象奇特

书中人物奇在哪里?在俗世中安身立命的绝活是什么?这是每个读者翻开此书急于想了解和探究的。冯骥才所写人物多数是平民,也有官员,能耐各不同,有的甚至是怪异。奇人之奇,大抵有三:

1. 奇在技术上

冯骥才写的人物个个身怀绝技,令人叹为观止。《刷子李》一袭黑衣一桶白浆,刷完身上一个白点都没有。那是何等令人震惊。《大回》中大回深谙鱼道,能钓出绝不上钩的三根红绳的鲤鱼,得到远近钓者的一致夸赞。《泥人张》中泥人张面对海张五的寻衅滋事,也不言语,双手飞快地捏出对方的模样,给对方有力回击,让"贱卖海张五"成为街头巷尾热议之笑料。可见,在冯氏笔下,津门小人物的看家本事不仅是为了更好地生存,也是为了能更有面子地生活,活出一份手艺人的尊严。

2. 奇在骗术上

冯骥才笔下的奇人不全是走正道的,也有靠行骗游走江湖的。其骗术源于善于揣摩人物心理,利用人们的思维定式达到不可告人的目的。《冯五爷》中冯五爷开馆子,那胖厨子在五爷眼皮底下偷东西,还不被发现。《绝盗》中盗者也是光天化日,大张旗鼓,掩人耳目。还有《蓝眼》中的造假高手黄三爷,骗术炉火纯青,假做真来真亦假。冯氏笔下骗子骗技之高,全在意料之外,又都在意料之中。冯骥才塑造此类奇人,目的想告知读者:骗者为了生计,自走邪路。冯氏是想呈现津门的一种生活真实性,采用不隐恶的史家笔法与态度让读者自行评判其道德、境界的高下优劣。

3. 奇在心术上

故事中有的人没什么独家手艺,却善于逢迎,能左右逢源,在俗世上也能游刃有余。从正面讲,心术正的善者智者仁者,心术不正的逢迎巴结欺骗,这里有生存之道,有济世之怀,有曲意之思,有迎合之意,俗世中亦正亦邪,奇人三十六计,走心为上。《蔡二少爷》中蔡二少爷家资殷实,没落时低价进货高价出,令人深信不疑,其心术不正,坑蒙拐骗,却使黄老板深陷其道,虽不可称道,却是买卖人的一种奸诈成精的生存鬼点。《好嘴杨巴》中杨巴的能耐长在嘴上,其心思缜密,能在中堂大人发怒时揣测出对方的心意,见风使舵,以一条舌头化干戈为玉帛。好舌头源于心术,心术使之眉头一皱,计上心来,左右逢源,化险为夷。心术于杨巴虽有逢迎巴结之嫌,但却是津门之地的小人物特殊的生存策略。《死鸟》中的贺道台心术不正,本以为可借八哥博得裕禄大人欢心,却被八哥出卖了自己,最终裕禄大人拂袖而去,贺道台败在不正的心术上。贺道台奇在玩鸟绝,可鸟更绝,关键时刻说可怕的真话。借心术往上爬,却跌得更惨。冯骥才想借奇人的经历告诉我们的道理,不言而喻。《小杨月楼义结李金鏊》中李金鏊侠肝义胆,心术极正,不计报酬,让小杨月楼的戏班子起死回生,其救人于危难之中的侠义心肠为世人传道。心术正,则人方正,人品高,则人格高。

奇人之奇,或逞其力,或炫其技,或耍其心;高手称艺,风云津门,立足之本。强中更有强中手,能人自有高人处。读者读之思之,在笔酣墨饱之中感受小人物的独特能耐,颇感世事风云,唯有一技之长者方可立于不败之地,但切忌恃技傲娇,疏忽之时,必将败得一塌糊涂。

三、语言表达奇崛

1. 方言称奇

书中天津方言运用纯熟，读之亲切，有喜感，幽默味足。如《酒婆》中介绍酒婆出场一段极富表现力，具有浓厚的天津风味——

"这老婆子一准来到小酒馆，衣衫破烂，赛叫花子；头发乱，脸色黯，没人说清她嘛长相，更没入知道她姓嘛叫嘛，却都知道她是这小酒馆的头号酒鬼，尊称酒婆。"

"赛""嘛"天津方言的交相使用，使读者感觉像听评书，情不自禁地融入故事中，感受俗世中的人物风貌。冯氏如一流导演，引导读者一步步随着方言俚语走进津门街头巷尾，感受小人物的种种生活。

2. 白描堪绝

人物的种种特性，皆通过传神的白描表现得淋漓尽致。没有浓墨重彩，只淡淡几笔，形神毕肖，令人不得不佩服冯骥才运笔之功力，"清水出芙蓉，天然去雕饰"，人物形象呼之欲出，如《蓝眼》中状蓝眼之奇——

"据说他关灯看画，也能看出真假；话虽有点玄，能耐不掺假。他这蓝眼看画时还真的大有神道——看假画，双眼无识；看真画，一道蓝光。"

几笔勾勒出蓝眼辨真伪之神，为后文中黄三爷造假，蓝眼难辨真伪埋下伏笔。可谓用语不多，字字传神。

此外，还有夸张、对比等修辞手法的灵活运用，使得故事中人物活灵活现，摇曳生姿。读之津味浓郁，精彩处不一而足，手舞之，足蹈之，欣喜若狂。

总而言之，奇是此书之眼、此书之魂，无论是情节的架构、人物的刻画，还是语言的风格，都让人不觉称奇，甚觉惊奇，读之欲罢不能，赏之惊喜不已，并由衷叹服冯氏运笔之妙，玩味再三，梦中犹思。这真是：俗中蕴奇现津门，奇领风骚惊煞人！

五、师生同题作文

2014 年哈尔滨市语文中考命题作文

有人喜欢白色的纯洁，有人喜欢橙色的温暖，有人喜欢粉色的浪漫……你也许对某种色彩情有独钟。

激情燃烧的火红，收获成功的金黄，茁壮成长中的那一抹新绿，追逐梦想时的那一片蔚蓝……青春的画卷上，总有一种色彩属于你。

请以"有一种色彩属于我"为题写一篇文章。

要求：

①将题目抄写在答题卡作文纸的第一行(题目前空四格)；

②文体自选(诗歌、戏剧除外)；

③不要套作,不得抄袭；

④不少于600字；

⑤文中不得出现真实的人名、校名。

【教师下水作文】

有一种色彩属于我

胡 涛

大千世界,姹紫嫣红,目之所及,常为心仪之色吸引,每每沉醉、痴迷,不觉暮色四合。而生活也有色彩,平静如海一样的蓝,激情似火一般的红,我们也可以在生活的色彩中畅游,感受别样的滋味。

我喜欢红色。

红色的T恤衫,洋溢着青春的活力,涌动着澎湃的激情；红色的太阳,饱含生命的热烈,散发夺目的光芒；红色的旗帜,飘扬着理想的赤诚,凝聚着信念的坚定。火红的玫瑰、火红的中国结、火红的笑脸……无一不赏心悦目,令我情不自已,它们已渗透我的血脉。

红色让我迷恋,让我钟情。因为,我喜欢的生活本身就是红色的,像燃烧的火焰,热烈、充满激情。

我就像一团火,燃在课堂。

站在讲台上,我已忘记自己五十岁的年龄。我把温暖的目光投向每一个学生,用热烈的色彩涂抹着他们的梦想。让典雅而动情的文字穿越时空抵达每个学生心中向往的地方,让快乐持久地在师生互动的热烈气氛中发酵,酝酿出浓郁的芬芳,弥漫在课堂,浸润在每一个学生心里。

我喜欢充满笑声与掌声的课堂,我喜欢充满诗味的语文课堂,我愿意挥舞火红的旗帜,引领学生在文化的原野驰骋,像夸父逐日,去追赶心中的太阳。

我就像一团火,燃在书房。

坐在写字台前,我感觉有诸多思绪要表达,要释放。我拿起笔,就像点燃一支火炬,照亮我前行的道路。点燃文字,就是点燃梦想、点燃希望,在群蚁排衙中找到生命的欣喜,在灵感来袭时表达生活的酸甜苦辣。太多的情感需要倾诉,文字就是我最好的表达方式。面对大千世界,怎能无动于衷？在时光的隧道里用笔捕捉奇幻的光影。

一支笔就能点亮生命,一句诗就能唤醒沉睡的心灵。在洁白的纸上尽兴涂抹，将岁月飘扬成猎猎的旗帜，虔诚地仰视，参悟生活的真谛。

我就像一团火，燃在每个地方。有人需要帮助，举手之劳，如火温暖对方的心灵。助人亦助己，生命在予人玫瑰的那一刻，散发出奇异的芳香。

红色是属于我的色彩。愿我的生命里激荡着红色的热流，澎湃汹涌，引领我爱的人和爱我的人抵达我们梦开始的地方！

【学生佳作】

有一种色彩属于我

马伊琪

夕阳如火，晚霞如绮，静静地描摹外婆的笑颜。黄澄澄的金色，是属于我童年的颜色。

——题记

小时候最喜欢的事情，莫过于与外婆一起看日落了。那天边的太阳，是一个模糊的影子，有一圈好看的红晕，一片片金黄色的云彩，闪着黄澄澄的光芒，映照在我的心底，给我的童年添上一抹梦幻的颜色。

那时，我住在外婆家。小小的我总是被日暮的色彩勾住了魂，走不动路，就牢牢地站在村口，痴迷地望向天地交界处那抹色彩。而外婆呢，也喜欢看夕阳。那时的我每到日暮时，便拉着在田里劳作了一天的外婆，去村口，在可以看得最清楚的地方，并肩坐在田塍上，观赏日落。

那时的我，感觉落日的金色属于我。

夕阳遥遥地挂在天边，红晕慢慢淡了，近旁的云彩渐渐染上了金黄色。太阳的余温带给我暖暖的惬意，余晖给我们披上金色的外衣，也映在我和外婆的眸子中。有时，看到动情处，外婆一边拉着我的小手，一边哼着小曲，在田野里跳起舞。外婆微微弓着身子，笑眯眯地看着我，先左上一小步，再右上一小步，我跟着外婆的步伐有模有样地学起来。夕阳拉长了一大一小两个身影，影子舞动出金色的旋律。

跳累了，我们就坐在田塍上，外婆一边看日落，一边讲我刚出生时的趣事，每个细节都娓娓道来。讲到有趣的地方，外婆总会先我一步咯咯地笑着，夕阳映照下，她的眼睛闪着别样的光芒，笑得像个孩子，脸上快活地浮现一抹少女的红晕，显现出少有的活力与神采。那红晕和天空的颜色和谐地融为一体。讲到入迷处，她那慈爱的脸庞仿佛镀了一层薄薄的金边。我在一旁端详着，感觉姥姥就像神话中有魔法的神力无边的仙女……

时光流逝,我已不是懵懂的小女孩了,也离开了那个村子。但每当夕阳西下的时候,脑海中总会浮现那温情的一幕,一大一小两个身影,并肩坐在村口,痴痴地看着日落,沐浴在金灿灿的光辉中,那光芒、那脸庞永远留在了我的心间,留在了属于我的流金岁月里。

（指导教师:胡涛）

2017年哈尔滨市道外区语文中考模拟作文

任性,是目前网络上非常流行的一个词语。指的是听凭秉性行事,率真不做作或者恣意放纵,以求满足自己的欲望或达到自己某种目标,也可以是执拗使性,无所顾忌,必须按自己的愿望或想法行事。这一词语表达出来这样几种意思:一是完全听任本能的意愿,二是更大程度地强调了自身的个性需求,也可以是指因个人的原因,不屑做利益最大化的选择。

请以"任性"为题,写一篇作文。

要求:

①将题目抄写在作文纸的第一行(题目前空四格);

②文体自选(诗歌、戏剧除外);

③不少于600字;

④文中不得出现真实的校名、班级、人名。

【教师下水作文】

任　　性

胡　涛

仰天大笑出门去是任性,我自横刀向天笑是任性,一蓑烟雨任平生是任性。任性是无视功名利禄的淡然,是无惧生死祸福的超然,是无畏风刀霜剑的毅然。

一边是权倾天下的相位,一边是俯仰天地的自由,庄子任性地弃绝了万人艳羡的前者。他的眼中,富贵名利如过眼云烟,只能成为束缚心灵的枷锁。他不屑亦不耻做利益最大化的选择。他的心中,自由是稀世珍宝,纵使一贫如洗,心灵依然可以乘风扶摇直上九万里,快哉美哉! 他宁愿沉醉在晓梦迷蝴蝶的意境中,也不愿栖息在群臣吏民朝拜的庙堂上。

庄子的任性是舍利取道,是对自由的崇尚,是对权贵的鄙弃。

一边是鲜血淋漓的死亡,一边是变法失败的逃生,谭嗣同任性地选择了为变法流血。他深知逃走可保身家性命,可以东山再起,可以另谋他路。然而,别人的劝说并未改变他任性的执念。他甘愿流下一腔热血,"我自横刀向天笑,去留肝胆两昆仑",慷慨赴死,浩然之气溢满乾坤。这一任性之举如黄钟大吕,振聋发聩,唤醒多少中华儿女,激荡多少仁人志士满怀豪情。

谭嗣同的任性是舍生取义,是对爱国的执着,是对苟活的不屑。

一边是荆棘丛生,一边是康庄大道,多少人任性地走进了那片艰难困苦的丛林,虽九死而犹未悔。苏武明明可以臣服匈奴,尽享荣华,可他宁愿渴饮雪、饥吞毡,也要在极端困苦中坚守气节,忠于汉朝。正如一副对联中写道:"十九年革衣毡帐,丹心耿耿,不辱使命,惟依慷慨真气节;三千里冰地雪天,铁骨铮铮,克胜淫威,尽赖忠贞大精神。"苏轼明明可以稳做朝官,安享太平,可他偏偏任性直言,触怒权贵。即使一贬再贬,远至海南,也不趋炎附势,不蝇营狗苟,胸怀坦荡,光风霁月。

他们的任性是舍身求法,是对节操的坚守,是对明哲保身的厌恶。

任性非恣意放纵,非无所顾忌。任性是对自由的追求,对信念的执着,对节操的坚守。当你走在人生的十字路口,不忘初心,不为物役,任性前行。

【学生佳作】

任 性

金彦彤

岁月如梭,时光清浅,懵懂的我渐渐长大了,却怎么也忘不了曾经的任性无知给我的小伙伴带来的伤害。

记忆中那只白软的小奶猫伴我走过了整个童年。

它不过两巴掌大,一双蓝莹莹的眸子中泛着机灵与活泼。它最爱端坐在窗前,沐浴着和煦的阳光,小小的背影犹如天使般纯洁。

可我却向它伸出了恶魔般的双手。

两只白鸽在房檐上窃窃私语,爷爷躺在藤椅上,摇动的大蒲扇将一个个烟圈套在了小猫身上,它用肉肉的爪子摸了几下鼻子,"喵"的一声,一下从窗台飞跃到我怀里。它身上的奶香味已被浓重的烟味取而代之。我便扯开嗓子大喊:"爷爷,我要给小猫洗澡!"爷爷缓缓抬起了眼,在烟雾缭绕中摇了摇头:"它还太小,会生病的,不能洗澡。"我倔强地一偏头,嘟起嘴任性地哼道:"不嘛,我偏要!"怀里的小猫似是应和,冲我眨了眨眼,"喵"了一声又用爪子拍了我一下。

我将小猫放在肩上,打水,毛巾、吹风机、小椅子一切就位。我高高挽起袖子,一把抓过小猫,"嗨"地扔进水里,只听小猫尖锐地痛苦哀号一声,足尖点水,身手敏捷地蹦出了水盆。浑身雪白的绒毛此时也湿漉漉贴在身上。爷爷闻声而来,重重叹了口气,面色严肃道:"你别胡来了,别太任性了!"我委屈地汪着眼泪,愤懑不平地大口喘着气:"它身上的味好难闻!"我不顾爷爷的劝阻,快跑两步,直冲向可怜兮兮的小猫。

它似乎打算乖乖束手就擒了,小小的它在我手下毫无反抗之力,我生猛地将它浸入水中,一边瞪着爷爷无奈的脸,有一种得逞的快意。小猫在水中无力挣扎了几下,蓝汪汪的眼竟透出了可怜无助的神情。我愣住了,手忙脚乱地抱它出来并迅速吹干。我不敢直视小猫的目光,也不敢对上爷爷的目光。

我把它轻轻放在温暖的藤椅上,它小小的身体微微颤抖着,一下下吸着鼻子,偏过头去蜷成一团不再看我了。霎时,我难过极了,眼泪倾泻而出。爷爷从背后踱步而来,将我温柔地搂在怀里,说:"它太小了,可经不起你这么折腾,真的会生病的。以后别那么任性了。"原来我任性的代价便是童年好伙伴的不适。我竟将自己那所谓的快乐建立在小猫的痛苦之上!

小猫悄悄扭头望我,深邃的蓝眸犹如天空一样纯净,又如深沉的海,容纳了我年少无知的任性,它是我一生的挚爱与怀恋。

(指导教师:胡涛)

2013年哈尔滨市香坊区模拟考试命题作文

影视剧《搭错车》的主题曲《酒干倘卖无》里面有一句歌词:"从来不需要想起,永远也不会忘记。"宋代苏轼《江城子》里有一句词:"不思量,自难忘。"古今诗人的心灵都是相通的,总有一种情感让人刻骨铭心。

有些事,有些人,有些东西,有些地方,是烙在骨子里,永远也不会忘记的。请以"永远也不会忘记"为题目,写一篇文章。

要求:

①将题目抄写在答题卡作文纸的第一行(题目前空四格);

②文体自选(诗歌、戏剧除外);

③不少于600字;

④文中不得出现真实的校名、人名。

【教师下水作文】

永远也不会忘记

胡 涛

永远也不会忘记妈妈的眼睛……

妈妈的眼睛是探照的灯。别看她走得慢,所过之处,纸屑、碎片一一拾起,多少次缓缓弯腰,多少次慢慢起身。她的眼里不揉沙子,我怕她不小心摔倒,多次叮嘱,她依然我行我素,用行动践行着劳动妇女的本色。

妈妈的眼睛是张望的星。曾经,每每周末我们回家的时候,她正倚窗张望,岁月斑白了她的发丝,却没有减弱她的视力,一过拐角,她就看见了我们的身影,于是,平静的神情掩饰不住内心的喜悦,慢慢走进厨房去准备午餐。

妈妈的眼睛是治愈的针。我的个子高,身材偏瘦,爱驼背,妈妈屡次规劝,我仍不思悔改。到了妈妈身边,她的眼光刹那射向我的脊背,我如芒刺在背,瞬间挺直,生怕她那有力的手拍向我,那眼光,如针,刺痛我的慵懒,让我昂首挺胸,恢复男儿本色。

妈妈的眼睛是温暖的火。她对我们的爱毫无保留。她能及时发现每个孩子的身体状况,儿子脚底板发白,她及时送去医院救治,没有耽误病情;女儿刷牙出血,她也能发现其中的异常,送到医院发现血小板减少,不及时将有生命危险。

妈妈就这样关爱着我们,她的心里装满对孩子健康的渴求,那慈爱的光一遍又一遍地抚摸着我们,生怕路滑,不小心跌倒,生怕天黑,被狗咬着。那目光里藏着那么多揪心的"怕",竟没有一点属于自己的。

岁月绵长,我永远也不会忘记——妈妈的眼睛!

【学生佳作】

永远也不会忘记

侯馨欣(发表于2013年《香坊教育》)

风吹过如花流年,你如瀑的长发,成为我生命中最美的风景。看天,看雪,看四季轮回,心中留下的浓浓的怀恋。

——题记

犹记那天,吃过晚饭,你走进屋来。轻轻地问我:"帮妈妈洗洗头好吗?"我不解地望向你,看到你手上缠着几层雪白的纱布,猛然想起,几天前,你被菜刀伤了手。"好啊。"我答应着,和你去了洗手间。

温热的水浸润了你的头发,如丝的长发在水中漂浮。我用梳子轻轻地梳着。忽然,我看见,那青丝中的几缕银发在水中散开。岁月岂无痕?为我辛苦操劳的日子,给你的头发留下了更多的霜痕。我轻轻梳理这些发丝,涂上洗发液,揉出一朵朵白色的泡沫,像我尘封的记忆,在水波中泛起涟漪……

记得一次上晚课,天幕深蓝,闪烁的星子缀在上面格外璀璨。你递给我热气腾腾的饭菜,美丽的黑发在路灯下泛起温柔的光晕。那一瞬,仿佛街道空空,只有你我二人,天地空空,也只有你我二人。

多少白天,你为我含辛茹苦;多少夜晚,你伴我夜灯长读。那些记忆中全是你柔顺的发丝,让我久久不能忘怀。

你觉察到我动作迟缓,唤我一声。我从纷飞的思绪中走出,哽咽地说一句:"妈,你有白头发了啊!"你轻轻地叹息:"老了呗……"不管是青丝还是白发,都让爱染上了颜色。那长发不是花色,能一眼灼人,在我心中,却如寒梅一样,暗香浮动。那长发不是溪流,能奔腾不息,却如高天一样,底色长青。妈妈的爱如细雨般滋润我,让我更好地成长。

为你洗好头发,我用梳子将湿漉漉的头发抚平,鼻翼间弥漫的是发梢的清香。看着你的眼眸,我说:"妈妈,我好喜欢你的头发。"

逝水东流,落英缤纷,穿了新衣,点了鞭炮,岁岁年年,时光如河,匆匆而过。只是你美丽的长发,让我永远也不能忘怀。

(指导教师:胡涛)

2023年哈尔滨市第四十九中学校期末考试作文

走在人生的旅途,总会有一盏灯指引你,使你从幼稚一步步走向成熟,使你不再惧怕黑暗与无助,这盏灯一直陪伴你,指引你,为你绽放生命之光,照你一路前行。

请以"他是我的一盏明灯"为题,写一篇作文。

要求:

①将题目抄写在答题卡作文纸的第一行(题目前空四格);

②文体自选(诗歌、戏剧除外);

③不得抄袭,不要套作;

④不少于600字;

⑤文中不得出现真实的人名、校名。

【教师下水作文】

他是我的一盏明灯

胡 涛

我和他仅有一面之缘,但他却影响了我的一生。他是我心中的一盏明灯。

余映潮先生最初进入我的视野,是在我阅读《语文教学通讯》的一篇文章时。那一年，我二十七岁，任教七年，虽已市骨干加身，却感觉课堂教学进入了瓶颈期，缺乏突破性。余先生的一篇教学课例让我眼前一亮，先生不谈太多玄妙理论，片言居要阐述自己的教学主张，关键是课例操作过程新颖、清晰，极富语文味，一字一句敲击着我的求索之心，令我茅塞顿开。我立刻展开笔记，记录下先生板块式教学的精华，像一个毕恭毕敬的小学生，聆听先生无声的教导，喜悦之情无以言表。

从那以后，我开始在各种教育杂志上搜集先生的文章，如饥似渴地拜读，"每有会意，便欣然忘食"，先生虽不曾谋面，却已在我心中占据了不可替代的位置。每日课后，研读先生的文章成了我的必修课，我也养成了课后写教学札记的习惯。渐渐地，我的课堂呈现思维开放性特征，兼收并蓄，课堂教学形成了鲜明的个人特色，思路清晰，创新设计不断，主问题发散性强，浓郁的语文味弥漫在师生心间。

2004年，与余先生神交五年有余，这一年我参加了哈尔滨市原动力区第一届"卓越杯"教师个人专业素质大赛，中小学所有学科同台竞逐，我一路过关斩将，从初赛到复赛，直至闯进决赛，先生的教育思想一直照亮我的心灵。现场抽签后，在全封闭宾馆里，只有一个晚上准备时间。夜深人静，我仍在思考，《一个这样的老师》伴我彻夜不眠，如何独辟蹊径，脱颖而出？一个灵感忽然闪过脑际，余先生不就是怀特森这样的老师吗？不迷信书本，不迷信权威，走出了自己的创新之路，成为全国语文教育专家。我也要做这样的老师，引领学生敢于怀疑，勇于探索。于是，"朗读，说理解的话；评读，说发现的话；研读，说创造的话；体验，实话实说………"的板块式课型，在先生的引领下新鲜出炉，尤其是问号型板书设计别具匠心，教学的精髓融于板书之中。晨光熹微，气定神闲之时，不由得感激余先生，是您让我对语文教学有了新的理解，我穿越时空与您对话，您启发我如何进行创新的教学设计，如何通过简洁的形式表达丰富的意蕴。

第二天，赛课当日，我完全进入一种情境，俨然化身为怀特森先生，引领学生研讨、争鸣，激发学生的怀疑精神，整堂课呈现出开放的、生成的、多元的、碰撞的、活力的、趣味的等诸多亮点，在活跃的氛围中完成彼此的成全与成长。余先生仿佛就坐在两百人的听课席上默默看着我，微笑着，温和又亲切的目光透过镜片笼罩着我，似在鼓励，似投射着希望。而我，在这片温暖的光辉中演绎着属于我，也属于他的精彩。当下课铃声摇响，进入答辩环节，来自吉林的评委提出了两个深刻而尖锐的问题，无暇思索，我脱口而出，一气呵成，获得全场教师热烈的掌声，最终以比赛的最高分获得特等奖。

后来区教育局张局长到学校为我颁奖，我手捧着沉甸甸的奖杯时，心中百感交集,这离不开余先生无声的文字浸润的力量,离不开先生所倡导的教育理念与实践带给我的引领。这奖杯是我一颗素心执着探索的印证,也是给我敬重的余先生的献礼!

2012年,我参加了在济南举行的语文名家课堂展示研讨会,有幸见到余先生。他面容清瘦,举止儒雅,沉静中有一种内在的精神力量。听到他的现场观摩课《夸父逐日》,依然是我读到他的教学课例的感觉,娓娓道来,有条不紊,语文味盎然。我边欣赏边录制先生的授课过程,作为永久的精神财富珍藏。

课后,我想和余先生合影留念,他没有拒绝,即使有些疲倦了,也是温文尔雅地笑着。我第一次零距离接触余先生,虽然仅有几秒钟,却心海激荡,真像是粉丝见到自己的偶像——生命中那盏最闪亮的灯,我将永远以您为榜样,践行您的教育思想,在教学之路上谱写奋进的篇章。

2014年,我再次参加"卓越杯"赛课,在进行《信客》的教学设计时,先生虽不曾耳提面命,但教育之音依然响在耳畔,他曾嘱告语文教师要深入钻研教材,探究文本的思想与艺术精髓,教学方法自然应运而生。我依先生之言,仔细研读《信客》,与《信客》展开心灵对话,发掘小人物身上善与诚的闪光点,终于,我突破了教学参考书及诸多名家解读的束缚,设计出"初识信客,知其生涯;走进信客,品其为人;悼念信客,悟其精神"的教学脉络。这既是由浅入深认知文本的过程,又是由粗到细探究人物的脉络,让学生沿着这条线,一直走进文本深处,触摸一个平凡小人物的灵魂,完成与文本中人物的对话。最后的教学展示中,师生对话热烈又不乏和谐,感人又不乏风趣,又一次摘得大赛特等奖桂冠。

2013年,我成为哈尔滨初中语文学科带头人。2014年至2021年,我参加了三届哈尔滨市中考命题工作。先生求真务实、严谨治学的学者之风一直深深影响着我,我命题时一丝不苟,不辱使命,不负重托。

教育之路上不断地实践,迸射出不尽的思维火花,促使我将实践的感悟提升为理论的思索,在《黑龙江教育》等报刊上发表多篇课例研究和教学论文,并撰写近百篇教学叙事和下水文,以及百余首诗歌,极大地深化了课堂教学。我的文字里智慧的闪光离不开余先生笔耕不辍的影响。

2019年,我以香坊区第一名的考核成绩成立了自己的名师工作室。四年来,我带领一批有志于研究语文教学的教师跟从余先生的步伐,从大兴安岭到依兰,从大庆到扎兰屯,教学实践的声音回荡在城乡的各个角落。我带领一个团队,树起研究部编版语文阅读教学策略的旗帜,开创一片崭新的教育空间,把余先生思想的种子散播在广袤的北国大地,生根、发芽、开花,期待结出教育教学的累累硕果。

光阴漫随流水,一晃二十多年过去了,我的教学日臻成熟,形成了自己独特的"诗味语文"教学风格,成为深受学生喜爱的老师。在教学之路上,无论我走得多远,余先生都是我心中最亮的那盏灯,引我穿过迷惘,引我一路前行。

今天是第三十九个教师节,校园里欢声笑语,师生同庆,我谨以此文献给内心无比崇敬的余映潮先生。

【学生佳作】

他是我的一盏明灯

梁安琪

穿过平湖烟雨,踏过青春岁月,我始终相信,历尽挫折,尝遍苦涩,最终孕育出芳香绚烂。

——题记

生命是一场又一场的相遇与离别,是一次又一次的希望与开始,可总有些事,一旦发生,就留下印记;总有些人,一旦来过,就无法忘记,成为一盏盏明灯,照亮前行的路。

爷爷就是我前行路上的一盏明灯。

"节奏拖沓混乱,技巧生疏不熟,在家明显没有好好练习。"几次演奏失败,古筝老师终于开口,本就严肃认真的神情,更添几分恨铁不成钢的责备与无奈。"本可以避免的失误为什么一错再错,我希望你能对你自己付出的时间、精力负责。"

一片寂静,我低下头,不敢看老师的眼睛,将目光凝于指尖,望着那紧缠的拨片,像冰冷铁片,割伤我的自尊,让我遍体鳞伤。

暮色四合,太阳遥遥挂于天边,半隐于山峦,天际酡红。我却无心欣赏,似有一团湿棉堵塞心口,只觉郁闷。推开家门,径直走向书房,像往常一样去看爷爷。爷爷正端坐于书桌前,宣纸平铺方桌之上,四块墨玉轻压纸边,墨碗盛几色水墨。轻画,画出一树枝丫;点提,提起点点梨花;渲色,渲出半世锦华。他移开镇尺,轻拈纸边,细细端详,眼底涌出几许笑意。晕黄的纸上明蓝鹅黄,映着红色印章,被郑重地放入抽屉。我定睛一看,抽屉内宣纸井然叠放。见我呆愣,爷爷绽开笑容,笑呵呵地说:"这是我一个月的练习成果。有的人天姿聪慧,有的人资质平平,你爷爷我呀,属于后一种,但是,勤能补拙啊。大孙女,你看爷爷是不是画得越来越好了?""嗯嗯。"我忙不迭地点头称是,内心忽然有所触动,老师的话语严厉,伤了我的自尊心,但良药苦口,诤言逆耳,我已然悟到：只要行而不辍,持之以恒,冰封的土地也能孕育出怒放的冰凌花。

于是静谧之夜,一豆灯下,仍有我埋首的身影。在困意袭来的午后,乐曲在纷飞的指尖流淌,在振动的琴厢低语、厮磨、激昂,狭小的房间仿佛正在进行盛大的演出。

人们仰望星辰,满心沉醉。殊不知它一路已穿越无数光年。我要迎难而上,终有一天,在华丽的舞台上闪耀光芒。

爷爷,我成长路上的一盏明灯!他虽然平凡,但却用他的言行照亮我郁闷的心灵,照亮我前行的路!

(指导教师：胡涛)

2020年哈尔滨市第四十九中学校期中测试语文命题作文

主角不只是影视作品中的主要角色,不只是纵横赛场的体育明星,不只是改革大潮里的风云人物。一张过去的照片,一段温馨的视频,一个难忘的生日,一次有趣的活动,一场激烈的比赛,你都可能是当中的主角……

请以"这一次,我是主角"为题写一篇文章。

要求：

①将题目抄写在答题卡作文纸的第一行(题目前空四格)；

②文体自选(诗歌、戏剧除外)；

③不要套作,不得抄袭；

④不少于600字；

⑤文章不得出现真实的人名、校名、班级名。

【教师下水作文】

这一次,我是主角

胡 涛

向来内向的我喜欢在角落里看别人的表演,心里为他们的精彩暗暗喝彩。有时也悄悄地想,什么时候我也能像他们一样成为生活中的主角呢?

开学初,班主任宣布一条消息,学校要在下个月举行一次演讲比赛,围绕"青春校园"这一主题进行。一石激起千层浪,但见有人兴奋,有人沉默,有人若有所思……放学之后,走在回家的路上,我想,我能不能参与这次比赛呢?机会总是垂青有准备的人。回到家,我立刻搜集关于青春励志方面的素材,思绪在翻飞,激情在涌动,马不停蹄地加工素材,反复琢磨修改。妈妈喊我吃饭,我都以不饿搪塞过去,妈妈还以为我受了什么委屈,小心翼翼地来安慰我,而我笑着说我要干件大事情。妈妈看着我神秘的模样,一脸狐疑地走出去。

从那日起,每天放学回家,我都是书包一撂,就对镜吟诵。慢慢地,我从镜子里发现了一个不一样的自己,微笑着表达对青春的感悟,自信渐渐从眉宇间流露,我渐渐找到了一种青春的活力。我想这一次,我一定要尝一尝主角的滋味!

终于盼到了那一天,赛场布置得异常华美,选手们都着装整齐地候于台下,我有一点紧张,毕竟台下那么多双眼睛注视着我。从前的我是默默无闻的观众,而今我就要走上舞台,做一次真情告白。激动的心,颤抖的手,我对自己悄悄地说,不要怕,人生总要去尝试一番。就在我为自己不断打气的时候,一个熟悉的名字响在耳畔,该我上场了!

我正了正衣领,缓步走上演讲台。灯火辉煌,那是我曾艳美的风景,如今的我已然站在台中央。拿起话筒,大声道出了我的演讲题目《青春,你好》。听到台下热烈的掌声,我的心如一只小鹿纵情奔跑,深吸一口气,开始了我的青春演讲。我从走进校园那一刻谈起,用真实的情感体验,将动人的故事娓娓道来,台下悄无声息,只能听见我那略带沙哑的声音在会场中回荡。讲到动情处,我的声音有些哽咽,随即又慷慨激昂一表青春誓言。演讲快结束时,我吟诵:"我不去想是否能够成功/既然选择了远方/便只顾风雨兼程/我不去想身后会不会袭来寒风冷雨/既然目标是地平线/留给世界的只能是背影。"我的声音戛然而止。台下响起了雷鸣般经久不息的掌声,而此时,我的腮上已经挂上了激动的泪珠。

冰心有一首小诗"成功的花/人们只惊慕她现时的明艳/然而当初她的芽儿/浸透了奋斗的泪泉/洒遍了牺牲的血雨"。我相信只要肯付出,肯耕耘,这一次,你一定会成为主角;下一次,人生的每一个驿站,你都可以站在属于自己的舞台上,让鲜花和掌声簇拥着你,而你定会跨过寒冬,迎接属于你的春暖花开!

【学生佳作】

这一次,我是主角

谢艾琳

走下讲台,耳畔还萦绕着同学们的掌声。这一次,我是主角。

"吱呀"一声,教室门被推开,数学老师从容地走上讲台,开始讲课。她除了有幽默风趣的讲课风格,还特别愿意让同学们到讲台来讲题。

"谁来讲这道题?"早有前排的同学高高地举起手,这正合了我的心意。我连忙低下头,装模作样地皱着眉思考,无助地摇头,摆出一副没想明白的样子,唯恐老师叫我。"×××,你来讲一下。"我愣住了,不知所措。老师朝我点点头,示意我上前。

我的心似一只小鹿一般乱跳,手不自觉地握拳,有点发抖,犹犹豫豫地站起身,一小步一小步地挪到讲台。踏上讲台的那一刻,我意识到自己成了这次讲题的主角,心中又不免一阵紧张。

我的脸发红,脑袋一片空白,看着题目,有些眼熟,头脑开始冷静下来,拿起粉笔在黑板上写下思路。讲着讲着,忽然发现这个思路是解不开这道题的,一下子慌了神,有些发懵,脸有点发烫,额头上冒出了细密的汗珠。

慌乱间抬头,向老师发出求救的信号,恰好看到老师温柔的目光,她走上前替我在黑板上指出基本型,再次捋清思路,并把粉笔交给我。在老师的启发下,我瞬间多了一份自信,大声讲出解题思路,并很有把握地在黑板上写下过程,求出得数,获得了同学们一片掌声。我不禁望向老师,她也赞许地点点头,脸上挂着月牙般的微笑。

回到座位,细细品味,刚刚那道题是不难的,只是我习惯了当听众,忽略了表达自己。慌乱间,老师的眼神、微笑都悄悄钻入我的心里,继而化为一股力量,促使我成为这一次的主角。

不退缩,不躲避,勇于尝试,善于反思,总有一天你会超越自己,在人生漫长的路上,成为主角,迎接属于自己的荣誉。

这一次,我终于成了主角!

(指导教师:胡涛)

2019 年哈尔滨市第四十九中学校阶段测试作文示范

我们每个人的性情是怎样的?你了解的身边事物又具有怎样的特点?如果让你介绍一下自己,或者以第一人称选择一种你感兴趣的事物介绍给他人,可以讲故事,可以抒情感,你打算怎样介绍?

请以"_____的自述"为题写一篇文章。

要求:

①题目补充完整,然后将题目抄写在答题卡作文纸的第一行(题目前空四格);

②文体自选(诗歌、戏剧除外);

③不少于600字;

④文中不得出现真实的校名、人名。

【教师下水作文】

一棵大树的自述

胡　涛

　　许多年以前，一位白发苍苍的老园丁种下了我，在校园的一角，在阳光照耀的地方。

　　于是，一个绿色的梦在我心头酝酿，律动的生命在体内潜滋暗长。破土而出，我看见了我的哥哥姐姐，在大街小巷，为人们遮阴纳凉。我也渴望为嬉戏玩耍的孩子们撑起一柄绿伞。

　　看着日升日落，伴着琅琅书声，四季更迭，渐渐长高的我，茂盛了，孩子们喜欢三五成群地依偎在我的脚下，我感受到了暖暖的温度，开心的我轻舒臂膀，为他们遮蔽烈日炎炎，为他们遮挡寒风冷雨，我是他们的避风港。

　　时光如水，亦如刀，刀刀催人老。我已不再年轻。年轮一圈圈密密匝匝，枝干布满褶皱，我老了，绿的黄的枝叶如发丝从头顶随风飘落，铺满校园。我怀疑，我还能不能承受——哪怕是阳光，或者轻轻吹送的秋风。我担心我要离开这片土地了。

　　九月的一天，一场强劲的台风袭来。我忽然握不住脚下的泥土，可是我真的不想离开，我还要给孩子们以清凉的慰藉，但是，我有些无能为力了，在暴风雨的打击下，我的根渐渐离开了校园的泥土，我终于倾倒了。

　　然而，我不能倒下，我的根紧紧地抓住土地，用最后的力气，在风雨中以45°角的姿势，就这样，斜立在那里。心中的不舍，全部倾注在这最后的姿势上。我只想说，我没有倒下，我没有被风雨打败，我在向培育我的园丁鞠躬致意，我在向所有的孩子们告别。也许，不久我将远离，将忍受与土地分离的痛苦，但我也会带着美好的回忆，美好的遇见，走进绿意盎然的梦里。

　　这时，我感觉，我流泪了。为什么我的眼里满含泪水，因为我对这校园爱得深沉……

【学生佳作】

我 的 自 述

于欣彤（发表于《全国优秀作文选》）

　　吾姓于，名欣彤，丁亥年间生人。偏好语文与英语，喜数学但败于算术。好唱歌却憎恶音乐，同学谓吾曰："百年不遇跑调歌王。"吾不以为意，我行我素，但唯脸皮厚尔。

吾酷爱读书，特点有二。其一，内容广博，上追古圣先贤的《论语》《孟子》，下可至当下最新版《博物》。其二，速度之快，非常人可比，三日可读毕《西游记》。师常教吾曰："一寸光阴一寸金。"吾深以为然，可惜功课繁忙，读书时间日渐缩短，只能借午餐时间忙里偷闲，过一过读书瘾。

一日，师谓吾曰："汝长于语文，为班级运动会写稿，可乎？"吾欣然应允。冥思苦想，绞尽脑汁，交稿后师赞叹不已。自此，艺术节投稿、运动会投稿等均交于吾。吾认真完成，虽无职无位，却也大有收获。尔后，吾代表班级参加演讲比赛，不卑不亢，风趣幽默，娓娓道来，博得评委一致好评。

吾亦爱数学。数学老师曾谓吾曰："汝为文科生。"吾心有不甘，遂发愤图强，为数学废寝忘食，挑灯夜战。不但请教吾师，亦常与同学交流讨论。课间时奋笔疾书，师赞吾曰："会抓紧时间。"至家，勤加练习，浪费油笔无数。功夫不负有心人，吾于期末考试拿下学年数学第四名的好成绩。数学老师于家长会上曰："于同学这样的文科生也能考这么好……"可惜吾语文英语成绩下滑，均未考至班级第一。

吾爱读书，亦爱数学，更喜唱歌。古人云："一张一弛，文武之道。"我乃苦中寻乐，乐在其中也！

（指导教师：胡涛）

2018年哈尔滨市第四十九中学校语文期中考试作文

幽幽书香浸透我们的灵魂，那是对心灵的洗涤。从充满幻想的童话故事到意蕴深刻的文学名著，那幽幽书香伴我们走过了幼儿园门前的葡萄树，走过了小学校园里那飘逸的垂柳，步入了中学宽阔的校园。我们对书的感情，渐渐由喜爱变为挚爱。

请以"书香伴我成长"为题，写一篇文章。

要求：

①将题目抄写在答题卡作文纸的第一行（题目前空四格）；

②文体自选（诗歌、戏剧除外）；

③不少于600字；

④文中不得出现真实的校名、人名。

【教师下水作文】

书香伴我成长

胡　涛

(此文获得《生活报》"书香社会"征文大赛二等奖，结集出版)

衣着烨然若神人，若不喜读书，仍觉眉宇无光，面目乏彩。唯与书相伴相依者,方内心充盈,气宇轩昂,或淡然如菊,或馨然如茶。书润心,香远益清,悦己宜人。

少年读书课桌旁,小说诉衷肠。

学生时代对小说情有独钟,常常于夜深人静时抚我所爱,沉浸在异彩纷呈的世界中。《水浒传》中,梁山好汉侠肝义胆,智勇双全,常令我血脉贲张,情不自已,在幻想中实现自己的英雄梦,于瘦弱的身躯内注入一股扶危济困之义气,行走江湖,义字当先。《平凡的世界》中,孙少平面对风雨坎坷,从未低头的斗志深深感染着我,他身处困境不自弃,胸怀宏志;面对苦难不退缩,激流勇进。平凡的世界里,一个平凡的青年,有不平凡的人生历程,有一颗永不言弃的魂灵。"世事我曾抗争,成败不必在我。"罗曼·罗兰的《约翰·克利斯朵夫》,让我全身心沉浸在主人公的精神世界中,桀骜不驯的克利斯朵夫,厌倦闭塞污浊的上流社会,用心寻觅着属于自己的太阳,他在黑白琴键上素手翻飞,演绎着心中的理想。我在他的音乐梦想中感受一种冲破世俗的力量,那种力量,助我乘着文字的翅膀飞得更高更远。每一部小说都诉说一个震撼人心的故事,一段风云变幻的历史,让我在字里行间与主人公同悲共喜,并体验着文字传达的睿智、深刻,我的心灵无时无刻不在悸动与震颤。与伟大的灵魂交流,于不同的时代穿梭,在心灵之旅中体悟世间百态,提升精神品位。

壮年读书单位里,散文抚灵魂。

工作后渐爱散文,古今中外散文大师的生花妙笔,令我爱不释手,如醉如痴。时而跟随朱自清先生精彩的描摹,走进那片静静的荷塘,沉醉于那如舞女之裙的田田荷叶,沉醉于那袅袅婷婷的荷花,或流连于桨声灯影里的秦淮河,品味作者复杂难言的心绪。时而流连毕淑敏的文字,于深邃的思想中,开启智慧的大门,叹服其运笔之娴熟,感悟其洞见之精辟,像"幸福与灾难本是一对孪生兄弟"这样的妙语俯拾即是,润泽了我的心田,涤荡着我的心魄,自觉读之品之,心灵日渐丰富,日渐旷达。时而又进入培根的《论人生》,那犀利如手术刀般对人性的剖析,那深刻如入木三分对生命的诠释,令我常感慨良深。读散文是一种心灵的遇见,宠辱不惊,悲喜随意。徜徉在大师行云流水的运笔中,心灵之河静静地流淌,流向淡泊,流向豁达,流向大彻大悟。

而今读书,古诗蕴情思。不知是中国诗词大会的烽火燃起了心中的古典情结,还是中年自然寻求心底的平静平淡所致,每每翻阅《唐诗宋词鉴赏辞典》,那一首首隽永的诗作,幻化成一幅幅绝美的画卷,变奏出一段段绝唱的旋律,或书田园之风情,或挟大漠之风沙,或状离别之幽怨,或抒报国之壮志,慢慢吟诵品读中,便悄悄融入了那个遥远的时代,那个情思万端的岁月,那阙仰首是春俯首为秋的意境。当那些诗词在脑海萦绕,挥之不去时,忽然发现我们生活本身处处可见其影踪——

春来早,"草色遥看近却无";

柳枝青,"万条垂下绿丝绦";

心情好,"白日放歌须纵酒";

情郁结,"愁云惨淡万里凝"。

倏忽感觉许多心中有笔下无的感受,用古诗词皆可一言以蔽之,因此由衷感喟诗人那细腻无比的情思,便觉古诗其实是不同生活的一种折射,是丰富心境的一种反映。读诗亦是安抚心灵的一种方法,是诗意生活的必要方式。心灵可有寄托之处,心灵可有安放之所。茶余饭后,一支飞花令,让全家都沉浸在浓浓的书香之中,或仿古词自创一首《梅花引·我忙》——

"故人问我几多忙?是身忙,是心忙。心若忙时,琐事亦断肠。穿梭学堂教儿郎,撷笑语,传文道,乐悠长。

"唇焦口燥浑不觉,夜茫茫,灯初上。归去归去,莫停留,星满穹苍。风拂面颊,微冷又何妨?都道无人忙似我,今无眠,有月华,待天亮。"

以诗书写自己忙里偷闲的幽情,不亦乐乎?让古诗融入现代生活,让古诗住进自己的心灵,守护那一份宁静,那一份惬意,那一份独有的情怀。

阅读于我而言,其实就是一种遇见,不同的年华,遇见最美的自己,于文字触摸中感高尚之灵魂,品诗意之境界,悟人生之真谛。打开书就如同开启一扇去往不同时空的大门,一书一书的花开,一页一页的呢喃,遇见美,遇见爱,遇见希望,遇见温暖,遇见最好的自己!

离合悲欢字有情,一任读书,不觉到天明。用心灵去阅读,用心灵去歌唱,让书香浸润自己的心灵世界!

【学生佳作】

书香伴我成长

杜雨霏

精巧雅致的书皮,朴素大方的颜色,飘逸灵秀的字体,第一眼看上去心中便生出一种清明之感。这个细雨绵绵的下午,我啜着清茶,听着雨声,从书架上抽出这本散发着茶香的书,那是跨越时空的遇见。

曾经读过苏轼的一首词,前面的大抵都忘却了,只记得最钟爱的两句:"蓼茸高笋试春盘,人间有味是清欢。"抽出的这本书,名字便是《人间有味是清欢》。

作者的名字,和这书名一样带着诗意——林清玄。林泉,清欢,玄想,他的文字钟灵毓秀，淡泊空灵，读后让人感觉一片清明，带着期待，我翻开了这本书。

他说荷花池边有小贩卖工夫茶，荷花开了便是惊艳一山的沉默。他说在白云山庄喝着兰花茶，俯望台北盆地里堆叠着的高楼与人群；他说沿着石阶上山能听见圆通寺钟鸣阵阵，鸟雀啁啾；他说人间有味是清欢。

后来呢？

我看到荷花池边人群踩破了青石路，池中浮着漂流瓶；我看到白云山庄空留外壳，人满为患；我看到圆通寺门前放了一排机械车，叽里咕噜的童歌震撼半山；我看到现代人的生活中清欢难觅。

这使我想起苏轼的另一首诗："梨花淡白柳深青，柳絮飞时花满城。惆怅东栏一株雪，人生看得几清明。"

林清玄曾经入山修行，身心清明，才对生活有了"五浊恶世"的感受吧。如果要享受清欢，唯一的方法是守住自己灵魂的天地，洗涤自己的心灵，因为我们拥有越多的物质世界，清淡的欢愉就日渐失去了。

如今林清玄已去了另一个世界，去那个世界寻找他的清欢。他会找到他的清欢吗？我想他会的。

当一个人以浊为欢的时候，就很难体会到生命清明的滋味，面对欢乐已尽，浊心再起时，人间就越来越无味了。以浊为欢，以清为苦，实在是现代人最可悲的事了。

合上书，放下茶，走到落地窗前，看着都市的灯火通明。夜幕降临，繁华璀璨，我终于在这场跨界时空的相遇中，在黑夜与夕阳的相接处，于喧闹的车水马龙间，窥见了生命的清明。

今天的书香是清明的味道，清明的人生自然要伴着书香。

（指导教师：胡涛）

2007年哈尔滨市第四十九中学校语文中考模拟作文示范

人生不会万事如意，也难得一帆风顺，人们更多的是面临取与舍的选择。每当此时，人的内心就成了两种念头、思想、观点斗争的战场，这时脑海里的一个念头、一次回忆，外界的一个微笑、一次招手，也许就能点燃你的灵感，引起你的思考，唤醒你的良知，帮助你做出正确的选择。

请以"唤醒"为题，写一篇文章。

要求：

①将题目抄写在答题卡作文纸的第一行（题目前空四格）；

②文体自选(诗歌、戏剧除外);
③不少于600字;
④文中不得出现真实的校名、人名。
【教师下水作文】

唤 醒
胡 涛

唤醒有时就是一瞬间的事。

你原以为语文是枯燥的,不过是生冷的文字、机械的语法,所以你兴趣寡淡,表情默然。

我走进课堂,与学生们共同感受文字背后的故事,一起品味文字蕴含的深情。慢慢地,你被一种语言的魔力牵引,你不再兴味索然,你的兴趣被唤醒,跟着我,大声地诵读着"黄梅时节家家雨,青草池塘处处蛙""日出江花红胜火,春来江水绿如蓝"。小小的瞳仁里闪着兴奋的光,那极富韵律的诗行,那鲜明的色彩,那生命的温度渐渐把你带入诗画意境,你沉浸在书香馥郁的氛围中。

我还经常为学生们朗读我创作的诗,天边的火烧云,沃土似的黑板,阳光一样暖的善,春雨润泽般的爱,都化作纷飞的诗句。美妙的文字,澎湃的激情,唤醒你对大自然、对生活的热爱。你认真地听着,忽然感到生活本身就是诗,语文就是鲜活的生活。于是,你用发现的眼睛探索着,寻觅着曾经忽略的风景。悄悄地,你也开始酝酿着诗与远方,稚嫩的笔写下点滴的感悟,一颗热爱生活的心被慢慢唤醒……

你原以为语文是单调的,不过是千篇一律的分析解读,所以课堂上你默不作声,看客一般。

我把课堂变成思维开放的空间,所有的文字都没有约定俗成的分析,所有的问题都没有唯一的答案。你渐渐抬起头,有了表达与交流的强烈愿望。在探讨对英雄的理解时,你大声说:"不只是获得鲜花与掌声才算英雄,那些虽然失败依然不忘初心的也是真正的英雄。"接着,你动情演唱了《孤勇者》,当唱到"谁说站在光里的才算英雄",你已泪光闪闪。课堂爆发雷鸣般的掌声,为你的个性思维,为你的独特解读,为你的深情演绎。我也为你的思维被唤醒而欣慰不已。

你原以为语文是烦琐的,要完成许多复制粘贴的作业,所以你感到倦怠,疲于应付。学习了几首唐诗,你以为不外乎背背写写,乏善可陈。

我别出心裁,布置了创新的作业形式,用思维导图表现你对古诗的理解。你很好奇,展开一张白纸,彩笔开始涂抹。你的创造潜能一瞬间被唤醒,你的想象随着诗句飞翔,一道道线条延伸着诗歌的情感脉络,一个个图形诠释着你对诗歌意境的理解,这是一场穿越时空的邂逅,你在手书笔绘的过程中完成着心与心的碰撞。新颖的作业形式让你不再厌烦,取而代之的是真实的情感体验与创新意识的觉醒。

唤醒是一件让人感到幸福的事,就像一棵树摇动另一棵树,一朵云触碰另一朵云。愿我的激情唤醒你们埋藏的热情,愿我的智慧唤醒你们沉睡的心灵,我更愿欣喜地看到,唤醒的那一刻,你们的世界春意盎然!

【学生佳作】

唤 醒

梅梦月

当涓涓细流遇到高崖深谷,它才能澎湃汹涌,惊涛拍岸,一激惊起千层浪;当乌云雷电肆虐之后,才有阳光洒下一片明虹;当烈焰焚身之后,才有凤凰的涅槃重生。人,也同样如此。遭遇困境,奋力冲出,才能唤醒沉睡于心的潜能,才能以这难得的唤醒,点燃创造奇迹的火种。

是的,是国破家亡唤醒了你的王者尊严。于是,你忍辱负重,"苦心人,天不负,卧薪尝胆,三千越甲可吞吴"。

是的,是黑暗重围唤醒了你的雄心壮志,于是,你弃医从文,以如椽之巨笔,书写下留传后世如投枪、匕首的文章,直刺破黑暗的胸膛。

如果没有黑暗之地的激奋与唤醒,哪里来得冲破黑暗的勇气,寻找光明的坚定?正是那坎坷不平,那暴风雨来袭,唤醒了时代里意志最坚强的人,让他们凭借自己被激发出的全部力量,冲出困境,成就了险阻背后的伟大功绩。

面对汹涌的乌云、肆虐的狂风,海燕没有胆怯、没有退缩,反而唤醒心中沉积的勇气,勇猛地召唤暴风雨的来临;面对无底的深渊,高耸的悬崖,雏鹰没有逃避,没有怯懦,反而唤醒双翅腾飞的力量,一振冲向九天之上。

人,同样应该如此。生活里的阻挠与困境,面对它们,我们怎能放弃这潜能被唤醒的良机?不要害怕,让充盈的勇气驱散恐惧的笼罩,让十足的信心冲破旧俗的牢笼,让困境里的唤醒点燃我们创造非凡的火种!

水,因困而激;风,因阻而越。人的生命更因不同寻常的唤醒而从此不同。

(指导教师:胡涛)

2007年哈尔滨市第四十九中学校语文中考模拟作文

大自然中的万事万物,都会表达自己。花儿开放,鱼儿戏水,鸟儿鸣叫,都是在传递某种信息。人类更是如此,生活中随时随地可能都需要我们表达自己的意思。但是,即便是同一件事情,不同的人,在不同的时机,采用不同的方式,表达效果会不同。而有时不同的表达方式,也可能产生相同的效果……

请以"表达"为话题,自选角度,自拟题目,写一篇文章(诗歌除外)。

要求:

①所写内容必须在话题范围之内;

②立意自定,题目自拟,文体自选(诗歌、戏剧除外);

③不少于600字;

④文中不得出现真实的人名、校名。

【教师下水作文】

与生命对话

胡 涛

天地万物皆有灵魂或自然精神,一棵树和一块石头都跟人类一样,具有同样的表达生命价值的权利。

我眼中的一切都是有生命的,都表达着独特的生命价值。

夜空中那颗最亮的星,暴雨过后那轮皎洁的月,总是让我情不自已。深深地遥望,隔空对话,她们不是冰冷的石头,而是无限情愫的载体。我的心在无数个夜晚燃着激情的火焰,问曾经,问当下,问憧憬,她们心有灵犀地冲我眨着眼睛。

窗前自由生长的那棵树是我最忠实的朋友。自迁居至此,每日深情对望。时光二十载,相看两不厌。春日她泛绿的手臂带给我无限的希望,夏日她披散着浓密的青丝为我遮挡艳阳,秋日她霜染的容颜赐予我美妙的灵感,冬日她穿上雪白的裙纱向我传递着内心的纯净。每个清晨,我都看着她身披霞光,微笑着抖动柔软的腰肢;每个夜晚,她在黄晕的路灯旁,默默地守望着我的家园。晴日里,她在阳光下开怀地爽朗大笑,阵阵笑声传达着喜悦与祝福;风雨里,她在自然的洗礼中愈发坚韧,倔强地挺立着,向我展示生命最美的姿势。

旅途中所见之水是最有灵性的生命。有时她是调皮的小女孩,从山上蹦跳着撒下一路欢歌;有时她又是锋芒毕露的白发魔女,气势逼人,声震九霄。有时她柔顺地自指缝间流淌,掬一捧润泽燥热的心房;有时她又粗暴地兜头浇下,让人浑身瑟瑟发抖。最普通的她,在西北干旱地区,被誉为神圣的"牡丹花水"。最平淡的她,融入思念的味道,便令人肝肠寸断。月下独酌的是她,她是诗人寂寞的排遣;告别时流下的是她,她是离人伤情的表白。她是生命之源。但是,如果人们不善待她,她的雷霆之怒会吞噬一切。所以,温柔以对才能缔造永远的和谐。

每一朵花,每一株草,每一块石头,每一滴雨露,都是生命的存在,她们是有呼吸、有温度的,她们等待着有情人的触摸,她们有着自己的生命轨迹。如果伤害她,她会痛,会伤心,会流泪……

爱这个世界,就学会爱每一种自然的恩赐吧!用心倾听她们自由地歌唱,用心体会她们展示的每一缕色彩、发出的每一束光亮,让她们尽情地表达生命的意蕴和价值吧!

【学生佳作一】

生命价值的表达

梅梦月

生命的价值何在?

清晨的露珠用晶莹表达生命,美丽的花朵用绽放表达生命,矫健的山鹰用勇猛表达生命,太阳用燃烧表达生命……而人类,生命的价值表达在于问心无愧的追求。

有时候,生命的价值表达于勇敢的生。漫步历史的海岸线,浪花激溅,回溯科学之光刚刚展露的那个时代。在阴昏的教廷里,真理之心受尽了愚昧的拷问,但坚定的声音未曾改变,回响在哥白尼的心中。为了对宇宙探索的继续,为了战胜无知的黑暗,哥白尼选择了屈辱的生,他用表面的屈服维护着内心不懈的追求。在受尽讥讽、蔑视的痛苦晚年,他用天文著作表达了这样活下去的价值。生命的价值,表达于这勇敢的生。

有时候,生命价值的表达却在于壮烈的死。历史的巨浪也为我们带来了风云变幻里那些闪光的珍贝。四面楚歌,寡不敌众,被围困在垓下的项羽已穷途末路,此时,霸王慷慨悲歌,痛别虞姬,毅然选择了以死捍卫一世英名,为后世留下一首荡气回肠的英雄之词。"生当作人杰,死亦为鬼雄",生命的价值表达于这壮烈的死。

古往今来,人们都在用不同的方式表达着生命的价值。追根溯源,那勇敢的生,那壮烈的死,无不以对信念、理想不懈的追求表达着生命的价值。

保尔·柯察金说:"人的一生应当这样度过:当他回首往事时,不因虚度年华而悔恨,也不因碌碌无为而羞耻……"让我们奋进追求,创造、表达自己独特的生命价值吧!

(指导教师:胡涛)

【学生佳作二】

聆听生命的活力

蔡静（发表于 2005 年《学生之友》）

生命的表达方式，不单纯是声音；生命的表达方式，不仅仅是动作；生命的表达方式，不局限于生长。其实，生命的活力，才是生命最好的表达方式。

——题记

曾倾听百鸟齐鸣，也曾聆听激情澎湃的乐曲，听不厌，听不厌的是生命的活力；曾观赏飞翔的美丽，也曾欣赏优雅迷人的舞姿，看不厌，看不厌的是生命的活力……

有一株长在悬崖上的百合花，几乎与世隔绝。野草嘲笑她："你也不过是一株野草罢了。"而她却不以为然，依旧执着顽强地生长。终于有一天，她在野草的嘲笑中开出了洁白无瑕的花朵。雪白的花瓣似乎在诉说：我是百合花，最美丽的百合花。

日日年年，百合花所散发的活力无限地扩散、延伸，大片的百合花在风中摇曳，馥郁的芬芳弥漫了整个山谷，吸引了无数前来赏花的人们，发出了百合花从未聆听过的赞叹。

暑气蒸腾，令人烦躁。飞跃城市，来到森林，清风拂过，闭上眼睛，放飞心情，聆听生命。空气变得更加清爽，心旷神怡的感觉随之而来。我知道，那是树的原因，它无时无刻不在进行能量交换，输送源源不断的氧气，树的生命不仅表达了自身存在的意义，也维系着人类生命的活力乃至地球的生命。

听，听到了吗？树在风中诉说着，生长着，树的无限生命力正在毫无保留地向你展现。时间仿佛凝固，万物如此寂静，仅剩下沙沙声。树的语言就是她随风摇曳的轻盈与优美，是奉献的精神。

生命的表达方式多种多样，聆听生命的活力并不困难，只要你有心。不信，你现在就试试吧！

（指导教师：胡涛）

2002 年哈尔滨市第四十九中学校语文日常练笔作文

音乐中储藏着如斯悦耳的催人奋进的力气。——弥尔顿

音乐教育必须把美的东西作为自己的目的来探求，把人教育成美和善的。——柏拉图

音乐是人们生活中永恒的主题。音乐中美的旋律、变化的节奏，对人的精

神、情操的陶冶有着不可替代的力量。音乐已成为人们生活中不可或缺的一部分。地域不同,风格不同;时代不同,主题不同。但相同的是人们对音乐深深的热爱。

请以"音乐"为话题,文体不限,写一篇文章。

要求:

①所写内容必须在话题范围之内;

②立意自定,题目自拟,文体自选(诗歌、戏剧除外);

③不少于600字;

④文中不得出现真实的人名、校名。

【教师下水作文】

音乐,我的乐土

胡涛

(此文获得黑龙江省广播电台征文大赛二等奖)

似乎是一种天赋,或者由于家庭的耳濡目染,我对音乐有着一种特殊的理解,随着岁月的流逝,更与之结下不解之缘。听音乐真可谓一种绝妙的享受。

在那动听的旋律中,不仅全身心得休憩,而且能在稍纵即逝的瞬间,使纷繁交织着的感性与理性得到飞跃。

我爱听《猛士》那狂风骤雨般的节奏,灵魂亦随之悸动和震颤,仿佛置身于万马驰骋、刀光剑影的古战场,燃烧着搏击的烈焰。金字塔的恢宏,长城的雄伟,黄河的壮阔……都从我记忆的土地上崛起,显赫于眼前,回响在耳畔。心中更抹不去那些筑造奇观的默默无闻的真正猛士的身影,渐渐铸入历史博大深邃的诗章。

此时,常常不能自已,一任情感的潮水尽情奔涌,一任思维的闪电划开茫茫心空。

诚然,音乐亦如生活,有悲壮高亢者,亦有清幽婉转者,正如乐天所云:"大弦嘈嘈如急雨,小弦切切如私语。"在这方面,我并无偏爱,爱听《猛士》,同时也爱听《小夜沙龙》那缠绵悱恻的格调。它能把我带到一个曲径通幽的意境,如见默默芳草,如闻潺潺流水。心灵得到一种无尽的净化和陶冶。闭上双眼,像驭着轻风,驾着淡云,飘往憧憬的地方;又似挽着伴侣,漫步于林荫小径,赏着鸟语花香……我的思绪插上想象的翅膀,飞呀飞呀……

港台歌手的精彩演唱也令我欣喜若狂:王杰的忧郁常能触到我内心深处的隐痛,不时醉于其歌中,心声与之共鸣。高明峻的粗犷透露出一种"撕裂的温柔",令人为之雀跃狂舞。谢采妘的温柔,林美惠的恬静,赵传分明的棱角……真是各有千秋，难以述尽。

在日日不断的欣赏中，我获益匪浅，我学到了从音乐中寻找我自己，寻到灵魂可以栖息的那片空间。

我的生活不能没有这片乐土。它赋予我一次、又一次新意！一个，又一个真谛！

【学生佳作】

音乐太平洋

王蕊图（发表于2002年《新都市报》）

我从小对音乐就有一份由衷的喜爱。在那不知害羞的年龄，我会伴着音乐在大庭广众之下忘情跳舞，自编的动作和自我的陶醉让我自豪。虽然舞姿未必优美，但对音乐的那种特殊的情感却影响着我，使我一直抓着音乐女神的裙角不肯松手。

有一天中午，学校的广播里放着轻快的《浪花一朵朵》，熟悉的旋律使我不自觉地张口，随着唱起来。这时，一个女孩从我身边走过，我看到她也微笑地唱着："日子一天一天过，我们会慢慢长大……"我们的声音和在了一起，我们的笑容也融在了一起。很快，她走远了，我却不曾忘记这一瞬，与一个不相识的人同唱着一首歌。我的心中有一种温暖的快意，一种奇妙的感动。不知周围还有多少人在同唱着一首歌，也许我们有着同样的微笑，同样的心情，我们的声音汇在一起，一定很美。音乐是人们沟通的桥梁，是人类共同的语言。

音乐真的是很博大很宽广，它容得下这么多不同的音色、不同的声调、不同的音符，在音乐的海洋里，所有的"不同"都会带来相同的感受，这就是音乐独特的魅力。

欣赏名家的乐章，那激动至今不曾消失。那些美妙绝伦、富有魔力的声音真是音乐史中最瑰丽的一页。坐在观众席中，我不时被激昂的旋律点燃热血，也会在沉静优美的小提琴声中陷入沉思。那是一种怎样的感觉！大脑似乎什么都不想，但又似乎是充盈的；一个个音符钻进身体，散至全身，又从每一个毛孔发散出去，像在仙境中一般；周围涌动着音乐的波浪，那海浪一会儿气势恢宏地汹涌而来，一会儿又化作细浪轻轻爬上沙滩……一曲终了，寂静中我听得见自己的心跳——为那般美的音乐而跳。

曾经，我为不能亲临我梦想的大海而深深叹息，现在，我却不觉得遗憾，因为我拥有音乐——一个让人留恋、让人沉醉、让人欣喜的一望无际的海洋……

（指导教师：胡涛）

第三部分　学生优秀作文示范

一、哈尔滨市中考优秀作文

2012年哈尔滨市中考作文

花开花谢，春去秋来。不经意间，我们发现自己在慢慢长大。回首逝去的岁月，总有一些人让我们心存感激：或许是相依相伴的家人、老师，或许是短暂相逢的同学、朋友，或许是擦肩而过的陌生人。他们体贴入微的照顾，严厉中善意的批评，看似平常的只言片语……都化作一份厚重的情感沉淀在心底，伴我们成长，让我们难忘。

请以"让我心存感激的人"为题目，写一篇文章。

要求：

①将题目抄写在答题卡作文纸的第一行(题目前空四格)；

②文体自选(诗歌、戏剧除外)；

③不要套作，不得抄袭；

④不少于600字；

⑤文中不得出现真实的人名、校名。

让我心存感激的人

施雨佳

生活是一部电影，用手指给每一个镜头贴上标签，无数令我感动的镜头触到心里最柔软的地方，让我重温最经典的画面和那最感激的人。

跨远洋的惦念

我有一个哥哥，比我大五岁，见面的时候总是吵架。他的成绩一直是他炫耀的资本，他两年前去了英国求学，只是一年半载给我打个电话。中考的倒计时慢慢地变成个位数字，卷子铺天盖地袭来，日子过得昏天暗地。一天，回到家，电话铃声响起，我不耐烦地去接。"妹，想我没啊？"我愣住了。怎么是这么熟悉的声音？"哥知道你压力大，但一定要保持良好心态，哥在这边一直为你加油。"自从那天哥哥给了我鼓励，以后每天他都会打电话给我。身处考场，哥哥的惦念让我信心百倍,充满勇气。将他同这跨远洋的惦念收录"感激"相册,一遍遍在脑海中重播。

阴霾下的安慰

失败的历史重演了一遍又一遍。初四的三模也不例外。看到成绩跌出了学年前列,我有些不知所措,心像被放进了冷冻室,凉凉的。"你下课来我办公室一下。"班主任轻声对我说。"不会吧,又要挨批评。"我忐忑地走进办公室。出乎意料,班主任并没有生气,而是心平气和地与我谈话:"人生哪有一帆风顺,遇到困难并不可怕,难能可贵的是你能知道怎么面对。你要汲取经验,而不是放弃,停滞不前。"身处困境,老师的安慰让我振作。心中的阴霾一扫而空,我将老师温暖的安慰收录于相册,置于首页。

寒冷中的暖意

天很冷,冷得云彩也好像凝固了,寒冷肆意地发狂。可我却要自己打车回家。任由车走车停,灯红灯绿,等来的却只是车窗摇落,摇头示意。风吹得脸生疼,只想赶快找一辆车暖暖身子。一辆车的喇叭声把我拉回了现实,我说"去×××",司机与乘客商量着什么,那位乘客大约三十多岁,可能是位母亲,眼神中透露着些许爱惜。"上来吧。"司机说。我迫不及待地钻进了车子,一股暖流包裹全身。"谢谢这位阿姨吧,明明绕些道,还执意要送你。"眼眶中泪水打转,有点哭腔地说了声"谢谢"。车里除了微弱的收音机声,只剩下我的感激。身处寒冷中,陌生人的暖意让我感到温馨。将陌生人随着这寒冷中的暖意收录于相册,特殊标记。

将成长中不能忘记的故事,积累、沉淀成最美丽最隽永的相册。任青春不再,时间流逝,温馨的电影镜头依然在眼前闪现,忘不了那最感激的人。

(指导教师:胡涛)

二、哈尔滨市中考模拟考试优秀作文

2007年哈尔滨市语文中考模拟作文

马尔克斯在《百年孤独》中曾说:"生命中真正重要的不是你遭遇了什么,而是你记住了哪些事,又是如何铭记的。"鲁迅在《娜拉走后怎样》中说:"人们因为能忘却,所以自己能渐渐地脱离了受过的苦痛,也因为能忘却,所以往往照样地再犯前人的错误。""铭记"和"忘却"是青少年成长中绕不开的话题。

请以"忘记与铭记"为话题,写一篇文章。

要求:

①所写内容必须在话题范围之内;

②立意自定,题目自拟,文体自选(诗歌、戏剧除外);

③不少于600字;

④文中不得出现真实的人名、校名。

傲骨难忘

梅梦月

世事变幻,斗转星移,忘记还是牢记?在瞬息万变的现代社会,人们总是面临这样的抉择。忘记成功,是抛却前行背囊里的负重;忘记失败,是打开通往成功的大门。无数的忘却或许让你倍感轻快,踏着流云上路。但,任沧海桑田,有一样东西,你绝不能忘记。不应忘记:铮铮的中华傲骨,堂堂的民族英气!

不应忘记,这坚挺在天地之间的脊梁。没有民族气节,就不会有泱泱五千年绵延的中华,更不会有如今腾飞于东方、俯瞰世界的巨龙。尾一摇,乾坤震动;声一啸,万世齐鸣。民族气节就是这绝不应忘记的大义,就是这每一个中华儿女心中喷涌的赤子之情。不应忘记,民族气节,在历史的洪涛巨浪里,载着我们度过多少危亡之秋。

不应忘记,大禹治水,风雨兼程,蛟龙与共;三过家门而不入,数日不眠而不休。不应忘记,文天祥倾尽家财,招兵买马抵外寇;身陷牢狱,富贵不淫留丹心。不应忘记,林则徐"苟利国家生死以,岂因祸福避趋之",郑板桥"千磨万击还坚劲,任尔东西南北风",千百年留名青史之士,为我们后人留下多少民族傲骨的典范。

民族气节,薪火相传,我们从未忘记。仍记得,他以笔为枪,刺破黑暗,在沦陷的国土中挺起坚定的脊梁;仍记得,他一介布衣,危难之时也不曾丢掉气节,宁死不吃救济粮;仍记得,他为中华崛起而读书,面壁十年图破壁。从未忘记,民族气节的精髓就这样在我们心中汇成江河,汇成永远的传承。

民族气节,不应忘记。新的时代它散发更耀眼的光辉,从两万五千里的艰苦跋涉到载人航天的数年拼搏,从一座座高楼拔地而起到跨越青藏的天路修成,数亿人民的气节就蕴含在祖国的飞越之中。

气节如月,缺而不散其光;气节如竹,焚而不毁其节;气节如剑,折而不改其刚。民族气节,我们绝不忘记!

(指导教师:胡涛)

2011年哈尔滨市香坊区二模命题作文

春花艳,秋月明,峨眉秀,泰山雄,校园晨光,乡村夕照……风景无时不在,无处不在,有的引人遐想让人愉悦,有的给人启迪催人奋进,有的……

请以"最爱这里的风景"为题目,写一篇文章。

要求:

①将题目抄写在答题卡作文纸的第一行(题目前空四格);

②文体自选(诗歌、戏剧除外);

③不要套作,不得抄袭;

④不少于600字;

⑤文中不得出现真实的人名、校名。

最爱这里的风景
周欣宇

我愿做一棵常青树,置身于如诗如画的自然中。自然之景是我的最爱,我爱春日的细雨蒙蒙,爱夏日的浓荫绿柳,爱秋日的丹枫叶落,爱冬日的静谧无声。我爱自然,在自然之景中领悟独特的心情与心境。

最爱春日的生机。春日里树木萌芽,燕子归来,干枯的枝条上是点点翠绿。春日是活力的代言,是希望的标志。你听,那枝头上欢乐的鸟儿,正高唱着生命的赞歌;那随风飘拂的柳枝,正陶醉着,低语着,为春日献出自己的曼妙舞姿。雨后的迎春花落了一地,碎碎的鹅黄点缀着大地,却没有凋零的凄惨,它无悔地从枝丫上飘落,任凭雨水打湿了身躯,也快乐地拥抱着大地。

最爱夏日的热情。夏的火热被浓荫遮蔽,被人们的欢笑淡忘。夏日里知了的叫声,蜻蜓点水,彩蝶纷飞带给人们无限的美好。你看,游玩的人们在江边自由地嬉戏,每个人的脸上都洋溢着笑容。雨后的彩虹映照出了七彩之光,稚嫩的孩童仰起天真的小脸,用清脆的声音叫道:"多美的彩虹啊!那儿一定有漂亮的仙子!"

最爱秋日的淡然。秋日的残枝败柳,枯黄的秋叶,凄厉的风,无不给人冷落的感觉。特别是那冰凉的秋雨,像是在诉说着忧伤的故事。但我却最爱秋,正如"自古逢秋悲寂寥,我言秋日胜春朝",秋带给我的是一种淡然,它让我懂得了世事的更迭,用洒脱的心境面对自然的变迁。

最爱冬日的平和。冬日的雪给人以平和之感,我喜欢站在雪地里,欣赏那片银装素裹。有时,会遇到落在枝头的喜鹊,它梳理着自己的羽毛,被它震落的雪,一片一片地落在地上,惊着了觅食的鸟儿。那雪后的残阳,便如一位垂垂老矣的哲人,与我进行心与心的沟通,教会我生命的真谛。

我愿做一棵常青树,享受四季带给我的一切。伴着阳光透过枝叶撒下的一地碎金,伴着叶尖萦绕着那缕自然的暗香,我陶醉其中。风倾听着我的呢喃:"我愿做常青树,因为我最爱这里的风景。"是的,这就是我的归宿,这里有我最爱的风景!

(指导教师:胡涛)

三、学校考场优秀作文

(一)命题作文

2023年哈尔滨市第四十九中学校阶段测试

萧红忆起可敬可亲的鲁迅先生,景仰和怀念萦绕胸怀;杨利伟忆起惊险的太空生活,太空的神奇存于脑海;宗璞忆起繁茂的紫藤萝,生命的永恒荡心间……生活中的人、事、物都可能会被我们一一收存在记忆的角落里,留下美好的情感和独特的感悟。

请以"记忆的角落"为题,写一篇作文。

要求:

①将题目抄写在答题卡作文纸的第一行(题目前空四格);

②文体自选(诗歌、戏剧除外);

③不得抄袭,不要套作;

④不少于600字;

⑤文中不得出现真实的人名、校名。

记忆的角落

汤　圆

每个人都有属于自己的宝贵记忆。那一个个或快乐,或悲伤的经历凝结成一颗颗色彩斑斓的玻璃球。在我记忆角落里有一个熠熠发光的玻璃球,唤醒我的味觉,带来一股熟悉的香味……

那是一个寒冬,爸爸带我去上钢琴课。牵起爸爸粗糙却又异常温暖的大手,咯吱咯吱踩着雪来到熟悉的摊位,抬头,温柔开朗的老板已然在冲我们微笑。随后,一套熟练的动作一气呵成:撕下冷面皮,放在刷好热油的铁板上,随手抓起一个鸡蛋,抄起铁铲迎合已经抛向空中并画了一道优美弧线的鸡蛋,完美地磕成两半,压在冷面下,几下利落的手法把火腿、香菜、洋葱摆得服服帖帖,刷上酱后,用那带有"一天一份,快乐加倍"的纸盒装好,"嘭嘭"两下插进签子,厚道地说一声:"下次再来啊!"一份地道的烤冷面就放在爸爸宽厚的手掌中了。

我坐在爸爸身旁,大口大口吃着,不顾烤冷面已经把我舌尖烫麻,依旧狼吞虎咽。也难怪我百吃不厌,筋道Q弹的冷面、嫩滑可口的鸡蛋、鲜美微焦的火腿、香脆微辣的洋葱搭配香菜沫,比鱼肉还要鲜美,比羊肉还要诱人。乳白、浅黄、粉红、淡紫搭配墨绿,比百花还要鲜艳,比虹霓还要多彩。这色、香、味俱全的烤冷面,何人不爱呢?每当这时,爸爸的眼中就会浮起宠溺的笑意,温柔地擦拭我嘴角的食物碎屑。

岁月流逝,红了樱桃,绿了芭蕉。同样的地点,同样的味道,爸爸却悄然变化。那冷面仿佛是爸爸黑发染上的点点银霜,那洋葱仿佛为爸爸打上了淡紫的黑眼圈,那火腿仿佛给爸爸那风吹雨打的脸抹上了高原红,而那鸡蛋的浅黄已然加浓,变成了爸爸那因熬夜而焦黄的脸色和眼角一道道鱼尾纹。唯有爸爸看着我吞咽烤冷面时失笑的表情,温柔擦拭我嘴角的动作不变;牵起我的大手上茧子已经变厚,唯有爱的温度不减;望女成凤,为了我的学业,奋力打工,您无怨无悔;为了支持我的梦想,再大的风雨,您依然坚挺不移。

任沧海桑田,任斗转星移,您的爱如烤冷面永不退散的热气萦绕在我身旁,封存在记忆的角落。

(指导教师:胡涛)

2022年哈尔滨市第四十九中学校阶段测试

小树的茁壮成长,往往离不开头上的阳光、脚下的土地;花草的茂盛、美丽,往往离不开吹拂的微风、滋润的雨露;我们的一路成长,往往离不开默默奉献的亲人、严慈有加的老师、朝夕相处的同学,他们的培养、宽容、鼓励给了我们前进的动力。他们是我们前进路上最爱的人。

请以"你是我最爱的人"为题,写一篇作文。

要求:

①将题目抄写在答题卡作文纸的第一行(题目前空四格);

②文体自选(诗歌、戏剧除外);

③不得抄袭,不要套作;

④不少于600字;

⑤文中不得出现真实的人名、校名。

你是我最爱的人

江柳萱

我开始慢慢知道,我最爱的人是你。

有时醒得早,半梦半醒间能听到"扑嗤扑嗤"和翻炒的声音,刚刚吸引力还很大的被窝瞬间被冷落,立马翻身下床,打开门,香味便涌入鼻腔。你背对着我站在锅前忙碌,灶台上高压锅的排气口不知疲倦地"扑嗤扑嗤"地喷出蒸汽,揭开一天的序幕。不管何时起床,不管寒冬或酷暑,你总是游刃有余,买回来的菜整整齐齐放着,热腾腾的早饭摆在桌上;不管放学时间提前或延后,路口总是会出现你等待的背影;不管遇到什么困难,你总是有办法解决。

我总将你对我的爱视为理所当然,你是强大的,是无所不能的。我从未认真地想过对你的回馈,心安理得地在你的庇护下长大,并且同样心安理得地在青春期的作祟下对你的爱挑挑拣拣。

我清楚地记得,12月13日早上,醒来时没有迎接我的温暖。妈妈急匆匆地向我手里塞了两块糕点,说你病了。冬天刚出被窝的身体是冷的,是呆滞的,我站在门口隔着客厅与杂乱的箱子、纸张和衣物,远远地看到你躺在小床上,试图解释自己没事,最终无力地躺了回去。

我脑子里一片空白,机械地打开电脑上网课,整个一上午老师的声音我都听不进去。

妈妈带你去检查,我在空荡荡的家里后知后觉地陷入极度的恐慌,即使平时总吐槽你唠唠叨叨,那一刻我却清楚地意识到,你我之间的感情从来不是单箭头,我的生命中无法失去你,幸好检查后身体并无大碍。

你肯定会纳闷吧,曾经那个体弱多病要你拖着走路的乖巧小女孩怎么变得焦躁,事事都要和你顶嘴,又怎么不声不响地突然一下子又长大了。

你给我打电话,絮絮叨叨地说这个快递怎么又扫不开。我披上衣服下楼去,在漫天飞扬的细雪中,裹在臃肿羽绒服里的小小人影迈着碎步艰难地向我走来。挽住你的胳膊,我惊觉已经可以高到俯视你的发顶。不同于其他两鬓斑白的老人家,你爱染发,头发长得那么快,染发剂再厉害,也遮不住岁月的痕迹,发根处的银白色让我眼花,分不清是雪还是本来就存在的颜色,心里很不是滋味。

听妈妈说,你曾自信张扬,在学校里叱咤风云,能骑摩托飙车,能生擒偷钱的小贼。最后却因为我的出生提前结束了工作,离开熟悉的温暖故土,离开亲人和朋友,来到千里之外的冰封北国,一晃就是十三年。你走过这座陌生城市的一街一巷,看着我从天真的小豆丁成长为高你一头的少年。你将我照顾得很好,自己却不知何时已经和众多奶奶、姥姥一样了,为了儿孙,成为在无休止的家务活中操劳的普通老人。

我确确实实在那之后长大了。

开玩笑时你总对我说,你是不是讨厌婆婆啊。我从来都是笑着说,没有没有,不敢不敢。今天在这里终于有勇气提笔写下来,怎么会讨厌你啊。

我早就知道了,你是我最爱的人。

(指导教师:胡涛)

2022年哈尔滨市第四十九中学校阶段测试

很多时候,我们在自然山水中寻觅阳光,在亲朋好友中寻找阳光,在伟大人物中寻求阳光……但我们常常忽略了,我们也是一束阳光,照亮自己,照亮他人。

请以"我也是一束阳光"为题目,写一篇文章

要求:

①将题目抄写在答题卡作文纸的第一行(题目前空四格);

②文体自选(诗歌、戏剧除外);

③不少于600字;

④文中不得出现真实的姓名、人名。

我也是一束阳光
谢艾琳

"滴——"一声哨响,我风一样冲过了终点,场上同学们的欢呼声传来,我终于突破了自己。这时,我才发现,原来我也是一束阳光。

"800米有没有人要上?"体育委员在前面一遍一遍地高声问,却无人答复。我知道,这是初中时代最后一次运动会了。一直觉得自己跑不了800米,但既然无人报名,我为什么不尝试一下呢?虽然忐忑,但还是报上了名。

隆隆的鼓声在耳边作响,观众席上同学们熙熙攘攘,喧闹一片,热闹的气氛弥漫在运动场上。伴着广播的通告,我准备上场,舒展着四肢,活动手腕与脚腕,等待着发令。

"嘭——"枪声响了,我拼尽全力向前跑去。只有在并道前领先才会取得胜利,我用力摆动双臂,像离弦的箭一般,超过了一个又一个选手,在第一圈保持着领先的位置,喜悦之情涌上心头。可好景不长,前半圈过后,速度没有一开始冲刺似的快了,汗珠顺着脸颊滑落,双腿开始变得酸胀、僵硬,迈不开步,

各种不适接踵而至,好在没有松劲,一直绷紧这根弦跑完了第一圈。

进入第二圈,我却因第一圈用力太多而失了体力,渐渐地,双脚像是灌满了铅,胸口被压得喘不过气,身旁一个又一个同学超越了我,第一圈的优势已经不复存在。风裹挟着沙石,吹打在我的脸上,灌入嘴中,刺得我喉咙生痛。

我有些坚持不住了,风在耳边呼呼作响,头上毒辣的太阳炙烤着我,似乎能把大地烤出一道裂缝。我放慢了脚步,却有些不甘,抬头看向终点,不能放弃啊。"八班,加油!"场上的欢呼声将我的斗志重新唤起,同学们的助威声传入我的耳中,是那样温暖,使我浑身充满了力量。

我鼓足了劲儿,向前努力奔跑,尽管汗流浃背,尽管双腿酸痛,我还是不顾一切地冲向终点。周围响起了此起彼伏的欢呼声,谁先到达终点,我已浑然不觉。

最后一步跨过终点线,浑身上下的难受得到了解脱,我终于突破了自己。金黄的阳光从树叶间散落下来,像是夸奖我一样抚在身上,竟不如刚才那样毒辣。

广播响了起来,名次对我来说早已不重要了。最珍贵的是,我坚持下来,感受到青春与热血,感受到拼搏的力量,那曾经畏惧的触不到的彼岸,其实也并不遥远啊。过程虽艰辛,却受益颇多,硕果累累。

挑战自己,努力拼搏,迎着满树丁香的繁华,终于发现,我也是一束耀眼的阳光!

(指导教师:胡涛)

2022年哈尔滨市第四十九中学校阶段测试

天寒地冻时,微笑可以驱走严寒;艰难坎坷时,微笑可以伴我们渡过难关;人情冷漠时,微笑可以融化心灵的坚冰。微笑是一种生活态度,笑纳百川,微笑里有宽容和理解,微笑里有自信与豁达,微笑里有坚强与洒脱。微笑时,心空无比晴朗。

请以"最爱是那微笑时"为题目,写一篇文章。

要求:

①将题目抄写在答题卡作文纸的第一行(题目前空四格);

②文体自选(诗歌、戏剧除外);

③不少于600字;

④文中不得出现真实的姓名、人名。

最爱是那微笑时

谢艾琳

就在那一刻与她相遇,她的出手相助真叫人感到温暖。我最爱的,是她那一抹暖心的微笑。

"丁零零——"伴随着铃声,我跟着人流走出教室,望着窗外,天空灰蒙蒙的一片,雨从云中藕断丝连地坠落,像一个个小精灵投入大地的怀抱。转瞬间,雨下大了,心中便知这样的天气,不好叫车了。无奈,撑着雨伞,在雨中游荡。耳边有淅淅沥沥的雨声,脚下溅起层层水花,风儿调皮地玩弄着裙摆,带来阵阵凉意。苦苦寻觅,也未能打到一辆车,心中冰冷绝望。

正张望,一辆公交车映入眼帘,心中大喜,飞奔过去,上了车。我急忙在包中翻找零钱,却只找出一张十元纸币。我踌躇着,不知如何是好,后面的人等得不耐烦了,催促声不断传来,心中如团团火烧。正当为难之际,坐在前排的一位阿姨看出了我的难处,站起身,双手扶着车栏杆,向投币箱投进一元钱。"姑娘,往里走吧,我给你付完了,不用还。"

刹那间,我的心被层层温暖包裹。这种来自陌生人的关爱,暖得叫人如此舒服,使我感受不到任何寒意,我感激地向她道一声谢谢。

车上人群拥挤,我只能随着人流往车厢中间去。站定,转身,我的目光寻找着她,她梳着马尾辫,单肩挎包,与周围人一样普通,却又显得如此不平凡。她忽然也抬头望着我,一笑,嘴角勾起月牙般的弧度,笑得春风和煦,笑得山花烂漫。眼神流露出真诚,在她的眼里,万物都描上了爱的影。暖意融融,汩汩流淌。最爱不过是那一抹微笑,一份温暖,使这个雨天不再寒冷,让我真真切切感受到来自陌生人的诚挚帮助。

也许只是一抹微笑,也许只是一次随手相助,仿佛撒入了一缕明媚的阳光,温暖、感动也随之而来。最爱那一抹微笑,像一束光,照亮一个广阔而美好的世界,而这束光就是源自人世间至善至美的情感,使人与人之间有了温度,社会充满爱与温馨,并不断延续、传播。

人间自有真情在,最爱是那微笑时。

(指导教师:胡涛)

2022 年哈尔滨市第四十九中学校阶段测试

面对风雨,我们无所畏惧,目光坚定,"何妨吟啸且徐行";面对失败,我们不曾气馁,"失败是成功之母",从中总结教训,继续昂扬进发;面对成功,我们没有沾沾自喜,我们的目标永远是下一站。生活中有许多面对,你的态度决定你能走多远。

请以"面对"为题目,写一篇文章。

要求:

①将题目抄写在答题卡作文纸的第一行(题目前空四格);

②文体自选(诗歌、戏剧除外);

③不少于600字;

④文中不得出现真实的姓名、人名。

面　　对

魏冠柔

即使兜兜转转停滞不前,也惧怕面对那一方天地。而当你怀揣着勇气一往无前,抬头看,前方竟是彼岸。敢于面对,迎接我的是姹紫嫣红的烂漫春光。

初遇古筝,望着它古檀色的修长琴身,轻抚墨白相间的根根琴弦,感受琴盒古朴花纹中的浓浓匠心,聆听流转的清雅琴音。止不住的热爱扎根心间,于是废寝忘食,抚琴练习。

时光的钟咚咚敲响,指尖在琴弦上飞舞之间,已不知不觉流逝数年。学习十级的考级曲目时,琴谱上繁复的音符,密密麻麻的简谱数字,让人看着便心生畏惧。于是,老师每一日传授的新内容,我在课后练习时,总是拖拖沓沓,弹了几下便放弃,总爱弹奏已经滚瓜烂熟的简单曲子。

久而久之,每节课学习的新曲子,到了下一周便要重新复习,像未曾学过一般。琴艺一直得不到进展,我始终不愿面对那极难流畅奏出的部分。

沮丧间,瞥见来人的身影。她目光炯炯注视着我,轻启薄唇:"最难攻克的地方也是情感最丰富的地方,尝试勇敢面对它,融入曲中的情感,你将面对一个前所未见的世界。"我凝望她的眼,内心不再是畏惧与迷茫,取而代之的,是勇于面对困难的坚定和决心。

我尝试把曲中最难的部分分解成一个个小节,跟着节拍器,逐渐加快节奏。一段段琴音,似乎不再是枯燥乏味的音符,而是拥有鲜活灵魂的独立个体。搜集曲子的创作背景,它描绘了我国青藏高原的雄伟景观,红梅怒放,少数民族群众载歌载舞,其乐融融。于是每日,执一卷曲谱,与朝阳为伴,与晚霞为友,指尖奏出袅袅琴音,我感受到曲中镌刻的,是民族的风情文化;曲中洋溢的,是渴望传递给大江南北的欢乐和幸福。即使大汗淋漓,即使手指酸痛,也不放弃练习。

我面前的古筝不再是冰冷的器物,我心中流淌的是满腔热血,婉转琴音流转于脑海之中。我眼前的,不再是狭窄的屋子,眼前的景色逐渐与雪山融合,看皑皑白雪,正被一片嫩绿覆盖。心中的期许,似洒落的漫天星斗,颗颗都是璀璨。

我心中生长着永不凋零的花,即使沿途风雨交加,也不惧未来与远方。我坚信,无论路在何方,无论道阻且长,只要勇于面对,怀揣希望,前方,便一定是烂漫春光。

(指导教师:胡涛)

2020年哈尔滨市第四十九中学校日常练笔

人的一生其实都在不断收藏着什么,收藏岁月,收藏财富,收藏学问,收藏感情……那些人生最宝贵的东西,都值得你收藏。

请以"珍贵的收藏"为题,写一篇作文。

要求:

①将题目抄写在答题卡作文纸的第一行(题目前空四格);

②文体自选(诗歌、戏剧除外);

③不得抄袭,不要套作;

④不少于600字;

⑤文中不得出现真实的人名、校名。

珍贵的收藏
马伊琪

是那架老式电视机里的碟片,尘埃沾惹,伤痕满布,咿咿呀呀,呀呀咿咿,似倾诉不舍的别离,似阅尽支离破碎的回忆,而我要把忘不掉的回忆用心收藏起来。

昏黄的灯光照在电视机上,胶带粘贴的痕迹还残留在上面,依稀可见"长虹"两个字。窗户还敞开着,卧室的木门吱呀吱呀地响着,客厅里还摆着姥爷当时的书卷。

我依稀记得,那会儿幼稚的喜羊羊,是您陪我看的。

今日,我坐在电视机前,有点凄凉,气氛与往日不同。那台电视机里再也没有曾经爱吃羊的灰太狼,没有每次都很幸运的喜羊羊,也没有电视机前一大一小两个紧紧靠着的身影,我满怀惭愧和深深的自责。

那日的雨下下停停,停停下下,连夏日的炎热都驱不散,暑气难耐。明知您将离去,我却怎么都不肯应母亲的话去看您,只是这瞬间的一个念想,竟也成了终生的遗憾。当我意识到的时候,已经是母亲回来告诉我,一遍一遍重复着,我永远忘不了那个眼神,空洞的,仿佛是被人挖去了灵魂。我永远忘不了最后离别的那一刻,灯灭、人散,化为尘埃。我的心被割成了两半,生疼的。千言万语,尽落在泪的海洋。

再次相见,是在梦里,在海面的小帆上,乘着的是我小小的梦呓。我跨过日夜只为与你相聚,每次,你都会远远地站在岸边向我笑着挥手。可是,梦醒了,尽是别离,身边,寂寥无人。

恍惚间,花乎乎的电视屏幕正撕拉撕拉地发出声音,还有一个老人和一个小女孩在沙发上嬉闹,满脸都是幸福的笑容,那个老人的脸颊上有着玫瑰般的赭晕。那些红晕的玫瑰在我眼前绽放,但我知道,它永远留在了屏幕的另一端。

是什么让我挂在心间?是什么在我脑海中挥之不去?又是什么让我在梦中与你相见?是月吗,是夜吗?是我与你阴阳相隔的距离啊!它在我心中刻下永远的伤痕。

收藏一壶茶,一壶用情感沸水冲沏的茶。翻滚、起伏,然后冷却、沉淀,像起起落落、欣喜狂悲的人生。岁月的风能吹散心上的阴霾,却无法吹散我心中收藏的那份回忆。

(指导教师:胡涛)

2020年哈尔滨市第四十九中学校日常练笔

有人说:"小时候,幸福是一件简单的事,长大后,简单是一件幸福的事。"心中存满阳光和感恩的人,生活得踏实滋润而又信心百倍,内心也便拥有了一种简单的幸福,这是一种积极的生活态度,更是一种智慧的生活方式。幸福其实很简单,简单到一个眼神,一声问候,一份付出,一缕书香,一句话,一处景……心怡处,人生便开满了花。

请以"简单的幸福"为题,写一篇作文。

要求:

①将题目抄写在答题卡作文纸的第一行(题目前空四格);

②文体自选(诗歌、戏剧除外);

③不得抄袭,不要套作;

④不少于600字;

⑤文中不得出现真实的人名、校名。

简单的幸福

车金格

什么叫作幸福呢？甜蜜的拥抱是幸福，心中有爱是幸福，家庭美满是幸福，老了儿孙承欢膝下也是幸福……而对于我，一句再简单不过的晚安，就是幸福。

每当夜幕降临，天空披上黑纱，月亮姐姐探出头时，躺在床上的小小的我总会听到一声亲切而柔和的"晚安"，那声音伴着清凉的晚风钻入我的耳中，仿佛一首美妙轻柔的催眠曲，使我悄然入梦，而梦里感受到的也是简单的幸福、甜蜜的温暖。

渐渐地，小小的我长成了大大的我，睡眠的时间变了，每天晚上做的事情也变了。唯一不变的，是那句简单的晚安，十年如一日。只不过以前的晚安是我听到的，而现在的晚安是我说的。夜空漆黑，甚至一栋楼中都没有几家亮着灯时，一盏小台灯，一张书桌，一个属于自己的空间，难免会感到孤独。看着躺在床上的妈妈，在她入睡前，轻声的晚安和回应，总会给我一种简单而幸福的感受。那声晚安依旧伴着晚风回荡耳边，给我以希望，让我感到温暖，带着一份幸福继续努力着……

一次，妈妈出差了，外面依旧是黑夜笼罩，我静静地躺在床上。突然一道闪电划破天际，又是一声震耳的雷。瞬间我被惊起，额头上的冷汗一滴滴地往下掉，豆大的汗珠浸湿了我的衣衫。我立刻抓起手机给妈妈发信息，躲进被窝不敢看外面的世界。紧握着手机的手心沁出细密的汗珠。"叮"，听到信息提醒，我赶忙点开，上面写着"别怕，晚安！"我的心竟瞬间安定，没有了刚才的惊慌恐惧，心中只有踏实……慢慢地闭上眼睛，想着那句从小到大的晚安，在黑夜的雷声中，嘴角竟不自觉勾起一抹笑意，在熟悉又亲切的"晚安"中甜甜地进入梦乡。

"晚安"是多么简单的两个字，又是多么温馨的两个字。它能让听到的人倍感温暖，在黑暗中感受到浓浓的爱……

黑暗蒙蒙，星辰有光。总有一人一句是我的星辰，是点亮黑夜的光，给予我希冀，给予我简单的幸福，即便不那么伟大，也觉灯火可亲，有梦可做。

(指导教师：胡涛)

2018年哈尔滨市第四十九中学校阶段测试

诗人赵丽宏写过一首题为《微笑》的小诗：
"静静地,你的微笑如春风抚平了我的烦躁。
暖暖地,你的微笑如温泉滋润了我孤独的心。
只要有你的微笑,我的生活就不会黯淡无光。"
微笑是生活中最美丽的表情,微笑是世界上最动听的语言。
请以"那一抹微笑最美"为题写一篇文章。
要求：
①将题目抄写在答题卡作文纸的第一行(题目前空四格)；
②文体自选(诗歌、戏剧除外)；
③不得抄袭,不要套作；
④不少于600字；
⑤文中不得出现真实的人名、校名。

那一抹微笑最美

黄雨竹

　　木色深旧的晾布杆高高立于水乡青石板的小巷,高架上的兰花布随轻风舒展,遮住了半边天。在如洗的碧空下,蓝白二色如神来之笔,勾勒出江南的素雅与温柔。

　　多情的鱼米之乡让一切美丽眷顾。乌镇的小孩子都梳着半长不短的童花头,俏皮可爱。布衣布鞋是由带有独特民族风格的蓝白染布缝制而成的。成排的传统的厚重房梁因竹雕木刻而更添几分灵气,紧闭的门前有两三阶墨色石阶,经历岁月的风雨和各路行人的脚步被抚摸得细致而光滑,这大概是面前女孩的家。

　　小货亭上井井有条地排放着一匹匹布料,纹路细密,价格实惠。看上去稚气未脱的她,眉宇间不仅蕴透着江南的柔美清秀,更缱绻着一股紧张的气息。她卖力吆喝时,表情很是生动,我不禁驻足,挑选一些布织工艺品,疑惑道:"你家大人不在吗?"她一双大大的秋水般的眸子认真望着我说:"对呀。"接着语调低下来,表情多了几分苦楚。"我妈妈病了,"她回头看了看院里耸立的微微摇晃的长木杆,嘴角又勾起一抹坚定的弧度,"所以织布就好了,我要努力赚钱买妈妈最爱吃的橘李,她很快就能好起来了。"简单的话语最能撼动心弦,质朴的笑窝满漾着孝心。在这个古色古香的小镇,传统之美顺着那抹笑意洋洋洒洒。

江南的美，水乡的情，中华的孝，都飘摇在女孩迎风荡起的发丝上，都流淌进她清冽澄澈似流水的稚音中，都混合在当地居民辛勤劳作的汗水中，都夹杂在口中橘李饱满果肉的酸甜里……小姑娘欣喜地接过我送的橘李，赠我一抹润心的甜美微笑。她郑重地与我道别，我却别不了这帧倾情美景，它褪去人间喧嚣嘈杂，以不被世俗玷污的赤子之姿，幽静地倒映在我的心湖。

每当忆起乌镇的人和景，我心中那潭宁静的湖水便会漾开圈圈涟漪，是为水乡的美，是为水乡的情，更是为那抹嫣然微笑。

(指导教师：胡涛)

(二)给材料作文

2021年哈尔滨市第四十九中学校材料作文训练

秦末有一个叫季布的人，性情耿直，一向说话算话，信誉很高，只要他答应的事，都尽量想法办到，许多人都同他交好。

楚汉相争时，季布是项羽的部下，曾几次献策，使刘邦的军队吃了败仗，刘邦当了皇帝后，想起这事，就气恨不已，下令通缉季布。当时敬仰季布为人的人们，都在暗中帮助他。

不久，季布经过化装后到山东一家姓朱的人家当佣工。朱家明知他是季布，仍收留了他。后来，朱家又到洛阳去找刘邦的老朋友汝阴侯夏侯婴说情。刘邦在夏侯婴的劝说下撤销了对季布的通缉令，还封季布做了郎中，不久又改做河东太守。

这个故事至少给了我们这样一些启示：诚信乃收获之道；要善于听从他人的劝说；成大事者要有容人的雅量。

要求：

①所写文章的主旨必须从所给的材料中提炼，但不要对材料扩写、续写和改写；

②立意自定，题目自拟，文体自选(诗歌、戏剧除外)；

③不少于600字；

④文中不得出现真实的校名、班级、人名。

诚信乃收获之道
王佳彤

古人云："对人以诚信，人不欺我。对事以诚信，事无不成。"从古至今，诚信是通往收获之路的必经之阶,它决定了一个人最终能走多远,能否收获成功。因此,我们要把诚信待人作为自己的座右铭。

诚信待人,收获尊重。"民无信不立",楚汉相争,项羽的手下季布,为人侠气,一诺千金,有"得黄金百斤,不如得季布一诺"之盛名,得到人们的敬重和爱戴。后来被刘邦通缉抓捕,季布凭着诚信,不但保全了性命,还受到刘邦重用。由此可见,一个人诚实守信,自然得道多助,获得人们的尊重。

诚信待人,收获友谊。魏文侯取消酒宴,无畏大雨,前往约定地点与虞人打猎,正是这份诚信使虞人感动不已。倘若当时魏文侯饮酒助兴,对于约定不以为意,又怎会得到虞人这一挚友?诚信犹如一棵树,结出了友谊的硕果。待人之诚,能让我们收获更多值得信任的友人。

诚信待人,收获财富。喜马拉雅南麓曾是荒无人烟的惨淡景象。究竟是什么吸引了游人的关注,而成为游人源源不断的旅游胜地?是景色的优美?不完全是,还有少年恪守诚信的品格。翻山越岭,即便是打破了瓶子也选择返回致歉的行为尤为人们感动,得到人们的肯定。人的心灵之美所给予的远大于景色之秀美。正是恪守诚信,让他们得到无尽的财富。

诚信待人,收获成功。周幽王为博美人一笑,烽火戏诸侯,视诚信为儿戏,结果,落个国破身灭的下场。相反,商鞅立木为信,以五十金在人们心中立下威信,使变法得以很快推行,秦国日益强盛,最终一统中国。

诚信是做人之本,立业之基。诚信是无形的力量,它所给予的远不止我们所期待的。诚信乃收获之道,让我们诚信待人吧!

(指导教师:胡涛)

2017年哈尔滨市第四十九中学校材料作文训练

从前有一个农夫种了几亩地,这一年恰逢干旱,农夫只得一担一担地从河里挑水来灌溉。一个工匠看见农夫这样辛苦,便告诉他,愿意帮他做一个水车,比用桶挑要轻松多了,会很有效地灌溉农田。农夫说:"我不觉得水车比我的桶更好用,再说,等你做好水车,我的禾苗也许早就干死了。"工匠说:"你挑的那点儿水,怎么能满足禾苗的需要呢?你的地恐怕很快就要光秃秃了吧。"农夫不再言语,继续一担一担地挑着水;工匠摇摇头,走开了。

这个故事至少给了我们这样一些启示:要勇于尝试那些提高效率的新方法,取得事半功倍的效果;要善于听取别人的建议,不能固执己见;脚踏实地,成功之花将为你绽放;危急时刻,给予实际的帮助才是有意义的。

要求：

①所写文章的主旨必须从所给的材料中提炼，但不要对材料扩写、续写和改写；

②立意自定，题目自拟，文体自选（诗歌、戏剧除外）；

③不少于600字；

④文中不得出现真实的校名、班级、人名。

莫守己见，应纳良谏

张舒航

古往今来，有多少人因忠言逆耳而闭塞耳目，落得悲剧结局？农夫固守己见，不听工匠劝告，继续以担挑水，地中禾苗怕是会很快枯死。可见，要善于听取别人的建议，不能固执己见。

固守己见，不纳良谏者，贻笑千古。昔日齐桓公是何等风光，任用贤相管仲，言听计从，九合诸侯，一匡天下，成为五霸之一。而步入暮年时不听管仲遗言，迎奸佞回朝，任其祸乱朝政，不应臣死谏，最终被囚于深宫，一代帝王竟被饥饿折磨致死，叫人如何不笑其昏庸，叹其悲惨！

既然固执己见会令人厄运不断，何不纳他人良谏，广开言路，为己所用？

纳他人良谏者，君临天下。秦末楚汉争雄，刘邦依萧何之谏任用韩信，攻城略地，所向披靡；听张良之策，入主咸阳，征战四方，奇兵取胜，才终有西汉一统天下之时。反观项羽，鸿门宴上不听亚父范增之谏，放走刘邦，亚父愤然离去，不仅令他失了谋士，更为日后身死埋下祸根。不久，他身陷绝境，四面楚歌，戎装在身，无力回首。西楚霸王自觉无颜，长叹"力拔山兮气盖世，时不利兮骓不逝"，自刎于乌江畔，空留遗憾。倘若项羽不固守己见，听亚父一言，于鸿门宴将刘邦斩杀，怕是这天下当归于西楚吧？正是刘邦善纳两士之谏，虽实力弱小，身份低微，依然能高歌"大风起兮云飞扬"！

纳他人良谏者，开创盛世。齐威王善听邹忌之言，令群臣吏民皆可进谏，并予以重赏，齐国才能有最终"战胜于朝廷"的安定局面，并铸就齐威王霸主之位。唐太宗不因魏徵直言不讳而弃其不用，而是耐心听之，改正不足，君臣合力，共创开元盛世之辉煌。齐威王不将邹忌之言论做耳边风，而是欣然接受，固然因为邹忌言辞委婉，可若没有善纳谏之心，何来平明之治。唐太宗以魏徵为镜，照自身不足，若是因其直言而怒杀之，如何换得盛世之华章。

良药虽苦口，但利于病；忠言虽逆耳，但利于行。所以，为自身，更应纳良谏，改自身之不足，切莫固守己见，不听劝谏。

（指导教师：胡涛）

脚踏实地，走向成功

倪博宇

纵观古今，有几人能抵御来自外界的诱惑，埋头苦干，踏踏实实做自己的事呢？农夫不为工匠所画大饼而憧憬，坚持己见，踏实做事，以解禾苗当下之渴。由此观之，以踏实之剑披荆斩棘，成功之花将为你绽放。

脚踏实地，走向成功，要从小事做起。东汉少年陈蕃，自命不凡，一心想干大事业，他的朋友薛勤来访，见其房子脏乱不堪，便劝他打扫，他回答"大丈夫处世，当扫除天下，安事一室乎！"朋友反驳道："一屋不扫，何以扫天下？"这个故事告诉我们，愿为天下者，需从一屋开始。一件事再微小，也要脚踏实地，认真对待，才能走向成功。

脚踏实地，走向成功，要勤于积累。写出《海底两万里》的世界著名科幻小说家凡尔纳，为了让自己的幻想小说既有趣味又有科学性，摘录收集大量科学资料，其积攒的笔记达两万多本，震惊了世人。我国明代徐霞客，三十三年如一日，不畏艰辛，不管严冬还是酷暑，足迹几乎遍布我国大部分山川，多方面考察，并及时记录所观所感，最终写出60万字的巨著《徐霞客游记》，成为中国第一位地理学家、旅行家。

脚踏实地，走向成功，要不怕失败。爱迪生成为发明大王，人们艳羡他的成功，殊不知其经历了数以千次的失败。为发明白炽灯泡，失败了1 200次。面对别人嘲讽，他乐观地说："我已经取得了很大的成绩，至少证明了1 200种材料不适合做灯丝。"他一次次用踏实之盾抵御来自失败的倦意，用踏实做事敲开了成功之门。

古今中外，凡成大事业大学问者，无一不是踏踏实实，从小事做起，勤于积累，并且不怕失败，忍常人所不能忍。

纵有万般羡鱼意，而无一丝结网心，此种做法是万不可取的。只有以行动代替心动，以实践代替理论，踏实做事代替空谈幻想，你才会在下一个拐角，迎接成功的曙光。

历经千载，海纳百川，方成就大海的博大，方有波澜壮阔的美丽；长空寥廓，云天无垠，鹰踏实于日复一日的练习，方能有翱翔天宇的气魄。朋友，愿你能以踏实做事，成功的明天终将属于你！

（指导教师：胡涛）

2007年哈尔滨市第四十九中学校材料作文训练

《吕氏春秋》记载了一则孔子逸马的典故,说的是孔子的马跑到别人田里啃庄稼,结果被农夫扣下了。子路自恃勇武过人,粗鲁地命令农夫还马;而子贡则利口巧辞,给农夫讲诗书中的大道理,结果都被农夫赶了回来。此时孔子的马夫诚恳地对农夫说,假使你耕于东海,我耕于西海,我们就没有相遇的机会,我的马也不会吃你的庄稼。可你不耕于东海,我也不耕于西海,彼此住得不远,庄稼也长得差不多,马儿又分不清庄稼的区别,怎么能保证你我的马都不吃别人的庄稼呢?农户觉得在理,遂将马归还。

这个故事至少给了我们这样一些启示:沟通是连接彼此的精神纽带;说话要注意对象;要以诚待人。

要求:

①所写文章的主旨必须从所给的材料中提炼,但不要对材料扩写、续写和改写;

②立意自定,题目自拟,文体自选(诗歌、戏剧除外);

③不少于600字;

④文中不得出现真实的校名、班级、人名。

沉默若为金,沟通则为钻
赵雨琦

俗语道:沉默是金。非也,非也。在现代社会,沟通是一股清爽的风,轻轻吹去拂在心头的燥热;沟通是一束热情的火,渐渐融化结在身上的冰寒……人与人之间的交往贵在沟通,沟通是连接彼此的精神纽带。

妙语连珠,沟通,化不和为统一。俄国十月革命刚刚胜利时,许多农民坚决要求烧掉沙皇住过的宫殿。列宁连问几问,以简洁的话语、严密的逻辑,成功说服农民。几句话,点亮了人们心中黑暗的角落,正因追随着这点点光明,他们最终到达了同一个佳境。沟通,将顽固坚韧之石轻松击碎,化成一条奔腾不息的河。

平等待人,沟通,化僵局为和解。孔子的马吃了一个农民的庄稼,农民生气地扣住了他的马。能说会道的子贡与农民交涉无功而返。孔子却派了马夫去,农民看着笑嘻嘻地与他打扮相同的马夫,痛快地答应了。沟通,是让对方看见一颗与他相同的心,这两路不同的水,也能引渠到相同的流域。这是一种艺术,探透对方的想法,换成双方理解的语言。

沟通如一颗钻石,美得闪耀。无论是多么亲近的人,也需要沟通来滋润。

沟通是维系世间温情的纽带,有了沟通,世间少一把尖刀利剑,少一些世态炎凉。也许我们没有诸葛亮舌战群儒的口才,但是只要我们手捧沟通这颗钻石,用心体悟对方,就会照耀彼此,温暖世间。

(指导教师:胡涛)

(三)话题作文

2007年哈尔滨市第四十九中学校阶段测试

一线光亮是力量,一瓶水是力量,一声呼唤是力量,一次牵手是力量,一个微笑是力量……

请以"力量"为话题,写一篇文章。

要求:

①所写内容必须在话题范围之内;

②立意自定,题目自拟,文体自选(诗歌、戏剧除外);

③不少于600字;

④文中不得出现真实的人名、校名。

先驱之力

梅梦月

"一只勇敢的小沙鸥尝试着、挣扎着……在那只会飞的沙鸥的引领下,所有的沙鸥都学会了飞翔。"秋水长天,雁阵惊寒,头雁振翅御风,勇气非凡;广袤草原,野马奔驰,头马昂首奋蹄,意志坚定。先驱者,一个充满着力量的名字,他的勇气、信心与意志,永远留给了后来者。

先驱者,给予我们力量与希望。

厚重的阴云遮天蔽日,黑暗里,你振臂呐喊,以笔为枪,将那罪恶的面皮刺破,将那绝望的黑幕穿透。你用文人的坚忍与斗士的勇气打开了那扇通往光明的大门。于是,我们循着那丝光明摸索前进。先驱者,你带给我们反抗不公的力量!

夏鸟秋虫似乎远去,那久久不断的旋律却在心中激荡。你如一团炽烈的火焰,将阻挡在前面的痛苦、绝望燃烧殆尽,你是春日暗空的惊雷,是夏雨滂沱的霹雳,那扣动心弦的旋律回响在几个世纪。最震撼人心的一幕:你扼住命运的咽喉,引领着多少身心痛苦的不幸者又一次身躯挺立。先驱者,你带给我们战胜命运的信念!

"五岭逶迤腾细浪,乌蒙磅礴走泥丸。金沙水拍云崖暖,大渡桥横铁索寒。"远征难,你们视为只等闲,岷山千里雪下,你们尽开颜。没有人会忘记你们惊世的搏击,没有人不为你们撼动世界的壮举而震动。踏遍万水千山,向往光明的希望从未中断,枪林弹雨也奈何不了你们。于是又有多少中华民族的好儿女一跃向前,为自由民主的未来甘洒热血。先驱者,你带给我们绝境里永远不灭的希望!

你,是久旱之田渴盼的甘露!

你,是漫长黑夜里的太阳!

先驱者,我们不忘你的力量!

(指导教师:胡涛)

2007年哈尔滨市第四十九中学校阶段测试

希望是热情之母,它孕育着荣誉,孕育着力量,孕育着生命。它使濒临死亡的人看到生的曙光;它使屡遭挫折的人看到胜的朝阳;它使身处绝境的人看到力挽狂澜的可能。心怀希望,终获成功。

请以"希望"为话题,写一篇作文。

要求:

①所写内容必须在话题范围之内;

②立意自定,题目自拟,文体自选(诗歌、戏剧除外);

③不少于600字;

④文中不得出现真实的人名、校名。

望向光明

梅梦月

人,总是要向着光明走去的,因为那里是一切希望与未来的源泉。

繁花落尽从不哀叹,化作春泥是梦到了下一个春天。候鸟南飞从不畏惧,顶风冒雨是望见了又一片新绿。希望是那大海中闪耀的灯塔,是那山巅上迷人的风景,更是那世间所有奋斗抗争的力量之源。何不做一株灿烂的向日葵?永远寻找光明,满怀希望。

寻找光明,在漆黑的夜里满怀希望。狂风吹不落满天繁星,乌云染不黑天外之月。人生的道路上,总会有数不尽的沟沟坎坎,望不到边的重峦阻碍。寻找光明,满怀希望将送你一对有力的翅膀。

家园遭毁,敌军压境。危急存亡之时,你振臂一呼,提枪上马,你看到的不是火光里惨痛的失败,而是胜利的号角嘹亮地奏响! 贞德,一位少女,带来保家卫国的希望,多少生命免遭涂炭,多少家园免受战火的纷扰。

冰天雪地,寒风刺骨,眼前不变的白茫茫无法动摇你到达极点的决心。狂风怒吼,雪满大地,脚下作响的雪层无法夺走你坚定的信念。远处不是冰冷的永久归宿,而是那迎着极地的风,猎猎作响的胜利的国旗! 阿蒙森,一位青年,带着到达世界之极的梦想,让突破自我、征服自然不再是神话。

一个人在绝境里的希望是那照亮前途的一缕明光,而一个民族在存亡之际、山河动摇之时不弃的希望,则是那撼天动地的又一轮太阳。在那难忘的岁月里,多少中华好儿女奋勇前进,华北平原响彻战斗的怒吼,江淮两岸洒满牺牲的血泪。人类历史上从此书写下这动人的诗篇,民族之林里挺起了这山岳压不倒的脊梁! 寻找光明,满怀希望,中华民族坚守着这不变的信条。

寻找光明,做那大海中张满风帆的行船。满怀希望,背起行囊攀登人生的巅峰。请相信,在绝望中寻找光明,满怀希望,人生终将辉煌!

(指导教师:胡涛)

2007年哈尔滨市第四十九中学校阶段测试

生命不是一篇"文摘",不接受平淡,只收藏精彩。她是一个完整的过程,是一个"连载",无论成功还是失败,她都不会在你背后留有空白。生命也不是一次彩排,走得不好还可以从头再来。她绝不给你第二次机会,走过去就无法回头。

请以"生命"为话题,写一篇作文。

要求:

①所写内容必须在话题范围之内;

②立意自定,题目自拟,文体自选(诗歌、戏剧除外);

③不少于600字;

④文中不得出现真实的人名、校名。

生命绵延无尽头

安天洋

渺远的山脉,是大地的筋骨,面对广袤的大地,我顶礼膜拜;汹涌的惊涛,是瀚海的眼波,面对贯通的瀚海,我自惭形秽。

但,再雄伟的山,总有土崩瓦解的一瞬;再惊骇的浪,总有海枯石烂的一刹。而生命绵延无尽头,直至山平天地合!

诚然,脆弱的生命不及山壑一角之犀锋,碎石瓦砾便可褪去生命的颜色;柔弱的生命不及汪洋一隅之劲力,漂流水波便可蚀走生命的完貌。但,褪去的终究是颜色,蚀走的终究是完貌,生命的呐喊能穿透万载的沧桑,生命的力量能擎起整个宇宙。

无情的易水只能诀别躯体的漫影,傲骨的舒展却彰显着对故人的坦然,是什么力量吼啸出"风萧萧兮易水寒,壮士一去兮不复还"的气概?是生命的力量,生命无止的流淌才聚成这涌贯长虹的魄力。

锋利的刀口只能斩断肉身的头颅,碧血的奔涌却倾诉着对祖国的赤诚,是什么力量呼喊出"我自横刀向天笑,去留肝胆两昆仑"的豪情?是生命的力量,生命无垠的疆域才能写下这万里山河的志向。

原本,最高的山峰不是珠峰的千米之巅,而是一个完整傲骨的直立;原本,最长的河流不是尼罗的长途跋涉,而是一股不屈的血液的流程;原本,最长的时间不是开天辟地的古老,而是一回生命完整的彰显。

生命绵延无尽头,直至山平天地合!

(指导教师:胡涛)

(四)征文比赛获奖作文

2011年"校园花开杯征"文比赛学生获奖作文

(哈尔滨市教育局、生活报社、黑龙江教育出版社联合主办)

征文题目:

1. 与_____对话
2. 带着信念出发
3. 给我一双翅膀

与将军对话

毕 晟(特等奖)

披靡崖上,千勋亭前。对屹滔滔滚滚,将军与我相视而坐。

茶盏空空,似流年征战,沓沓功勋。

风流云散,欲天公比高,凄凄白发。

沉默。

将军轻提茶壶,细细斟满。茶香四溢,悠悠白雾卷起丝缕追忆。我稍入神,不禁问道:"后悔吗?"似在意料之中,他轻轻放下茶壶,手拂须髯,笑道:

"怎么会？我即身也争战之臣,战死沙场,报效山河,又何憾？""纵使奸臣挑拨,外患离间？"我又问。他爽朗一笑,"无悔肝胆,天地明鉴,日月相照。"虽然在笑,可将军的眉头却微皱。这是何故？只遗恨未曾完成拓疆扩土之业,力不从心,空留残喘。我拿起茶盏,一饮而尽,大笑道:"敬君忠肝!"

又是沉默,将军再次斟茶。我又突兀一问:"兄弟们如何？"风雨骤变,将军手一颤,茶香散满了桌面。眼圈微红,长叹一声:"死得其所。""值得吗？"泪水尚在打转,"这是我们所选,亦无憾。"说到此处,泪已落下,"你怎能感受,当敌人的铁骑踏过兄弟的尸体,我有何种冲动愿同赴黄泉,可使命在身,只得眼睁睁地看着出生入死的同伴离我而去!"他无比激动,早没了片刻前的安详。我试着理解。

我重拾茶壶,敬与将军:"敬君义胆!"又洒于崖下,清清茶香空留风际,我轻轻低念:"为君手足。"

"想家吗？"我内心惆怅,小心地问。"想念的是家乡的寸土,家乡的林荫。而我的家",他环顾四周,泪痕还留在须髯间,可已无了悲伤,"是四海。"他双手扶着亭子的木栏眺望远方,补充道:"因为我的家人埋在江山之下。"他微闭双眼,似乎能感受到昔日的兄弟在他身旁。

茶凉了,将军也走了。我心满意足。

只觉得那茶,竟如此香浓。

(指导教师:胡涛)

带着信念出发
骆彦霖(二等奖)

亲爱的自己:

祝即将到来的十四岁生日快乐!

迈过这道槛,你就十四岁了。不要再惹老妈老爸生气了,他们奉献了自己的青春来养育管教你这阿蛮,着实不易,要检讨自己对他们说过的一些话:有则改之,无则加勉。更不要到处惹是生非,给老师添麻烦了。还有,你总会长个儿的,因为你还没到十四岁。

下面该谈些正事儿了。

你明年就要中考了。

这十四年的笑与哭,乐与悲,萎靡与拼搏,我在你身边,看得最真切。作为一个心思细腻的男生,你的生活不是很累,但你却过得很累:你觉得人际关系不好,你改;篮球打得不好,你练;你觉得别人瞧不起你,你奋发向上……其实大家并没有很在意,只是你心理负担很重。尽管这样,你还是熬过来了。但令我最害怕的状况发生了:你开始消极了。每天晚上一回家就打开电视,那准确度比闹钟还准时,看完就吃,吃完就挺到第二天上学,作业到学校补。

我曾经问过你,你给了我一个啼笑皆非的答复:青春是人生必经的溃败。

是的,青春有溃败,可那不是主旋律,你看还有那么多人在向上,在向前。不要消磨时光了!

兄弟,六个月后就中考了。未来很长,但也可以丈量,量尺便是你的厚积薄发。这六个月要改变,你要奋发图强。学海无涯,这将是你新的开始!

穿越黑夜的旅程总是会比白昼长。送你一段话:"红日初升,其道大光。河出伏流,一泻汪洋。潜龙腾渊,鳞爪飞扬。乳虎啸谷,百兽震惶。鹰隼试翼,风尘翕张。奇花初胎,矞矞皇皇。干将发硎,有作其芒。天戴其苍,地履其黄。"

带着信念,再次出发!

(指导教师:胡涛)

带着微笑出发
王 妍(二等奖)

嘴角上扬的那一抹弧线,便是人间最美的图案。

——题记

沐浴在阳光下。一阵微风吹来,发丝拂过脸颊,弯腰拾起一片落叶,感受大自然的神秘与美妙。

一朵乌云飘来,遮住了耀眼的阳光,投下一片阴暗。一阵冷风袭来,掠过脸颊带来一丝疼痛,地上卷起了尘埃。

忽然大片雨滴砸下,一阵阵寒风撕扯着刮过,树枝在剧烈地颤抖。一声巨响,天空被晃得通亮。撑起伞,微笑,风雨之后必将是艳阳高照。

让我们笑对狂风,笑对暴雨,笑对骄阳,笑对生命的每一天。

送给幸福一个微笑,感谢它带来的那份纯粹,享受每一分钟的感动和拥有。

送给失落一个微笑,感谢它精心设计的坎坷,用微笑代替泪水,回报生活的用心良苦,那是成长路上最珍贵的风景。

送给疼痛一个微笑,感谢它教给我们坚强,就如同沙子轻磨贝壳后的闪耀,毛虫冲破茧的包围后的飞翔。每一次疼痛的洗礼都会带来一次成长。

我们在一点点长大,这过程就如同一次旅行。

也许,你刚踏上征程,便是一阵颠簸,但请带上微笑,因为马上将会迎来一片无限美好的风光。也许,你刚踏上征程,便进入一片奇异的花园,更要带上微笑,这眼前的芬芳,是生活对你的奖赏。也许,你眼前是一片荆棘,也请带上微笑,这份历练过后,你将会变得更加坚强。

有一种东西,犹如一泓清泉,静静流过心底,洗去一切尘埃;有一种东西,犹如一剂良药,有神奇的力量,能让你重拾自信,勇敢前进——那就是微笑。嘴角那微微上扬的弧线,便是对困难最有力的回击。

(指导教师:胡涛)

给我一双翅膀

马 骄(二等奖)

> 我想人如果有前世,那么我会是只鸟。不然,我为何喜欢遥望天空,专注而痴迷。我曾多次站在山顶上,天空那高贵的宝蓝色把我所有的青春与梦想都染成一片灿烂。
>
> ——题记

"人生可当着歌谣唱,总唱到醉人美丽的地方。"不是吗?这句歌词也许最适合现在的我们,我们阳光般灿烂的青春。时间在流逝,生活在变化,我们也在长大,但我们要把握住青春。

青春没有终结,不必猜,也不必害怕。当下的我们只需要一双翅膀。给我一双翅膀,任我飞翔。虽然会经历一段难熬的时光,但是我们会变得勇敢强大。这,就是翅膀的力量!

给我一双翅膀,我会微笑地在夜晚起程,只为在黎明和我的梦想相遇。我知道即使翱翔过程中有太多的隐痛,但相遇的那一刻,如此舒畅。那种感觉很奇妙。

给我一双翅膀,让我去翱翔,在这世界上寻觅我爱的事物。一程又一程,乘着它,不迷惑,不害怕,不慌张,勇敢地向前冲。

当别人给予我们一双翅膀时,我们不要只拥有它,而要把拢紧的翅膀展开来。只有那样,才能翱翔。

给我一双翅膀,即使经过冲刷,经过磨洗,翱翔的翅膀也不会停歇。就像青春不会随着中考结束,我们用2B铅笔涂写的答题卡并不是青春的全部。抓紧现在所有的日子,不游荡,不枉费,努力去追求梦想。

给我一双翅膀,任我翱翔。

青山之上,绿水之上,便是我的天空。

(指导教师:胡涛)

(五)报刊发表优秀作文

生活的启示

韩丽楠(发表于2002年《新都市报》)

平淡中见真情。的确,平平淡淡的生活给予我们特殊的启示。而这些耐人寻味的启示中,最使我感动的是那平淡如茶的父爱。

我的父亲是位普通工人,他没有别人父亲的"大家风范",有的只是对我默默的关爱与呵护。

我从小就非常喜欢拼图玩具,父母经常买给我。可最近几年,家里的经济条件大不如从前,我也日渐懂事,从不向父母要求什么。

在我13岁生日那天,我真真切切地体会到了父亲那含蓄、平凡的爱。

那一次生日,我原本想平淡地度过,没想到父亲下班回来时竟神秘地对我说:"楠楠,你今天过生日,猜猜爸爸给你买了什么?"不等我回答,他就迫不及待地从身后拿出一副精致、小巧的拼图。我高兴地跳了起来,搂着拼图,不断说谢谢。父亲露出了平时难得一见的欣慰、慈祥的笑容,却马上歉疚地对我说:"楠楠,爸想起你今天过生日,就想去买幅漂亮的拼图送你。有一幅又大又好看的,爸看太贵了,没舍得,给你买了这幅小点儿的,你不会生爸的气吗?""爸——,怎么会呢?今年的生日我最开心。"说着,我的声音竟有些哽咽了,父亲一听,急忙说:"怎么了?别哭啊!等爸赚了钱,再把那几幅大拼图都买回来送给你,别哭,啊!""爸,不是……"我抑制不住自己的眼泪,趴在父亲的肩膀上,父亲搂着我,轻轻拍着我的肩,安慰道:"别哭,别哭……"

那一刻,我完全被幸福包裹了。

突然想起,难道父爱只在此刻吗?于是,我拾回记忆的点点滴滴,努力搜寻着父爱栖息的角落……

清晨,父亲早早起床,为我烹制好健康美味的饭菜,然后才叫醒我;临走时,父亲又叮嘱:"天冷了,路滑,走路、过道小心点。"考试考得不好,父亲轻拍我的肩头:"别气馁,爸对你有信心!"偶尔,这简单无味的话语让我感到厌烦,可如今静下心来,我被父亲的真挚感动了,更为自己的无知感到惭愧。父爱在不经意时来到了身边,而我却没有察觉到。

父爱不像世人所传颂的母爱那般轰轰烈烈,它平淡得像一杯内涵深刻的茶,只有坐下来细细品味,才能读懂父爱的可贵。

我是一株幼苗,父亲是肥沃的土壤,促使我长高、长壮;我是一叶小舟,父亲是汩汩流淌的小河,载着我驶向美好的未来……

(指导教师:胡涛)

第四部分　学生笔下的胡老师

胡涛先生

安天洋(2007届毕业生,北京中证股转科技有限公司)

这是许久前就该完成的一篇作文,但在心中意义实在重大,因此迟迟不敢提笔。鲁迅曾经写过《藤野先生》——这是胡涛老师教过我们的课文——来回忆自己的老师。我斗胆借题发挥,一则表达对恩师人品学识的敬爱,二则表达对鲁迅先生的追思。

平铺直叙的时间里,总是会有这样的人用自己的方式为别人的生命染上一抹亮色:身在此山时,他们往往润物无声;天涯路远时,却又回味悠长;蓦地提及,竟不知从何说起;细细想来,才察觉春风化雨……胡涛先生就是这样的人。我试图用更高级的词汇精准地提炼出我心中的他,却难以尽如人意。也罢,不如直接搬来韩愈的一句话:"师者,所以传道授业解惑也。"胡涛先生,就是这样的人。

尽管之后的很多年里经历了大大小小的考试,但初中入学时的摸底测验依旧使我印象深刻。我以惨淡的成绩为自己贴上了差生的标签,常常躲在班级的一角。在习以为常的沉默与被忽略中,猛然有一道刺破沉沉气氛的光,它永远地影响并塑造了我,而我有幸遇到的这道光就是胡老师给予的。在胡老师面前,我总是敢说出自己的看法,厘清自己的认识,表达自己的观点,语文课成了我少有的无忧无虑的一片乐土。他教导我"宠辱不惊,闲看庭前花开花落;去留无意,漫随天外云卷云舒",让我可以坦然地面对困顿。而当我笃定胡老师一定是一位温文尔雅的学者时,又总能想起他开解我"一生大笑能几回,斗酒相逢须醉倒"时的逸兴遄飞。不论是静是动,胡老师总是用他宁静淡泊的性情勉励、鼓舞着我。多年以后我渐渐意识到,善良和勇敢是一个男人多么难能可贵的品格,胡老师未曾说过一句要我做一个怎样的人,但言传身教却不由分说地要我去成为一个善良勇敢的人。"师者,传道",大概如此。

"……有时朝发白帝,暮到江陵,其间千二百里,虽乘奔御风,不以疾也……"当时及至现在,我怎么也没想通,为什么这样一篇区区二百字不到的古文,却可以在之后的许多个酷暑天里带给我精神上的凉爽。这大抵是初二时学习的郦道元的《三峡》,具体时间记不准确,但那种"林寒涧肃"的凛冽和"空谷传响"的旷远之感却穿越时间愈发真切。更不可忘记的是胡老师一声清啸:"故渔者歌曰:'巴东三峡巫峡长,猿鸣三声泪沾裳。'"我以为这就是语文老师的重要意义:在一个人犹如一块呆板的石头不通美感时,不厌其烦地细细研究,为每块石头都打磨出一个观察世界的透面,尽管并非每块石胎都蕴玉怀珠,但哪怕一块边角料切磋之后也能琢磨出一些漂亮的花纹,这就很了不起。语文老师并不一定能教会我们如何创造美,但他们着实可以教会我们如何发现和欣赏美,去感受文字的美、文学的美、文化的美,乃至于文明的美。胡老师就是典型的"磨石大家",他银钩铁画,自得风流,为多少同学叩开骋目汉字美学的窗口;他倚马可待,落纸云烟,引领多少同学领悟汉语博大精深。我至今也忘不了胡老师信手拈来用真草隶篆写出我的名字,无以为报,只能在流浪他乡漫天席地的大雪中,偶然读到"二八笙歌云幕下,三千世界雪花中"甚觉应景时,大喝一声"快哉快哉",用自己体会到的美来呼应胡老师早年间的谆谆教导。胡老师启发了我如何去感受汉语的美,却又远超出了汉语的范畴,我着实通过这多出的几分感受更加热爱这江湖与天下。"师者,授业",大概如此。

初中毕业,我向胡老师辞行,为只怕从此"知交半零落"而惆怅,胡老师则宽慰我"莫愁前路无知己"。所谓师徒之情,想必如此:在身边时,只恨你学艺不精;临别之际,就怕你畏葸踌躇。不论是刚到学校还是毕业许久,胡老师总是在我困惑愤悱时或当头棒喝,或循循善诱。原本这一段我想大书特书,但师徒解惑,更无六耳,又实是不足道也了。只一句,离开学校那天,胡老师送我一页字——"到中流击水,浪遏飞舟",拳拳之心、殷殷之意伴我一路走过许多徘徊纠结,我时刻珍藏于心。"师者,解惑",大概如此。

如今,身在异地,已阔别中央大街的方砖和江桥上的汽笛声许久了,更是久违了胡涛先生的耳提面命,细细想来,不禁喟叹。不过,尊重一个人最好的方式就是去实践他的精神。我何德何能,多赖胡涛先生青睐有加,所以,要努力成为一个善良勇敢的人,认真体会并热爱生命的每一天。

张载有言:"为往圣继绝学。"由衷祝愿胡涛先生伯乐得骏马,桃李满天下!时值五月,顺颂老师端午安康!

我的胡涛老师

梅梦月(2007届毕业生,上海同济大学建筑学博士研究生)

时间是一种格外神奇的力量,它既能塑造一个全新的自己,也能抹去一些原有的特质。当年难忘的求学经历给我留下的痕迹已经潜移默化地深藏在心底，但我还是等待着某个唤醒的契机。

　　细细回想，距离初识胡涛老师转眼已经过去了二十年之久，但很多瞬间却仿佛在眼前。2003年，十一岁的我入学哈尔滨市第四十九中学，胡老师作为当时的王牌师资之一担任了我们班的语文老师，从此结下了一段令人珍惜和难忘的师生缘分。

　　几乎是从一开始，胡老师就受到了全班同学的喜爱。现在回想起来，我觉得是因为胡老师在我们各科老师当中是难得的兼顾了我们成绩与成长两方面的老师，而且他身上自带的一些自由、浪漫和幽默的个性，在升学压力极大的环境中也不知不觉地感染了我们。我想，这应该就是所谓的"言传身教"。

　　胡老师的姿态是尤为独特的，仍记得每次语文课他都带着那种毫不沉重的笑容进入教室，眼睛在厚重的镜片后总是闪着光，即使是在中考压力倍增的九年级时，也能在他身上感受到那种乐观的精神和举重若轻的大家风度，让在压力中苦苦挣扎的我们获得一丝喘息。我想，良师益友这个词在他身上应当是合二为一的。

　　还有一些细节格外触动我，记得当时电脑和幻灯片初入校园教学，很多同学和老师对这种"新花样"抱着好奇但又觉得花哨而麻烦的心情观望着，而胡老师非常乐于接触新鲜事物，很快就用多媒体设备给我们上语文课，那些PPT中的动作显示、Flash动画等等在今天是家常便饭，但在当时却让我们眼前一亮。印象最深的是胡老师把方文山的古风作词、周杰伦的歌曲Flash融入课件当中，还兴致颇好地为同学们高歌一曲《东风破》，现在耳边仿佛还萦绕着胡老师的歌喉和同学们兴奋的掌声。

　　如果说当年的胡老师对我没有偏爱，那绝对是不诚实的。如果说一开始我写作方面的擅长和偶尔的灵光一现是源于小学对流行小说的着迷，源于大量阅读的基础，那么进入初中后的热爱和投入则有很大一部分源于他人持续不断地正向反馈，尤以胡老师为最。他总是不吝啬地在每一次考试后给我的作文很高的分数，还会在讲评时赏读、赞扬。现在回想起来，在那个年纪能得到这种肯定的我是何其幸运。

　　作为一个初中生，我写的稚嫩的作文，不断得到肯定和宣读，这种体验给予了我超乎寻常的自信和热情，本就喜爱阅读的我愈发沉浸在文字的海洋里，更让我铆足了一股劲头不断在写作上求新，在语文科目上努力取得好成绩，继而表现出长足的语文科目上的优势，最终形成了正向循环。

　　不得不提的是，我也有不"听话"的叛逆时候。常说的"文如其人"在我身上似乎贴切，但如果说字如脸面，我可能就万万不会承认了。虽然胡老师常常赞扬我的作文和语文成绩，但也屡屡指出我的字迹问题，我屡教不改。多年以后再回想，胡老师真是一片苦心，手写字迹的优劣确实会极大地影响对作文的评分。

除了应试答题和作文，课堂上的朗读方面，胡老师也给了我们很大的发挥空间，朗读课文、背诵古文等都是我最爱的环节，因为氛围总像是在进行一出独角戏或群演的有声剧，那些躺在书本上的文字都有了活泼的画面感。

毕业多年后回到学校探望老师们的时候，胡老师还会屡屡提及我的作文，这也让我深受震动。胡老师是一个很重感情的人，我想，正是因为老师对红尘世事多有体悟、多能共情，所以在文学之道和语文教学事业上如鱼得水。毕业后十余年看到胡老师开设了自己的公众号，发表一些近日佳作，每每看到，一方面为自己已经放下诗词写作多年而略有惭愧，另一方面又为胡老师数十年如一日文思泉涌、笔耕不辍而钦佩和赞叹。

按理来说，当以华丽排比，或妙手诗词做此文结尾，但古人亦云："洗尽铅华始见真。"此时唯愿胡老师身体康健，文心常在。

我心中的胡老师

赫良子（2007届毕业生，黑龙江肿瘤医院医师）

学生人生已过三十载，大部分时光以学生身份度过。工作后，我也是既有师傅也有前辈，自认为阅"师"无数。经过岁月的沉淀，不难得出结论，胡涛老师是这些为人师表者中的佼佼者。

从何时开始热爱语文难以追忆，但清晰地记得，胡老师的课堂上，我热爱着语文。

清瘦的面容，翩若惊鸿又不失工整的板书，恰似山间清风徐徐拂面而来，让学生倍觉轻松，同时也是一种艺术享受。神采奕奕的目光，洪亮又饱含感情的声音，恰似山间明月照亮整间教室，传递出一种催人觉醒、积极乐观的力量。这样的课堂难道不是一种享受吗？这样的课听多了，心里就会留下一缕清风、一抹月色。也许真正优秀的老师传递的远远不止是知识点、考点，而是一种精气神，这才是人生的瑰宝吧！

师生情，点亮人生之光

朱露川（2007届毕业生，
北京师范大学仲英青年学者、历史学院副教授）

2003年9月，我进入哈尔滨市第四十九中学读书，并从那时起成为胡涛老师的学生。

　　胡老师的课给我留下最深刻的印象，可以用四个字概括：生机勃勃。在他的课堂上，从没有科举程式般的背诵训练，他注重培养学生的朗读能力，在一声声有感情的朗读中引导我们品词析句，自然而然地提升语言认知能力。在他的课堂上，从没有教条化的知识灌输，他注重学生的情感参与和深入体验，教学方式不拘一格，总能用巧妙的问题调动我们的思维，畅游于课文背后的情境中。胡老师清新活泼而又深入浅出的教学风格，使作为一门主科的语文课从未带给我们压迫感，更多的是期待和课堂上争先恐后的抢答。

　　2007年6月3日，在临近中考的一次语文模拟考试中，我将作文题目拟为《人生之光，照亮成长的脚步》，在文中，我曾写下这样一段话：

　　亲爱的老师，这四年你我深厚的师生情谊帮助我在困境中成长，在坎坷中磨砺。是这深厚的师生情谊，让我沐浴在无形的阳光下，成长，又快乐！

　　这是我献给胡老师的一段话，它在我的记忆中日渐模糊。直到2021年在人生极其重要的时刻，胡老师将这份试卷送给我，我才知道，他一直珍藏着。我相信，在许多的日子里，胡老师曾拾起这份已经发旧的试卷，看着跳跃在纸面上稚嫩又纯真的字句，流露出欣慰的笑……那一年的中考语文科目我取得了113分，列全校首名。胡老师说，这是他的骄傲。

　　毕业后，我们与胡老师在语文课堂上的师生缘告一段落。我们不知道的是，在我们飞向各自的理想时，胡老师和师母始终在背后关注着我们，祝福着我们。2010年高考结束的那个夏天，师母最先在报纸上看到了北京师范大学的录取名单，并催促胡老师与我联系祝贺。我能想象他们夫妻二人在报纸上寻觅那些熟悉的名字时的激动心情，那一行行密密麻麻的小字，带给他们的，是无限的惊喜、欣慰，他们的孩子长大了，飞远了……

　　在胡老师的影响下，高考时我把汉语言文学专业作为第一专业报考，遗憾的是没能录取，遂改修历史学。好在中国传统学术历来讲究文史相通，习史与修文，总归能寻得相通之处。中国历史上优秀的历史学家往往也是大文学家，他们写出的历史著作往往具有极高的文学价值。因此，想要写好历史学的文章，自然需要良好的文字修养。得益于胡老师在中学时代为我们打下的良好基础，我在写论文、做研究时很少感到行文上的困难。几年前我曾在中华书局主办的刊物《文史知识》连载了中国古代史书叙事漫谈系列，这原是一组介绍和讨论史学理论问题的文章，出乎意料的是，其中多篇被各地中学选为语文科目的教学资料。我把这个消息分享给胡老师并感谢他的培养，他说："初中时你已然表现出很好的文字修养,要继续发扬。"学生有所成,老师不居功,但我知道,我的点滴进步从来离不开老师们的教导和指引。

2019年,我取得博士学位并留校工作,正式成为一名人民教师,此时距初中毕业已倏然十二个春秋。也正是从这时起,我愈加体会到一个教师的职责和使命,于是时常追忆学生时代曾深刻影响过我的老师,并以成为下一个他作为自己工作的目标,我的博士导师瞿林东教授和中学语文老师胡涛老师是其中最重要的两位。作为教学上的新手,我在摸索中开展自己的教学实践,当我站在讲台上,望向讲台下一双双充满求知欲的明亮眼眸,我开始从教育工作者的角度去重新品读师长们的工作精神。我深刻地感受到,胡老师对学生负责、对知识负责、对社会负责的教学原则,远远超越中学语文基础教育范畴,影响着我的人生进程……

2020年11月下旬,单位安排我连续三天拍摄校园云游宣传片,其中一天在沙河校区取景。是时,胡老师正在北京师范大学沙河校区参加国培研修培训活动,我们得以在拍摄间隙于沙河校园主楼二层的回廊上匆匆一见。北京的深秋冷风瑟瑟,当结束一天的工作回到家时,我在微信上看到胡老师分享了他创作的诗歌《美好的相遇》,倍感暖意。

美好的相遇

胡　涛

那一年,青涩中透着机灵
豆蔻里弥散着清凉
那一年,我是你的骄傲
你的眼神里充溢求知的渴望

如今,你是我的自豪
不仅是博士光环的辉映
不仅是大学讲堂的洒脱
更是一个阳光女孩的执着与才情

满是书香的北师大
秋意浓郁的校园
穿越十载的光阴
我们用匆匆回忆最美的诗篇

你的笑容依旧灿烂

> 你的模样仍在从前
> 或许你就是一个传奇
> 在金色的麦田里召唤
>
> 我们共同守望
> 守望桃李芬芳
> 守望不渝的梦想
> 四季守望,不惧雨雪风霜

  此刻的胡老师,是一个浪漫的文人,更是一个充满幸福感的教育工作者。点拨唤醒,浸润生命,这舞动的文字,朝气蓬勃,记录了十几载深深的师生情。时光荏苒,师生情始终点亮我们彼此的人生之光!

  谨以此文纪念在哈尔滨市第四十九中学珍贵的四年时光,并贺胡老师新著出版!